# 新媒体视域下博物馆的创新发展研究

杨建杰　张洪钢　著

九 州 出 版 社
JIUZHOUPRESS

**图书在版编目（CIP）数据**

新媒体视域下博物馆的创新发展研究 / 杨建杰，张
洪钢著． -- 北京：九州出版社，2022.8
　　ISBN 978-7-5225-1089-7

　　Ⅰ．①新… Ⅱ．①杨… ②张… Ⅲ．①传播媒介—作
用—博物馆事业—发展—研究—中国 Ⅳ．① G269.27

　　中国版本图书馆 CIP 数据核字（2022）第 138866 号

**新媒体视域下博物馆的创新发展研究**

| | |
|---|---|
| 作　　者 | 杨建杰　张洪钢　著 |
| 责任编辑 | 云岩涛 |
| 出版发行 | 九州出版社 |
| 地　　址 | 北京市西城区阜外大街甲 35 号（100037） |
| 发行电话 | (010)68992190/3/5/6 |
| 网　　址 | www.jiuzhoupress.com |
| 印　　刷 | 定州启航印刷有限公司 |
| 开　　本 | 710 毫米 ×1000 毫米　　16 开 |
| 印　　张 | 14.75 |
| 字　　数 | 250 千字 |
| 版　　次 | 2022 年 8 月第 1 版 |
| 印　　次 | 2022 年 8 月第 1 次印刷 |
| 书　　号 | ISBN 978-7-5225-1089-7 |
| 定　　价 | 88.00 元 |

# 前　言

　　随着市场经济的迅猛发展、社会的全面进步和全民素质的不断提高，文博事业也进入蓬勃发展的时期。"十三五"期间，我国博物馆数量达到 5788 家，年度参观总量已达到 12 亿人次，博物馆已成为民众提升文化精神消费和生活幸福感的重要途径，并逐渐成为公共文化服务和旅游发展的前沿阵地与有效载体。在全球进入互联网信息时代的大背景下，以数字技术、通信技术、互联网技术和移动传播技术为基础的新型媒体手段正以迅猛的势头，冲击着传统的信息传播方式。这些新媒体形态的形成，对智慧博物馆建设起到了重要的推动作用，同时，也大大拓展了博物馆公共文化服务的空间和职能，成为博物馆创新发展的必然趋势。2016 年，国家文物局等五部委联合印发的《"互联网＋中华文明"三年行动计划》，是中国博物馆界全面展开数字化工作的"集结号"。2020 年 2 月 20 日，国家文物局指导推出了"在家云游博物馆"直播活动，鼓励文博场所"继续利用数字资源，通过网上展览、在线教育、网络公开课等方式，不断丰富完善展示及内容，提供优质的数字文化产品和服务"。这些政策的颁布，为博物馆事业发展提供了方向指导和政策支撑，并营造了良好的社会共建共享的环境氛围。作为文化传播的重要窗口，如何科学运用新媒体手段，将互联网信息技术与博物馆收藏、保护、研究、教育等功能有机结合，不断提升博物馆服务社会的职能和水平，进一步构建现代化的公共文化传播模式，成为新时代博物馆持续发展的新课题。

　　本书以全球信息化为背景，对博物馆充分利用新媒体推动事业创新发展展开探究。全书共分为六章：第一章是对新媒体与博物馆相关知识的阐述；第二章至第五章分别从新媒视域下博物馆的展陈设计、社会教育、视觉文化传播、文创产品开发四个方面进行了论述；第六章论述了基于物联网技术的智慧博物馆建设。著者将长期工作所在博物馆的智慧化博物馆建设方案呈现给大家，期待得到专家的批评指正，如果能在智慧博物馆建设方面给兄弟单位提供借鉴和参考，将感到万分荣幸。

在本书的撰写过程中，著者参考了众多专家、学者的研究成果和著作，在此表示衷心的感谢。由于时间仓促、水平有限，不足之处在所难免，敬请专家、同人不吝赐教，多方研讨评点。

# 目 录

# 第一章 新媒体与博物馆相关知识阐述

## 第一节 新媒体的概念、特点与发展现状

### 一、新媒体的概念

"新媒体"这一概念最早可以追溯到 50 多年前。1967 年，美国哥伦比亚广播电视网（CBS）技术研究所所长高尔德马克发表了一份关于开发电子录像商品的计划书，他在计划书中将"电子录像"称作"新媒体"，"新媒体"概念由此诞生。1969 年，美国传播政策总统特别委员会主席罗斯托在向当时的美国总统尼克松提交的报告书中也多次提到"新媒体"这一概念。自此，"新媒体"一词开始在美国流行，不久便成为全世界的热门话题。

近年来，随着新媒体在我国迅猛发展，"新媒体"一词也成为国内业界和学界炙手可热的新词语，越来越多的媒体从业者、IT 人士和学者开始关注、探讨新媒体。尽管如此，对于新媒体的许多基本问题，如界定问题等，国内研究者众说纷纭、各执一词，并未形成较为统一的认识。

今天我们所说的新媒体通常指在计算机信息处理技术基础之上出现和受其影响的媒体形态。在诠释新媒体概念的过程中，新媒体被解读为建立在数字技术和网络技术基础上的媒体形式的延伸，其"新"体现在技术创新和传播方式上，如传统媒体电视、报纸的新媒体化。基于新技术的应用出现的网络电视、电子报纸，是新旧媒体不断整合和发展的产物，因而媒介形态的发展使新媒体具有狭义和广义的界定。

狭义的新媒体主要从新媒体所依赖的技术和所具备的传播形态划分，即"数字化技术"和"交互性的媒体形态"。传统媒体是借助数字媒体技术改造

演化出来的新形态，如互联网技术对传统电视媒体的技术改造，改变电视媒体的传播平台和传播效能，又如报刊媒体借助互联网实现从纸质终端向电子终端的过渡。数字电视和电子报刊均可被视为新媒体。而由数字技术推动出现的媒体形态，如互联网媒体和手机媒体，其优势则在于信息传播的"交互性特征"改变了传统传播方式下受众接收信息的被动模式。这种对新媒体的界定往往简单地局限于大众传播领域，而忽视了新媒体具备的人际传播和组织传播中的交互式传播特征。所以，在狭义的概念界定中，新媒体主要指基于计算机信息网络技术、具备即时互动传播特征的大众媒体。

广义的新媒体应从更加开放的、宏观的和前瞻的视角来解读。在将新媒体视为媒介本身进行解读的过程中，往往是指信息的载体，如电话、电脑和互联网等。在媒介形态的转变过程中，传播者和受众的角色发生了变化，信息的传播和加工变得日趋多元化和复杂化，信息的"话语主导权"被分解到个体，这种传播地位的改变打破了传统社会中由于社会分层造成的传播主导权的差异，使不同社会阶层的人都可以通过新媒体在公共空间中行使话语权，并产生社会影响，甚至推动社会运动和社会变革。

在界定新媒体概念时，除了从传统的传播学、计算机科学视角出发界定其传播特征和技术效应外，也要考虑到在新的传播生态环境下新媒体对个体意识形态、价值认知所产生的新的影响。综合而言，人们普遍认为新媒体是建立在数字技术、网络技术、移动通信技术基础上，以数字设备为终端，通过计算机网络和无线通信网络进行传播的新兴媒体形态，其舆论聚集效应、意识形态传播形式会对社会变革产生直接影响。

## 二、新媒体的特点

### （一）即时性

新媒体的信息发布流程短，受制约因素少，信息传播过程便捷、迅速、灵活，发布的信息有很强的时效性，尤其是手机媒体，它体积小，方便随身携带，打破了时间、地域和电脑终端设备的限制，实现了人们随时随地、随心所欲传递信息的美好愿望。覆盖全球的电信网络使我们可以在任何地方和任何时间编发信息，即使对方关机，也可以在开机后收到，这是传统的报纸和电视根本无法达到的速度。与此同时，网络和手机都兼具纸质媒体的特性，信息可以被不限时地反复观看，这在很大程度上提高了信息的到达率。

### （二）互动性

与传统媒体相比，新媒体具有大众传播和人际传播的双重功能，具有更强的互动性和参与性。在传播过程中，个人既是信息的传播者，也是信息的加工者，同时能够根据反馈的信息做出及时调整。

### （三）开放性

随着新媒体的出现，话语权随之转移，并且信息发布的权威性也同样被打破，人们可以自由地发表自己的观点，从严肃的国家大事到对别人的事说长道短，新媒体平台上的信息内容应有尽有，包罗万象。它是现代流行文化、大众文化的最佳载体，打破了传统的大众文化和精英文化的界限，使通俗文化与高雅文化可以自由共处，体现了新媒体文化的巨大包容性与复杂多元性。

### （四）个性化

新媒体是一种个性化很强的媒体。不论是在信息的消费与选择上，还是在信息的制作与传播上，新媒体都展现出浓厚的个性色彩。

年轻一代追捧的对象往往就是这种符合时代潮流的新生事物。在他们看来，这是一种高雅的时尚，其快速推陈出新的表现方式，充分迎合了人们追求时髦的心理需求。

### （五）聚合性

QQ 和手机短信的群发功能、各类网站的专题链接功能使信息具有了聚焦、聚合的特性。为了使表达效果更加丰富多彩，短短几十字的信息，通常会用到夸张、双关、类比、反语、排比、顶真、比喻、回环等各种修辞手法。另外，英文字母、数字、标点、图形等各种符号也因为使用的需要被开发出来，使表意更为简洁、丰富、耐人寻味。

### （六）广泛性

新媒体是新的大众传播方式，由于技术门槛低，任何用户都能够轻易使用。其传播的大众化、分散性，达到了目前其他传播媒介无法企及的高度。无论在哪个网站阅读新闻，使用者所看到的相关信息链接都会非常丰富。从信息的深度、广度和发散度的任何一个角度来看，在广泛性上，新媒体都远远超过传统媒体。

## 三、新媒体的发展现状

### （一）技术日趋成熟

一方面，为了更好地满足越来越多网络用户对信息的需求，互联网行业采取 IT 技术来广泛搜罗、处理大量的数字信息，并经过复杂的数字压缩处理和互联网高端的展示技术及软件技术，向广大用户传输信息。

另一方面，互联网行业运用一系列包括软件技术、数据库技术及动画视频多媒体技术在内的高科技，让受众深刻体会到"秀才不出门，尽知天下事"和"天涯若比邻"的感受。

当然，科技的进步和经济的发展使各式各样的互联网技术得到突破性发展。在这些突破性发展中，移动互联网和云计算的势头最为猛烈。互联网技术的快速发展自然也会带动与互联网相关产业的快速发展与进步。最近几年，移动用户迅猛增加，金融行业、娱乐行业、通信工程等产业也理所当然地联动发展，这充分说明科学技术已经融入并改变了人们的生活。互联网技术促进经济发展，经济发展反哺互联网技术，并推动互联网行业稳定快速发展。展望其发展趋势，主要体现在以下几个方面。

第一，智能搜索让网络用户更加方便快捷。

首先，搜索技术能够非常智能地直接分析用户的用意；其次，当用户搜索时可以显示出更全面的结果供用户选择；最后，智能搜索在用户打开搜索引擎并搜索后，能够直接给出用户希望得到的结果。

第二，在数据的处理上通过计算机集群的方式实现处理速度的提升。

所谓计算机集群，顾名思义，其和普通的个人计算机不同，是由特殊服务器构成的，所有数据储存在一起，通过数据处理中心进行管理。当用户搜索信息时，中转站就会整理自己所储存的数据，从而向用户传输其所搜索的资源数据。云计算中的"云"就是超级电脑，进入云端以后，互不干扰的平行计算使应用程序能够在不一样的硬件上运算，从而让应用服务和硬件设施间的关系不再紧密，有利于 IT 环境的回应。

第三，IPv6 作为新事物，以其强大的生命力登上网络的舞台。

时代在进步，技术也在进步，同样各种网络需求也在不断增多。由于 IPv4 自身的缺陷已经不能满足需求，阻碍了互联网的发展，因此 IPv6 应运而生。IPv6 网络地址资源数量无限，甚至可以为全世界的每一粒沙子编上网址。作为新事物，其各项技术在不断完善，相信在不久的将来 IPv6 将得到大规模应用。

## （二）舆论环境更加复杂

基于网络技术的新媒体不断发展，其舆论环境更加复杂，且呈现出一定的两面性。

一方面，互联网具有传播内容的虚拟性和传播速度的迅速性及交互性。现如今，哪怕是平民百姓也可以自由地利用网络传播自己的所见所闻，自由地发表对问题的看法，网络媒体成为大众行使话语权的窗口。手机在大众间的普及更使新兴媒体突破时间和空间的限制，实现人与人之间的"面对面"交流。

另一方面，新媒体所具有的传播内容的虚拟性和传播速度的迅速性及交互性特点，被一部分人恶意利用，如为了追求点击率发布虚假信息，让一些不明真相的人在未调查的情况下不负责任地传播虚假信息，从而制造恐慌，导致人们对新兴媒体失去信任，也会使一些信息在传播过程中失去原意，误导群众。网络信息传播的速度远远超过一些官方消息，这样就会让恶意造谣生事者有充足的时间制造并传播虚假信息。在一定意义上，网络诈骗的此起彼伏也得益于网络的快速传播。同时，人与人之间隔着屏幕，客观上也助长了民众不正当使用新媒体的风气。

## （三）行业融合正在加速

20世纪的传播媒介主要是报纸、广播以及电视这些传统媒体，大众只能通过这些途径知晓消息，但是这些传统媒体受到时间和空间的种种限制，大众能知晓的事情也只不过是冰山一角。随着互联网的出现，大众想获取任何国内外的信息，包括能在电视、广播、报纸上获取的信息，都可以快速地在互联网媒体上查阅到，这在过去是不可想象的。正因为它传播速度快、信息来源广泛，才使传统媒体渐渐地失去大众的"宠爱"，市场份额也迅速下降。传统媒体要想不被时代淘汰，只能进行改革创新，从而在理论上和实践上都能和时代相呼应，适应当下媒体融合度越来越高的紧迫形势。

对于国家而言，新媒体的兴起使国家在进行公共服务的时候效率更高；对于社会而言，新媒体的兴起，使整个社会的运作效率提升，社会创造的经济效益变多，这些都在一定程度上增加了国家的综合实力，进一步促进了国家和社会的进步；对于大众而言，新媒体的兴起，一方面使人们获取信息的渠道更加广泛，另一方面极大地丰富了人们的日常生活，使人们的精神水平得到提升，生活水平得到提高。新媒体革命性的进步，拓宽了大众获取信息的途径，提高了信息的获取速度，其拥有传统媒介不可比拟的优势，但是在不断实践中也可以发现，新媒体在可信度上较之传统媒介有着不可忽视的缺陷。

由此可见，二者各有千秋，并不是此消彼长的关系。在 21 世纪的今天，它们都是新时代的媒体资源，二者可以取长补短、优势互补。首先，要改变思想，使传统媒体与新媒体和谐发展，进一步实现二者的携手共进；其次，要实现资源共享，进行优势组合，互相学习借鉴；最后，媒体变革一定要重视创新，在借鉴彼此优势的同时要顺应时代的进步，从而提高媒体的整体竞争力。

### （四）受众面越来越大

在当下新媒体盛行的大环境下，相对于旧时的信息传播形式，新媒体在时空、传播效率以及载体上，都有了翻天覆地的变化和革新。大量信息负载在软件和互联网上，能在极短的时间内迅速传达给万千受众，表现出前所未有的即时性，人们能在以分钟甚至是秒为单位的时间范围内轻松接收各类资源信息，再以更加迅速的方式传送给他人。新媒体传播的独特之处还体现在信息的形式是多样化的。信息可以是音频、视频、图像、文本等形式，受众不仅可以随时随地通过媒介搜索和接收信息，同样也能主动利用新媒体实时发布信息。

随着社会的进步，新媒体时代下人们的生活被信息技术环绕，而新媒体传播技术基于网络和手机的普及有了前所未有的发展，这极大地推进了社会的进步，促进了个人与社会的联系。

# 第二节　我国博物馆的发展历程与终极使命

## 一、我国博物馆的发展历程

博物馆虽是近代兴起的社会文化事业，但它有着悠久的历史渊源。它的起源，无论在西方或是东方，都可以追溯到公元前[①]。改革开放40多年来，我国博物馆事业发生了历史性变革。据统计，我国博物馆数量从 1978 年的 349 家增长到现在的 5700 多家。这表明，文化大发展、大繁荣成为发展的题中应有之义。博物馆在展现城市悠久历史和文化魅力以及满足民众文化需求方面发挥着举足轻重的作用，越来越多的城市将博物馆建设列入重要建设项目，博物馆建设步伐日益加快，尤其是博物馆免费开放政策推行 13 年来，博物馆与公众的联系越发紧密，给公众带来的获得感、幸福感不断增强。

---

① 王宏钧.中国博物馆学基础 [M].修订本.上海：上海古籍出版社，2001：57.

### （一）古代纪念馆

随着社会阶级的出现以及人类审美的进步，人们逐渐有了收藏意识和纪念意识，博物馆现象得以萌发。但是收藏可以出于不同的目的，如财富的储蓄、身份的象征，或者作为商品交换的筹码，而并非用于教育、研究，诸如此类的收藏不能萌生最初的博物馆。

我国古代没有博物馆一词，"博物"二字很早见于《左传·昭公元年》中的"博物君子也"，其意义与博物馆的含义相去甚远。但是，在中国历史上以不同形式、不同名称建立的古代纪念馆却层出不穷。公元前5世纪在山东曲阜的阙里孔子故居建立的孔子庙堂是中国最早的纪念类博物馆。孔子庙堂的出现源于华夏民族在远古形成的祖先崇拜与祭祀。《国语·鲁语》记载："夫圣王之制祀也，法施于民则祀之，以死勤事则祀之，以劳定国则祀之，能御大灾则祀之，能捍大患则祀之。"大意为圣王制定的祭祀礼节是，制定对人民有益法规的，就祭祀他；为国家辛勤做事而死的，就祭祀他；劳苦功高安定国家的，就祭祀他；能够为国抵抗大灾难的，就祭祀他；能够抵御大祸患的，就祭祀他。此为鲁哀公创建孔子庙堂的历史背景，由此可见孔子庙堂的出现，包括之后不同古代纪念馆的出现并非偶然。公元234年蜀汉丞相诸葛亮因积劳成疾，病卒于北伐前线的五丈原（今陕西省宝鸡市岐山县县城南约20千米），其生前曾被封为"武乡侯"，死后又被蜀汉后主刘禅追谥为"忠武侯"，因此建立了武侯祠来纪念诸葛亮。公元760年春，杜甫在友人的帮助下，居住于成都西郊风景如画的浣花溪畔修建的茅屋内，公元761年春天，茅屋落成，称成都草堂。1952年，杜甫草堂经全面整修，正式对外开放。郑成功从荷兰侵略者手中收复台湾后，将台南地区作为他经营的中心。他去世后，台湾人民在清初即建开山圣王庙作为纪念。1875年，清政府赐郑成功"延平郡王"称号，庙再扩建，改称延平郡王祠，这座祠是纪念第一位抗击西方殖民主义者的民族英雄纪念馆。

由孔子庙堂到诸葛武侯祠，由杜甫故里到郑成功祠等，这些古代的纪念馆便是当代纪念类博物馆的前身，体现了中国传统文化中重视"慎终追远"的人文精神，为中国博物馆事业奠定了基础。

### （二）近代博物馆

近代中国博物馆的兴起阶段，由第一次鸦片战争始，至1905年中国第一个博物馆——南通博物苑建立为止。

"博物馆"这一概念最初产生于西方国家，至于我国是何时以及为何引入此概念，这要从"西学东渐"说起。西学东渐是指从明朝后期到近代的西方学术思想在中国传播的历史过程。西学东渐有两个显著发展阶段：一是明末清初，利玛窦、汤若望等欧洲耶稣会传教士来华传教，传播西方天文、地理、数学等科学技术知识；二是清末民初，西方国家的坚船利炮打开中国大门，先进的知识分子以睁眼看世界、师夷长技、"中学为体，西学为用"等经世致用的目标，学习西方先进技术以求救国图强。随着中国和西方世界往来日渐频繁，到欧洲、日本等地访问学习或留学的人越来越多，中国知识分子通过一系列的实地参观和亲身实践，对博物馆有了直观且清晰的了解和感受。我国徐继畬是首先注意到近代博物馆的人，他所著的《瀛寰志略》一书以地球为引子，介绍了东、西半球的概况，之后按亚洲、欧洲、非洲、美洲的顺序依次介绍了世界各国的风土人情，其中提到的"军工厂""古物库"等词指的就是"普鲁士国""西班牙国"等国家的军事博物馆和历史博物馆。

百日维新后，我国著名政治活动家和民族资产阶级实业家张謇创办了我国第一个公共博物馆——南通博物苑，从此开启了中国近代博物馆的新篇章。张謇把实业和教育视为"富强之大本"，主张"今求国之强，当先教育"，而"欲兴教育"，则"先兴实业"。他认为如果希望百姓增进知识和开阔眼界，就必须先有一处实现教育的场所。他率先于自己的家乡进行落实，以个人财力购民房 29 家，开垦迁移废弃的荒地坟冢 3000 余座，建设了包括植物馆、植物园和动物园在内的综合性博物苑。他带领一众人等，历经十年的苦心经营，制图、设计、陈列、搜集……终于完成了南通博物苑的初等规模建设，其中藏品达 2 万多件，分为自然、历史、美术等部。同时，张謇的博物馆理论从中国的实际情况出发，吸取了外国博物馆的创办经验，为近代中国博物馆事业做出了建设性的指导，具有极高的开创意义。1905 年，学部侍郎严修在其家乡天津的城隍庙开办教育品陈列室，陈列理化仪器、博物标本多种，任人观览；1908年，泰安创设教育博物馆，自日本购到教育品多种，一一陈列，任人观览。

新文化运动进一步推动了博物馆的发展，举世闻名的故宫博物院就建立于 1925 年，到 1936 年全国已经建立的博物馆数量达 77 处。20 世纪 20 年代到 30 年代，博物馆理论也有了进一步发展，蔡元培先生首先提出了"博物馆教育"的相关理论。

1937—1949 年，日本帝国主义侵华战争和国民党反动派发动的内战导致中国人民长期处于水深火热之中，中国博物馆事业进入缓慢发展时期，甚至出现倒退，部分博物馆由于战争而遭受到了极大的破坏。仅据 1938 年 10 月出版的《时事月报》所载《抗战以来我国教育文化之损失》一文所谈，博物馆被破坏情况已相当严重。

1921 年中国共产党诞生以后，领导中国人民进行了艰苦卓绝的武装革命，建立了中国人民革命根据地，虽然各方面条件都异常艰苦，但是仍然在努力推进博物馆事业建设。在中华苏维埃第一次全国代表大会决议的《中国工农红军优待条例》第 16 条中就明确提到博物馆一事："死亡战士之遗物应由红军机关或政府收集，在革命历史博物馆中陈列，以示纪念。"就连延安八路军抗属子弟学校都创办了一个小博物馆，这个小博物馆就设在窑洞里，完全由学生会筹建和管理。他们用黄泥做成各种形状的标本盒子，两列长桌陈列着各种标本，成为孩子们喜爱的课外知识乐园。

### （三）当代中国博物馆

1949 年 10 月 1 日，中华人民共和国成立，国家政权的稳定使我国博物馆事业同其他文化教育事业一样进入了一个新的历史发展时期。由于中华人民共和国刚刚成立，多数博物馆还处于瘫痪或半瘫痪状态，整顿和改造博物馆成为当时的主要任务。原中央人民政府文化部设立了文物事业管理局，由著名学者郑振铎任局长，负责领导全国文物博物馆事业。国家还出台了相关法律对文物古迹实行保护，严禁文物非法出口。1950 年 5 月，原中央人民政府政务院颁布了《古迹、珍贵文物、图书及稀有生物保护办法》《禁止珍贵文物图书出口暂行办法》和《古文化遗址及古墓葬之调查发掘暂行办法》，要求必须对一些具有革命、历史、艺术和科学价值的文物图籍和珍贵自然标本妥善保护，不得破坏或盗卖，严禁非法出口。

与此同时，全国各地响应国家号召，纷纷举办相关思想教育活动，呼吁广大市民群众到博物馆参观，博物馆的社会教育功能明显得到了加强，博物馆和人民群众的距离又近了一步。路漫漫其修远兮，"文化大革命"十年，中国博物馆事业遭受了难以修复的创伤。1976 年，我国进入了新的历史时期，国家文物局在安徽召开了博物馆工作座谈会，明确指出要采取迅速有效的措施，把博物馆工作重点转移到为实现四个现代化服务上，把博物馆工作的重要性提升到一个新的水平。

博物馆事业的重振使博物馆学及其分支学科也逐渐建设起来，符合中国国情的、具有中国特色的博物馆学体系不断完善，多所本科院校开设文物与博物馆学专业，其中北京大学、浙江大学、复旦大学、四川大学、吉林大学、南开大学、兰州大学、南京师范大学等的文物及博物馆学相关专业皆为 A 类或 A 类以上。文物与博物馆学专业的开设，为考古文博行业培养了大量专业性人才，推动了我国博物馆事业的发展。

随着科学技术的发展，博物馆的陈列展览开始引入大量的现代科技手段吸引观众，从视觉、听觉、感觉等多方面来增加体验感，如 3D 光影集合、VR 体验、3D 打印等技术，都开始运用到博物馆的展览中。这些高科技的参与不但增加了参观的趣味性，而且让观众参与进来、思考起来，从多方面对参观者进行教育和引导。①近年来，中国各类博物馆在场馆设施建设、藏品保护研究、陈列展示和免费开放、满足民众需求、推动中外文化交流等方面不断取得进展。中国各类博物馆不仅是中国历史的保存者和记录者，也是当代中国人民为实现中华民族伟大复兴的中国梦而奋斗的见证者和参与者。

习近平总书记在致国际博物馆高级别论坛的贺信中指出，博物馆是保护和传承人类文明的重要殿堂，是连接过去、现在、未来的桥梁，在促进世界文明交流互鉴方面具有特殊作用。中国博物馆事业已有 100 多年历史，中国博物馆事业的发展道阻且艰。在我国社会主要矛盾已经转化为人民日益增长的美好生活需要和不平衡不充分的发展之间的矛盾的前提下，我们更需要坚定地发展社会文化事业，充实人民群众的思想认知及精神需要，真正使博物馆发挥其教育价值及社会作用。

## 二、多元文化背景下博物馆的终极使命

博物馆，归根到底是一种反映"人类及其环境的物证"的文化现象。它不仅是历史文化的保存者和记录者，更是当代社会发展的见证者和参与者。

1971 年，加拿大政府宣布实行多元文化政策，成为世界上第一个正式将多元文化定为国策的国家，1988 年又出台《加拿大多元文化法》确立了这一国策的法律地位。美国和澳大利亚等是最典型的移民国家，多元文化现已成为其基本文化特征之一。2001 年联合国教科文组织（UNESCO）第 31 届大会通过了《世界文化多样性宣言》，确认"文化多样性是人类的一项基本特征"，"文化多样性是人类的共同遗产"。2005 年联合国教科文组织第 33 届大会进一步通过了《保护和促进文化表现形式多样性公约》。

人类自身、人类生存的环境、人类创造的文化，在多元化上达到了统一。

一方面博物馆作为"人类及其环境物证"的归宿，另一方面其自身的归宿也必然是"人类及其环境的物证"。博物馆作为联系过去、现在与未来的最重要媒介，其终极使命就是直接保护和传承并帮助认识和发展其作为人类及其

---

① 卫潇洋.简析当代博物馆教育及发展[J].科教文汇，2018（29）：165-167.

环境物证的多元文化。换言之，保护和传承多元文化，其实就是保护和传承人类自身的完整性，这有助于我们全面认识人类的过去、建设人类的现在、开创人类的未来。为此，我们需要具备（培养或唤醒）多元的意识、包容的思想、尊重的立场、客观的理解，摒弃自我的偏见、狭隘的心胸、专横的态度、主观的臆测。

在当代经济全球化背景下，世界各国经济结构日益趋同，发展兴衰与共，且一致面临着环境污染、能源短缺、气候变化等危机，多元文化也面临着新的挑战。我们要防止将全球化与单一文化等同起来。

中国的博物馆植根于中国的历史、地域和民众之中，可谓拥有得天独厚的资源优势，在多元文化时代面临良好的发展机遇。

中国是历史悠久且文明从未中断的国家，考古学家将中国新石器时代的文明划分为六大区系数十个考古学文化类型，其后夏、商、周"三代不同礼"（《商君书》），春秋战国时期更是形成"百家争鸣"的文化盛况，汉代以后名为"罢黜百家，独尊儒术"，但实则儒、释、道、巫并存，最终形成多元一体的主流文化传统。

中国是世界上地域面积辽阔、地形地貌复杂的国家之一，仅陆地国土就幅员纵横960万平方千米，海拔高差8800多米，风光无限，气象万千，导致各地气候物产与人民生活习性差异很大。《晏子春秋》所言"百里而异习，千里而殊俗"，《汉书》所载"百里不同风，千里不同俗"，至今仍是常用且恰当的说法。

中国是世界上人口多、民族数量多、民间信仰丰富的国家之一，民族民间文化艺术绚丽多彩，共同构成了多元一体的当代中华文化。这种历史的、地理的、民族的多元化，为中国博物馆的发展提供了深厚的基础、开辟了广阔的前景，显示出中国博物馆在保护和传承多元文化方面的实力、潜力和压力。

目前，虽然无论从数量上、类型上还是质量上，我国博物馆已经取得了举世瞩目的成就，但是仍然存在着人均占有比例偏低、地区分布不平衡、类型发展不合理、软硬件水平不协调、利用状况不如意、服务对象不均衡等诸多不足。在经济全球化背景下，中国博物馆也面临着压力甚至挑战，从根本上说，这也是中华文化面临的压力和挑战。因此，如何化压力为动力、变挑战为机遇，尽快提升和完善中国博物馆发展水平，是主管部门、博物馆同人甚至全社会都应当关注的问题。

立足中国的多元文化优势，并将其切实转化为中国博物馆的优势，这是为观众服务的需要，也是博物馆自身生存的需要，更是博物馆实现终极使命的需要。具体而言，每个博物馆可根据自身的建馆宗旨、历史渊源、现有基础、客观条件，树立自己的优势，形成自己的特色。

具有代表性的国家级博物馆，应有世界眼光，不断提升和完善自己，与国外著名博物馆加强交流、平等对话，在国际层面自觉担负起保护、弘扬和传承中华文化的使命。主管部门可通过政策导向、资金倾斜、宣传鼓励，大力推动民俗类、行业类、专题类、生态类、数字类等新类型博物馆和民族地区、边远山区、欠发达地区等弱势地区博物馆的建立与发展，健全中国的博物馆体系，以更好地为保护和传承中华文化服务。

当前，我国博物馆在整体数量上和类型体系上已经初具规模。纵向比较，当前我国博物馆事业正处于历史上发展最快的时期；横向比较，中国亦是目前世界上博物馆事业发展最快的国家之一。在今后的工作中，我们应抓住机遇，避免单纯追求博物馆数量的增长，要更多注重博物馆质量的提升，且针对不同情况区别对待，如对大馆多在政策上"锦上添花"，对基层馆多在人、财、物方面"雪中送炭"等。用体制改革和机制创新推动博物馆事业的可持续发展，实现我国从博物馆大国向博物馆强国的历史性转变，可以更好地履行保护和传承人类社会的多元文化及多彩环境的终极使命。

## 第三节　新媒体在我国博物馆中的应用现状

现阶段，我国网络技术和计算机技术发展迅速，信息传播效率有效提升，传播范围明显扩大，传统博物馆在文化传承以及服务水平方面存在的问题日益凸显。为满足社会需求、充分做到与时俱进、尽快适应新媒体时代背景，广大博物馆要不断提高自身信息化和数字化水平，从而推动博物馆创新发展。

### 一、门户网站

门户网站是博物馆在网络快速发展时期应用最早也最普遍的一种媒体形态，其分为综合门户、行业垂直门户、地方门户和个人门户。它囊括了几乎所有的传统媒体内容，实现了点对点、点对多点的传播，具有多媒体化、交互性强、高时效和跨界传播的特点。博物馆的官网便属于门户网站，是博物馆重要的信息中心和公共展示区。在互联网技术发展的初期，网站的建设与应用是博物馆走近大众的重要手段，是观众需求不断发展变化的结果。

博物馆将文物藏品的图像、文字、影像和其他类型的数据经过数字化处理之后，分门别类地展示在官网平台，大致包含以下几大板块。

**（一）展　讯**

一般情况下，博物馆都将近期展讯放在首页，内容主要为展览前言、代表性展品、展览时间和地点、门票价格等。

**（二）新闻资讯**

主要包括本馆新闻动态、国内外文博行业资讯、媒体报道以及本馆公告。

**（三）参观导览**

包括本馆开放时间、参观门票、交通路线、展厅分布、预约服务等必要的游览须知。

**（四）藏品欣赏**

博物馆大量的文物藏品在官网上得到全方面、多角度的展示，多为图文展示，也有三维展示。如故宫博物院将藏品总目公布，公布的信息包括藏品编号、名称、所属时代等信息，藏品分类涉及绘画、法书、碑帖、铜器等 25 种类型；中国国家博物馆的分类则较为简单，划分为古代藏品、近现代藏品和艺术作品，并为参观者提供藏品检索；上海博物馆在进行藏品图片展示的同时，还加入了相关视频。

**（五）教育培训**

包括专题讲座和学术活动，博物馆会登出近期举办的讲座内容和往期讲座纪实、中小学生教育活动和文化考察等内容。这些板块全面地介绍了博物馆概况、学术研究、国际交流等各项内容。为了优化观众体验、丰富服务内容，部分博物馆还接入在线购票入口，设置观众线上留言板，提供电子版资讯下载和博物馆全景游览以及直接在网上注册博物馆会员等服务，同时设置了可跳转至站外链接、分享至微博和微信等功能。

## 二、电子期刊

电子期刊是传统出版物的一种新形式，兼具平面与互联网两者的特点，以互联网为载体和流通渠道，进行网络传播和阅读，属于流行于当代生活的网络出版。[①]它不仅丰富了出版形式，将教育信息化，而且变革了阅读习惯，人们可以在电脑或者手机上直接阅读、检索。传统的文博刊物，印数虽少但具有重要的学术意义和文化价值。在电子媒介的影响下，编辑人员开始提高运用网络媒体的宣传意识和技术手段，将纸质期刊数字化，使其出版成本降低，受众群体扩大。目前博物馆电子期刊的获取方式有三种：一是通过博物馆的官方途径获取，如官网和微信公众号。例如，四川广汉三星堆博物馆在官网设有"电子阅览室"频道，参观者点击进入之后可直接阅读学者发表于各学术刊物上的对于三星堆的研究；首都博物馆将《博物院》杂志、首都博物馆出版物和文博类期刊的每一期目录、内容摘要予以展示。二是万方、知网、维普等数字资源共享平台。《中国博物馆》《博物馆研究》《中国国家博物馆馆刊》《文博》《四川文物》等主流博物馆刊物皆可在以上数字资源平台下载查看。三是掌阅、多看等手机阅读软件。掌阅 App 作为国内用户数最多的阅读软件，可免费阅读及下载《陕西历史博物馆馆刊》，其他更多的是与博物馆相关的专著；多看App 的博物馆刊物资源与掌阅 App 数量相当，可订阅查看中国国家博物馆的《微博物》。相较而言，手机阅读软件的资源有限，多需要付费阅读。

### 三、网络个人空间

如果将博物馆看作一个独立个体的话，那么网络个人空间是目前博物馆应用最广泛的媒体形态，它包括博客、微博、微信公众号和网络直播，主要以手机终端为搭载平台和传播渠道，与门户网站相比，更注重移动即时性、双向交互性和个性化。

博客最早出现在西方，可追溯至 20 世纪 90 年代，它融合了多种原有的网络媒介，对信息的展示、传播、沟通产生了巨大影响。2002 年博客正式走入中国，2004 年之后，随着天涯、网易、新浪、搜狐等门户网站推出博客服务，博客在中国盛行起来。[②]开通博客比建立门户网站门槛更低，操作更便捷，博物馆利用博客作为信息展示与发布的窗口，设置不同主题的栏目，将发布时间进行归档，方便用户阅读与检索。此外，用户可直接对文章发表评论、进行转载，实现了实时沟通与信息共享。在博客流行的时期，博客平台是博物馆发布展讯和新闻资讯的重要阵地，但随着微博和其他社交平台的兴起，博客的利用率已经越来越低。

---

① 张基温，张展赫. 新媒体导论 [M]. 北京：清华大学出版社，2017：64.

② 杜庆杰. 博客初探 [M]. 合肥：安徽教育出版社，2008：12.

微博（Weibo）即微型博客（Microblog）的简称，这是一种注重时效性和随意性，对发布内容有字数限制的即时博客。2006 年美国 Obvious 公司推出 Twitter 标志着微博的诞生。国内的微博产品主要有新浪微博、腾讯微博、搜狐微博、网易微博、凤凰网微博等。第一个推出微博服务的新浪网，通过巨大的原始积累和强势的后期运营，成为当时微博产品的主流运营方。前期，新浪微博只能发布不超过 140 字的内容，强调短小精悍。2014 年发布长微博功能之后，用户可以编辑长达 1 万字的文章，拓宽了发布内容。博物馆微博对大众的渗透得益于微博的传播特点，它的形式多样，功能丰富，发布便捷，传播速度更快，传播范围更广，这也是它与官网、博客的最大区别。碎片化阅读和亲民性语言适用于当前的网络环境，博物馆不再是不易接近的阳春白雪，加之有发起话题、@他人、建立微群、发送私信、粉丝服务等重视用户运营的这些功能，继而吸引了广大网友的强烈关注。

微信公众号是微信平台提供的应用账号申请与订阅服务，主体可通过电子邮箱账号进行绑定注册，账号类型分为服务号、订阅号、小程序和企业微信，它们为用户与账号主体之间创造了联系，通过公众号可实现双方的全方位沟通、互动，并能满足用户随时对信息进行采集和获取的需求。一般情况下，博物馆注册的均为服务号，它偏于服务交互，每个月可群发 4 条消息，并直接显示在好友对话列表中。博物馆公众号除了支持传统的信息发布、粉丝互动之外，还创新了博物馆的信息传播功能。图文中能够添加音频、视频、小程序链接、H5 页面，优化了阅读体验；打开微信"扫一扫"可获取导览地图、展品信息、语音讲解、数字展馆；通过公众号跳转到外部链接，参与第三方平台开发的内容，包括在线购票、讲座预约、趣味游戏等。微信公众号被大力推广到博物馆的宣传工作中，成为人们获取博物馆信息、参与博物馆活动的最主要途径。

网络直播即网上现场直播，是运用网络通信技术，将现场实时的音频和视频通过直播平台上传至网络，用户可以通过直播软件收看并参与互动。早期的直播以图文形式为主，大部分都是在电脑端进行，现在移动互联网的发展让移动端的直播软件成为主流直播平台。通过已有的行业和平台嵌入直播功能或在直播平台上开拓新业务，这种"直播+"模式成为网络直播的新常态。[①]博物馆正是利用了这一趋势，通过抖音、一直播、网易直播等主流直播平台，将其应用到展陈讲解、学术讲座、会议现场等场景中，拓宽博物馆展览形式，与平台

---

① 崔秋霞 . 网络直播的模式分析及未来发展趋势 [J]. 新媒体研究，2016，2（17）：7-8.

合作推出"博物馆直播月"和"约会博物馆"等活动，在网络上掀起一股"文博热"。官网、微博、公众号、网络直播构成了博物馆领域的全媒体矩阵。

## 四、手机应用软件及小程序

手机应用软件（Mobile Application software）主要指安装在智能手机上的软件，它的出现打破了电脑终端设备的限制，受众可以与信息同步并参与互动。基于大英博物馆、卢浮宫、美国大都会博物馆的优秀 App 先例和国内成熟的 App 开发技术，国内文博领域也介入了 App 的制作与发布。当前文博 App 主要有五种类型，分别是口袋博物馆型、导航导览型、展览简讯型、游戏互动型和另类创意型，内容涵盖展馆导览、文博资讯、手机游戏等方方面面。除了博物馆官方出品之外，也有一些信息技术或网络科技公司的个人开发，为用户提供全国乃至全球各大博物馆信息，常见的有中国博物馆联盟 App、爱去博物馆 App、看展览 App、知亦行 App 等。

2017 年 1 月 9 日，微信小程序正式上线，昭示着小程序时代的到来，这是一款"无需安装、触手可及、用完即走、无需卸载"的颠覆性应用。与 H5 相比，它更接近原生 App，流畅通顺；与网页相比，它可以进行各类体验操作，快捷灵活。小程序作为其他媒体形态的延伸，在日益追求轻量化的移动应用中，仍具有很大的发展空间。与偏向内容的微博、微信公众号有所不同，小程序更偏向于基于展品信息的服务，常见的有博物馆地图、语音讲解、线上展览等。

## 五、现实和虚拟现实技术

虚拟现实（Virtual Reality，VR）和增强现实（Augmented Reality，AR）作为 20 世纪已经提出的理论，直到进入 21 世纪之后才逐渐扩大应用。二者的不同在于，虚拟现实技术可以创建和体验虚拟世界，人们可以沉浸于虚拟环境中并产生虚拟感受，而增强现实技术是将虚拟物体叠加到现实环境中，是对现实环境的一种增强与补充。博物馆传统的展示方式不能很好地展现展品的细节特征，增强现实交互技术可以创造丰富的互动方式来帮助参观者观赏真实世界的展品。这种新兴技术为博物馆交互设计和观众体验带来新的契机，增加了展览的参与性和趣味性。博物馆不仅将其应用在展馆的场景设计和展品展示中，还应用在移动端媒体，实际做法是通过软件把手机、平板等移动设备变成虚拟显示器，使用摄像头捕捉现实场景中某个对象（实体或图像），然后在屏幕上显示对应对象的 3D 图像，实时融合成虚实结合的场景。参观者在交流互动中加深了记忆，实现了更深层次的交互体验。这种新兴技术还可将全景展厅搬入移动设备，参观者通过手机、平板便可在还原度和真实度极高的线上虚拟展厅观看展览。这种"文化＋技术"的模式成为博物馆文创产业的新核心，是促进博物馆未来发展的重要力量。

# 第四节　新媒体视域下博物馆的发展趋势及策略

## 一、新媒体视域下博物馆的发展趋势

进入 21 世纪，社会信息化不断向纵深发展，为新媒体的广泛应用奠定了良好基础。新媒体作为一种新兴传播形式，为博物馆创新发展指明了新方向，数字博物馆在这一时代背景下应运而生。

### （一）数字博物馆的兴起

数字博物馆建立在多媒体技术、人工智能技术、大数据技术等先进技术基础上，通过构造数字信息资源，弥补博物馆传统发展中的不足，突破时间、空间等限制因素，为博物馆数字化保护、传播与管理开辟了新路径。数字博物馆最早源于美国，后随科学技术的不断发展，越来越多重视文化传承和保护的国家也积极投入建设和推广工作中。例如，我国数字故宫、数字敦煌就是数字博物馆的重要体现。

由此可见，数字博物馆相对于传统博物馆而言，不仅能够突破时间和空间的限制，还能够提高文物展出水平、完善文物展示效果，同时有利于为广大服务对象提供个性化服务，使观览人员能够在任何时间和地点获取博物馆文物信息。除此之外，数字博物馆还能够创新藏品陈列展览水平，突破传统博物馆单一、乏味的局限，使静态的文物资源变为动态文物资源。

### （二）数字博物馆的组成

数字博物馆在建设和投入运营过程中会产生大量数据，其应用技术主要围绕"数据"展开，其中包括数据采集、加工、分析、存储、传递、输出等方面。想要保证数字博物馆的完整性和功能性，需要重视其技术组成。第一，数字化技术。该技术也是数字化博物馆的核心内容，通过数字化技术，能够构建与博物馆真实藏品相同的数字化文物和作品。第二，数据库技术。数据库的主要作用是保存和保护数字化文物资源，与真实博物馆文物储存库房性质相同。第三，数字化展示平台。该平台性质与博物馆展厅相同，能够具体展现数字化文物。

现阶段，以数字化形式展现的藏品文物形式多种多样，其中包括文字、图像、视频以及 3D 模型等。通过数字博物馆展示文物，能够解决藏品保护和藏品展示之间的矛盾，有利于在满足群众精神文化需求的同时充分发挥博物馆传承和发扬文化的作用和价值。

另外，在新媒体时代背景下，虚拟现实技术也充分应用到数字博物馆中，通过模拟真实的任务和场景，能够为观众营造身临其境的感觉。具体来说，通过三维图还原藏品，利用干涉原理对藏品的光波信息进行记录，藏品通过激光照射会形成漫射式的物光束，从而形成藏品的全息图像，将历史尘封中的一些文物再现。这不但能够丰富博物馆中的文物资源，还能够满足人们的观赏需求，与此同时还能够为观赏者带来震撼的视觉盛宴。例如，我国 2015 年三山五园文化巡展中就利用全息投影技术进行了一场震撼的展览，通过全息投影技术展现十二生肖喷水画面，为观赏者营造了一种身临其境的震撼感。北京天文馆利用先进的虚拟天象高科技设计，将银河系中的各大行星通过 3D、4D 等形式加以展现，人们不仅能够观察行星的体态特征，还能够体会其运行轨迹。先进科学技术通过全方位、多维度的展现方式营造了虚实结合的展览效果，通过光色效应以及虚拟融合引导人们进入银河系，从而带来震撼人心的视觉冲击。另外，采用全息投影技术时还可以配合使用声效，在藏品展览时可以通过介绍藏品的方式加深观赏者对藏品的认识，从而使观赏者在欣赏过程中能够体验和感悟藏品的魅力。

另外，在现有的数字化展示平台中，大多以数字展厅、智能画廊等方式存在，这些展示平台均是以文字叙述、图片展示、视频演示等方式展开。例如，我国北京数字博物馆就是数字化展示平台中的典型案例。

由于当前宽带覆盖范围有限，并且硬件条件不足，博物馆实现个人随意浏览的目标仍然受限。现阶段，想要解决这一问题，需要以国家文物保护单位的数字化为核心，联系协调各级文物保护部门逐一展开工作，保证网络系统能够以模块化、有序化、开放化方式形成一定体系。

### （三）数字博物馆的发展前景

通过以上分析可以看出，新媒体时代背景下的数字博物馆相对于传统博物馆而言，其优势无可比拟，其中包括突破时间空间限制、降低文物破坏率、提高文物展览率等，与此同时还能够通过虚拟现实技术将静态文物动态化，有利于人们进一步了解毁于战乱或流落海外的一些文物。然而，在实际发展过程中，其存在的不足之处也应引起重视，比如如下所述：新媒体时代的到来，为社会创新发展带来机遇和挑战，人们在这一发展背景下对新体验的需求越来越迫切。相对于传统观展而言，人们不再局限于"看到什么"，而是更注重"想看什么"。数字博物馆若要满足群众个性化需求，需要进一步解决虚拟互动问题。

除此之外，数据存储和数据传输也是现阶段数字博物馆面临的重要问题之一。虽然现阶段我国网络技术发达，但是仍然无法满足博物馆家庭展示这一需求。随着科学技术的不断进步，这一需求也成为数字博物馆未来发展的必然趋势。现如今，为满足这一需求，专家和学者提出诸多设想方案，其中以地方博物馆为核心，建立专门网络体系的方法具有一定的可行性，具体来说，就是通过数字展示将当地博物馆资源传递到全国乃至全世界范围内。

## 二、新媒体视域下博物馆的发展策略

### （一）树立以服务大众为出发点的互联网思维

随着博物馆与新媒体的初步结合，博物馆要转变一直以来"以物为导向"的做法，更多考虑新媒体"以人为本"的传播特质，既要树立服务大众的理念，尽可能地让更多的文物与观众见面，挖掘文物藏品价值，优化藏品资源配置，积极分享中国优秀的传统物质文化，让文物能真正"活起来"，又要树立互联网思维，与时俱进，运用新媒体手段深化博物馆的服务功能，二者缺一不可。

1. 树立"服务"理念

我国博物馆一直致力于丰富人们的精神生活，提升人们的文化素养。郑振铎先生认为："新中国的文物工作，应该有与旧中国完全不同的认识与方式，那就是不能把文物、图书看作'孤立'的脱离人民群众的东西，而是必须把它们和人民群众的实际生活联系起来。不能把博物馆、图书馆办成静止的、消极的文物、图书的保存单位，而是应该打开大门，面向群众，为他们服务，对他们进行宣传和教育。"① 时任故宫博物院院长单霁翔认为："今天的博物馆仍然是

---

① 卫东风，曾莉.改造与整顿时期中国博物馆展览活动案例分析 [J]. 中国博物馆,2008（4）:91-97.

比较封闭的机构，难以真正实现与社会的有效互动，与开放、共享的时代潮流不相适应。博物馆必须在服务理念、服务内容、服务方式、服务制度、服务载体和服务态度等方面积极进行探究、创新和实践。"[①]他曾指出，故宫博物院有70%的范围都是非参观区，99%的藏品都沉睡在库房里面，参观者根本看不到，而一个文化机构利用自己的文化资源，究竟给人们贡献了什么，或者说游客的一次文化之旅究竟获得了什么，这才是最重要的。新技术、新手段、新机制成为古老故宫在当代转型的关键要素。在时任故宫博物院院长单霁翔大刀阔斧的改革下，故宫博物院不仅在文化传播上卓有成效，也成为中国博物馆新媒体的典范，赢得了国际声誉。

2. 树立互联网思维

互联网思维是第三次工业革命的先导理念，是当代高科技与文创跨界融合实践的新思维方式，是科技革命中范式转换的必然成果。[②]互联网思维对博物馆完善管理经验、更好地实现社会服务功能具有借鉴意义，它包括用户思维、创新思维、社会化思维等。在用户思维影响下，博物馆应当采取分众化传播，这是由博物馆观众的不同层次决定的。如今身处大数据时代，博物馆管理者的信息传播观念需要变革，必须适应新的信息生产和传播方式，探索为观众提供分众化信息服务的媒体发展之路，并通过新媒体数据的采集、监测和分析更好地了解观众需求。在创新思维影响下，博物馆应该打破僵化模式，让服务理念和服务手段均与时俱进。同时，在某一个新媒体出现热度之时，要冷静思考，寻找最适合本馆的方式。在社会化思维影响下，博物馆新媒体应深入社会生活，随着社会生活和观众需求的变化而变化。

### （二）打造面向社会需求的新媒体精品内容

博物馆新媒体作为博物馆与公众沟通与联系的媒介，只是一种文化传播工具，其核心价值是内容本身，这是信息传播的关键。利用有限资源，加强博物馆与人们之间的联系，寻找契合点，吸引观众的关注，重视观众的体验和感受，将"以人为本"作为博物馆新媒体的出发点和落脚点，通过线上线下同时引流，让参观过的观众不至于脱离博物馆新媒体，让未参观的用户成为博物馆的潜在观众，从创新性、趣味性、多元化、内涵化、个性化等方面大胆尝试，打造更多精品内容，博物馆新媒体才能广受欢迎。

---

① 单霁翔.从重"物"到"人""物"并重——博物馆社会服务理念的提升[J].上海文博论丛，2013（3）：27-35.

② 陈凌云."互联网+"时代博物馆发展对策研究[J].江南论坛，2016（1）：33-35.

1. 创新性

时刻关注网络动态，善于将其他行业或领域的新尝试引入博物馆的服务运营中，小到一篇图文的形式，大到一种技术的开发，不论是细节把控还是宏观统领，都能成为创新博物馆新媒体的切入点。首先，可以创新形式，适当增加动画、GIF、手绘、条漫、短视频等形式，同时根据新媒体平台各自的特点投放与之搭配度最高的内容，以达到最好的展示和传播效果。例如，湖南省博物馆的《汉代穿越指南》手绘科普微视频、敦煌研究院的《岁时节令》二十四节气动态图、故宫博物院《穿越时空来看你》H5、中国国家博物馆用喜马拉雅FM制作讲解音频等，都是非常好的尝试。其次，可以创新技术，如在展览中使用智能穿戴设备，使普通的展览变得与众不同。首都博物馆曾在2016年的妇好墓展览上设置了VR体验区，参观者只要佩戴VR眼镜，就可以360°全方位参观妇好墓的不同发掘层。虽然画质略显粗糙，很难达到身临其境的感觉，但在观感上新鲜了很多，也离"考古现场"更近一步。最后，可以积极尝试跨界合作，实现"文博+"模式。2017年6月，恭王府推出"锦绣中华——2017中国非物质文化遗产服饰秀"系列活动，八场服饰秀分别以"水墨姑苏"（苏绣）、"朝花夕拾"（宋锦）、"千年之约"（香云纱）、"度兮—清风徐来"（二十四节气）、"绣梦"（黔西南）、"雅致东方"（莨绸）、"京韵"（京绣）、"中国嫁衣"（潮绣）为主题在恭王府与观众见面。NE·TIGER（东北虎）、楚和听香、度兮、依文、雅致东方、名瑞等多家国内知名服饰品牌及其设计团队，以当代设计介入传统工艺，联袂带来非物质文化遗产与现代生活紧密结合的创意秀场。此次活动各类源发新闻报道和转载量超300条，《光明日报》《光明日报》脸书（Facebook）专页进行了7场覆盖海外网友约270万人次的直播活动，直播视频播放量36万次。央视新媒体、光明网直播、东方直播等平台进行全程直播，覆盖网络观众近2000万人次。

2. 趣味性

除了展讯、讲座、文物知识普及等常规内容，也应编选大众喜闻乐见的内容，拉近与大众的距离。可以尝试使用以下几种方式：使用当下流行的网络热词和表情包，结合年轻人的行为喜好，吸引更多的年轻群体，增加他们对博物馆的兴趣；运用新媒体手段体现博物馆的寓教于乐的功能，推出新媒体教育平台，让孩子们沉浸于历史文化的海洋中。以"标题的趣味性"来说，如浙江省博物馆微信公众号的文章标题，首先在栏目命名上运用谐音让人眼前一亮。《浙个靠谱》是用轻松幽默的新媒体写作方法介绍文物知识或是描述博物馆工作状态；《旁浙博引》是介绍浙博文物的学术文章，较为严谨；《浙湘有礼》是推广浙博文创产品。另外，标题简洁，用语戏谑，如《乾隆：朕要给你点颜色瞧瞧！》《你的小长假被浙博承包了》《皇上，您还记得西子湖畔的文渊阁吗》……这种事半功倍、以小博大的做法使其在同类文章中脱颖而出。再如徐州博物馆在哔哩哔哩弹幕网开设专栏，科普文物命名中常见的生僻字；将馆内的裸展文物图片配上台词和表情，呼吁观众文明观展，等等。可能有人会认为，"趣味"与博物馆的格调不搭，但其实"趣味"并不意味着低级或者庸俗，它是严肃历史的另一种表达方式，只要与本馆结合恰当，又不盲目附庸网络，就能找出一条折中的道路。

### 3. 多元化

我们要立足中国的多元文化优势，打造多元的博物馆文化。除了与本馆相关的内容之外，可将范围扩大至中国的传统文化层面；除了国内文博信息之外，要关注国外最新文博行业资讯。在开发中文网站或应用的同时，增加英文版面或国外发行版，做到对内引进前端内容、开阔视野，对外输出文化软实力、提高文化感召力。如中国国家博物馆的官网提供了除中英文之外的日语、韩语、法语等190种语言的相关介绍；上海博物馆在微信公众号上添加了"I Love SH Museum"二级菜单，点击进入之后是英文版的展讯和导览。开阔眼界，放眼未来，打破思维定式，自然能使博物馆新媒体向着多元化发展。

### 4. 内涵化

碎片化阅读和注意力写作是新媒体顺应时代而生的结果。博物馆新媒体在进行信息传播时难免受其影响，使表达肤浅或是过于博取眼球，导致低俗化，为此应该对文物及文化内涵深入解读，既不能停于表面，又要保证信息内容的言简意赅和准确无误。以故宫博物院社交媒体平台上的内容为例，文物藏品的简介和图片来自本院的信息资料库，在进行编辑时格外注意用语的可读性和趣味性，力图以浅显易懂的方式传达最主要的文物内涵。另外，任何内容的发布都要经过三重审核，确保无任何差错。

### 5. 个性化

新媒体是通过不同的平台和账号，根据用户对个性化内容的需求提供差别化、精准化的信息服务。例如，在微信公众号上发布适合深度阅读的文章，在微博上发布简洁明了的信息服务，托付第三方平台经营本馆电子期刊等，对不同层次的观众提供不同的内容。博物馆新媒体不像博物馆展陈，一般情况下，同一个展览不会出现为满足不同观众而开设多个展厅的情况，而新媒体信息发布更具灵活性，能针对不同年龄层或者不同教育背景的用户提供可供选择的内容，鼓励内容分享，引导用户自己去创造内容，并从用户创造的内容中发现他们的兴趣所在，弥补自身内容的不足。一般可采取设置微博话题引发粉丝们的讨论、鼓励转发和评论、观察用户的个人喜好等常见的做法。例如，2017年12月，浙江省博物馆面向高校征集"互联网＋文澜书影"宣传短视频，围绕"文澜阁与四库全书"的主题提交 5～8 分钟的短视频；2018 年 4 月，中国博物馆协会主办"手机中的博物馆记忆"，征集以发生在博物馆的人、事、物为主题，弘扬主旋律的、适合在手机上播放和观看的视频短片等。博物馆以此吸引更多的人参与其中，可以有效地发挥博物馆的宣传教育功能。

除了注重创新性、趣味性、多元化、内涵化、个性化外，要打造新媒体精品内容，博物馆还应遵循新媒体内容的发布原则，如核实来源原则、及时发布原则、客观描述原则、引用声明原则等，严谨的态度是良好发展的保障[①]。除此之外，为了加强传播效果，拓展内容的传播途径也很重要。博物馆可以从途径增加和途径融合两方面来实施。途径增加就是进一步扩张新媒体途径，它带给用户的不单是快捷，更是方便的体验效果。而途径融合的应用就更为广泛。如在社交媒体方面，除了微博、微信之外，可入驻知乎、即刻、豆瓣等；音视频媒体方面，既可以开发官方的音视频栏目，也可以在哔哩哔哩弹幕网、喜马拉雅 FM 等特色网站上传音视频节目；电子刊物方面，可提供邮件订阅服务、尝试在电子阅读器领域上架……总而言之，就是将新媒体与传统媒体相结合，打造更多精品内容，更好地为观众提供优质服务。

### （三）优化用户体验，增加双向互动

博物馆新媒体作为新媒体市场的组成部分之一，应当遵循市场的规则，以专业眼光来看待，除了丰富内容、创新形式、拓展传播渠道之外，也要具备用户运营意识，提升用户的活跃度，后期更要积极维护，优化用户体验和增加双向互动，防止用户流失。

1. 优化用户体验

新媒体是一种"以人为本"的媒介，它直接面向信息接收者并能快速得到反馈。博物馆新媒体在努力为用户提供专业化、个性化的文博资讯的同时，还要注重优化用户的参与体验。（1）在移动端媒体中添加交通导航、实时定位、天气查询、周边查询等增值服务，这些细节考虑容易提升用户的好感度。故宫博物院在"微故宫"公众号将参观服务集中展示，暂停开放公告、乘车指南和百度地图、淡旺季开放时间等内容都一目了然；湖南省博物馆在公众号中添加

---

① 张基温，张展赫. 新媒体导论 [M]. 北京：清华大学出版社，2017：18-21.

线上论坛，用户可以直接发表文字和图片，也可以点赞和回复其他人的评论，给观众提供了一个相互交流的平台。（2）改善 App 的交互设计和视觉设计，方便用户使用。苏州博物馆 App 将活动、展览、导览和博物馆简介设置在首页，方便用户查看，其中导览极为详细，用户可以根据需要选择路线导航，厕所、服务台、休息区等地点也可以一键导航。（3）及时修理维护新媒体设备，提供技术保障，保护用户的信息安全，保证用户信息不被泄露、不被篡改……以上所列举的都是与用户体验相关的做法，这需要在长期的观察、数据分析和用户反馈中不断调整。

2. 增加双向互动

传统媒体信息传播的方式是单向的、线性的、不可选择的，而新媒体传播方式是双向的，它能够消解博物馆与用户之间的边界。博物馆要对社交媒体上的评论、留言做出快速回应，也可主动设置在线答疑时段或增加线上留言板，时常转发并评论观众的微博；积极开展线上活动，增强与用户之间的互动性，进而提高用户黏性，如转发微博可抽取博物馆文创、参与投票可免费申领参观券、留言微信文章可获得活动名额……丰富多样的线上活动能够吸引用户主动参与，为博物馆新媒体增加活力。

### （四）丰富博物馆资源，整合资源开发

博物馆新媒体的发展以博物馆自身资源为基础，包括藏品资源、人员资源、资金资源等。新媒体发展的基本保障需要博物馆提供丰富的资源，而长期维护则需要将多种资源充分利用，合理开发。

1. 提高藏品的数量和质量

充实和完善博物馆藏品体系，对需要征集的藏品做出统筹规划，从客观实际出发，加强社会合作，采取有效措施，有计划地组织征集，不断充实馆藏，并对收集到的藏品进行深入研究和充分利用。建立博物馆合作交流机制，通过馆藏、展厅等打造博物馆间的资源共享平台，促进藏品资源的合理配置。

2. 优化用人机制，加强部门人员之间的协作配合

一方面，博物馆需引进新媒体人才，培养专业人员。博物馆在对外招聘时，可以在专业门槛设置不局限于文博、历史、考古等专业，适当增加新闻传播、新媒体类专业的人才；对馆内的新媒体运营人员进行专业培训，邀请行业人物传授经验，为馆内工作人员提供进修、继续教育的机会，保证博物馆新媒体的运营与时俱进，促使博物馆新媒体的功能得到充分发挥。另一方面，加强部门人员之间的协作配合。新媒体涉及多个学科的知识，不同专业领域的信息

应由不同部门的工作人员负责提供，如展陈部提供展览信息，宣教部提供活动信息，资信部提供展品高清照片、拍摄短视频、开发新技术，在制作流程和管理流程上实现了初步的融合。虽然存在耗时长的可能性，但是保证了内容的质量。不过最好能专门成立新媒体运营部门，并提供专项经费支持，以保证新媒体更好地推动博物馆发展。

3. 整合开发新媒体资源平台，增加资金收入

博物馆作为非营利结构，不能仅仅依赖政府投资，还可借鉴国外博物馆管理理念，增加资金收入，补充运营经费。例如，美国史密森尼博物馆作为华盛顿杰出的博物馆，其每年自主支配的资金中，多半来源于其经营收入和私人捐赠，而政府拨款被严格规定为对应藏品的保护、日常管理的基础费用支出；大英博物馆通过授权的方式和许多制造商合作，从设计、制造到营销，形成了一套完整成熟的产业，艺术衍生品年营收高达两亿美元；纽约现代艺术博物馆把纪念品商店打造成一个兼具设计和艺术的品牌，不仅有本馆研发的产品，许多设计师的跨界产品都可以在这里买到，来自商店的零售收入占据博物馆总收入的三分之一。国内博物馆传统的收入来源主要有门票、导览、非正式学习、策展、支援文保工作等。在国家大力发展文化产业的政策支持下，我们可以不断拓展博物馆纪念品店、网络销售、授权其他机构生产和博物馆有关的商品等渠道，借助旅游产业的热度，积极探索新媒体资源平台的整合开发模式，扩展博物馆业务，设计盈利模式。例如，探索在照片库、电子商务、数字发行、知识付费等领域增加收入，或是将线上宣传与线下体验相结合，从会员会费、活动费用、线下商店中给予补贴，形成政府拨款、社会捐赠、专项基金、增收创收等多元化的资金来源渠道，推动博物馆发展。

### （五）完善合作机制，发挥联动优势

1. 博物馆之间的资源共享

一是加强博物馆之间藏品资源的合作共享。建立健全博物馆交流合作机制，相互利用藏品，既节约保管成本和使用空间，又能实现藏品资源的有效配置。2018年4月1日，在中国国家博物馆举行的"新时代新气象新作为：全国博物馆馆长论坛"上，中国国家博物馆与故宫博物院、首都博物馆、天津博物馆、河北博物院、中国社会科学院研究生院签署了战略合作协议，以探索建立长效合作机制。这一次的强强联手，有利于促进藏品借展和重要展览的巡展常态化，让文物流动起来；有利于打造各地博物馆之间的资源共享平台，共同促进全国博物馆的交流与合作；有利于中国传统文化在博物馆中获得更好的展

示，提升国家文化软实力，增强文化自信。二是加强博物馆之间关于新媒体经验的交流沟通。在新媒体应用上较为成熟的博物馆，可以为其他博物馆提供经验分享；在社交媒体上影响力较大的博物馆，可以以"提携"的方式增加其余中小博物馆的曝光度；想要取得进一步成效的博物馆，应主动模仿、学习其他优秀博物馆，做到为我所用。通过以上做法可实现博物馆资源的优化配置与共享。在2017年底召开的"文博新媒体发展论坛"上成立的"文博新媒体矩阵"，意味着博物馆新媒体之间的联系变得更加密切，凝聚力增强。这种以"媒体矩阵"的形式开展线上、线下活动，互相调动彼此的粉丝群和用户群，形成"以大带小、以多带少"的格局，为新媒体的下一步发展带来契机。

2. 博物馆与企业之间的跨界合作

博物馆不应故步自封，要积极"引进来"和"走出去"，运用企业的高新技术，吸取企业的商业思维，最终变文化资源为文化资产。目前已有不少博物馆在与企业的合作上取得了良好成效。例如，故宫博物院合作的企业包括日本凸版印刷、腾讯、阿里巴巴、搜狗输入法等，涉及数字展览、儿童教育、游戏、文创等多个项目领域，其打造的文化 IP，将产品渗入了人们生活的多个方面；湖南省博物馆新馆建成之后，按 1∶1 比例复原的马王堆汉墓惊艳全国，它与长沙科技公司合作，在墓坑壁上采用 3D maping 与空间结合渲染的艺术手法，演绎由帛画、套棺构成的空间世界，使观众在这种极具冲击力的视觉传达手段中，深刻领会西汉时期人们对于死后世界的思考。同时，我们也可借鉴国外博物馆跨界合作的案例，如谷歌与博物馆合作建立文物 3D 模型数据库，使用 3D 打印技术将文物复制出来；克利夫兰艺术博物馆与优熠合作，在馆内建造多点拼接触摸框，在里面放置了 3500 件艺术作品和预置的参观路线，可同时满足 16 个人的操控等。这些由博物馆提供文化资源和研究成果，企业提供技术支持和商业创意的做法，既能为博物馆新媒体注入新鲜血液，又能为企业赋予文化内涵，达到二者的合作共赢。

在研究新媒体视域下博物馆的发展策略的同时，我们还要特别强化监管力度，保护文物知识产权。对政府而言，应加快推进文化方面的法制建设，加强文化市场监管，尤其是网络监管，规范网民的网络行为；打击违法违规行为，制止其他商家利用公共文化资源谋取私利，抵制低俗之风，营造良好的法制环境。2017 年 2 月，科技部、文化部、国家文物局印发了《国家文物事业发展"十三五"规划》（以下简称《规划》）。《规划》强调，要建设综合性、全方位的文物保护利用体系，全国重点文物保护单位、省级文物保护单位、市县级文物保护单位、尚未核定公布为文物保护单位的不可移动文物都要保护，健全文物安全责任体系。对博物馆而言，应当树立产权保护意识，对盗用情形进行追究赔偿。一是注重注册商标的申请、保护和利用，防止盗版产品分割博物馆利益，致使大量博物馆文化产品难以进入市场的情况出现；二是申请、保护产品外观设计和相关的制作工艺专利；三是加强著作权保护，保证发明人的合法权益不受到侵害。

# 第二章　新媒体视域下博物馆的展陈设计

## 第一节　博物馆展陈设计概述

### 一、博物馆的类型及其陈列展览

博物馆的类型在很大程度上会影响甚至决定陈列展览的定位与设计。所谓类型是指某些博物馆在具有所有博物馆共同属性的同时所具备的特质。目前博物馆界一般以学科属性为主要参照，兼顾其他划分体系。

#### （一）历史博物馆

历史博物馆是指涵盖历史知识及其与当代和未来之间联系的博物馆。其陈列展览有的侧重于历史的某些或某个特定方面（西安半坡博物馆），有的侧重于某一地区的历史（陕西历史博物馆），有的相对更加综合（中国国家博物馆）。由于其收藏范围较为广泛，除反映相关历史内容的人工制品外，还收藏历史档案、艺术作品、考古发掘等，所以历史类博物馆的陈列展览在提高大众对历史知识的认知方面发挥着重要作用。

#### （二）艺术博物馆

艺术博物馆也被人称为美术馆。西方英语语系中一般称其为艺术博物馆，我们所说的"美术馆"是从日语翻译而来的。艺术博物馆是指收藏和展示艺术作品（通常以视觉艺术为主）的场所或空间。其专题内容包括绘画、雕塑、装饰艺术、家具、纺织品、印刷品、摄影作品、装置艺术等。其陈列展览主题一般以时代、地区、流派或艺术家为依据进行选择。中国的故宫博物院、法国的卢浮宫、俄罗斯的艾尔米塔什艺术博物馆、美国的大都会艺术博物馆等都是这类博物馆的典型代表。

### （三）自然科学博物馆

自然科学博物馆是指收集、研究和展示自然标本、科技实物遗存，以及通过模型、实体试验等方式启发观众对自然与科学的认知的博物馆。其内容涵盖自然科学、理论科学、应用科学、科技等诸多方面，在存在形式以自然历史博物馆、科学历史博物馆以及科学与技术中心为主。其中，科学历史博物馆与其他历史类博物馆较为接近，自然历史博物馆和科学与技术中心是这类博物馆的特色。自然历史博物馆的陈列展示以自然界的方方面面为核心，强调自然和文化的关联，所以其展览主题一般以自然界演化、环境问题、生物多样性为主，以帮助人们强化保护生态环境的意识，与大自然和谐相处。

### （四）综合博物馆

在多数情况下，综合博物馆是指那些规模相对较大的省市级、国家级甚至国际级的博物馆。此类型博物馆的陈列展览具有综合性的特征，向观众提供的信息量大且内容多样。其陈列展览的主题多样，内容广泛，有的甚至兼具自然环境、历史人文和艺术工艺等学科，时间跨度从古至今，地域跨度从当地到外地，乃至其他国家。

### （五）专门博物馆

专门博物馆（或专业博物馆）可以与综合性博物馆相对应来认识，这类博物馆通常不像综合性博物馆那样规模庞大，也不一定拥有数量可观的上乘展品，却往往由于某领域专门知识的特色和浓郁的生活气息而广受观众欢迎。其陈列展览所涵盖的内容大到一个行业（航空、海事）、一个文化艺术门类（音乐、绘画），小到一种社会现象。

## 二、博物馆展陈设计的主要特点

博物馆的展陈是一个以形象传播为基础，以形式艺术为表现手段的科学、艺术和技术的综合体，其任务是为参观者创造一个有别于正式的或者纯学术的学校课堂教育、提升和培养某方面技能的培训项目以及图书馆这类学习空间的特色鲜明的终身学习与欣赏的空间。博物馆展陈的这些特殊属性决定着其陈列展览的设计虽与其他文化展示活动的设计有相似之处，但又具备独特的设计特征。时任故宫博物院历代艺术组组长的徐乃湘先生在其主编的《博物馆陈列艺术总体设计》一书中，将博物馆展陈设计归纳为以下四个方面。（1）博物馆展陈设计是在特定的空间——展厅中进行的，是一门多学科的综合艺术设计。（2）博物馆展陈设计师的设计思维包括空间布局、艺术风格与形式、色彩、照明、材料、工艺、结构等的筹划与设计。（3）博物馆展陈设计虽然与艺术设计专业有关联，但不属于"纯艺术"范畴。博物馆展陈设计的形象思维活动自始至终要受理性思维的制约，必须服务于博物馆文物与展品的陈列展示，并向公众传播信息、知识和提供审美鉴赏，因此它具有双重思维、综合多种艺术表现的特点。（4）在博物馆展厅内，观众通过在展厅中不断移动获得信息、知识和趣味，这是在四度空间里实现的综合视觉艺术。随着位置与时间的改变，参观者能够获得更多信息，因此，博物馆界也将博物馆展陈设计称为四度空间艺术。

从以上四点可以看出，博物馆的陈列展览设计能够在一定程度上折射出一个时代并渗透着一个国家和地区的历史、文化、经济、科学技术水平以及社会意识形态等诸多方面。

### 三、博物馆展陈设计理念的发展嬗变

展览陈列区域并不是自博物馆诞生时起就受到了重视。早期的博物馆仅仅是把藏品堆放于博物馆内，与其说是博物馆，不如说是一个大仓库，区域的划分无从谈起。直到19世纪80年代初兴建了大英博物馆南肯辛顿区的新馆，在著名的古生物学家理查德·欧文（Richard Owen，1804—1892）爵士的倡导下，公共展区才与藏品研究区分隔开来，开创了陈列展示区域设计的先河。随着博物馆的发展，设计者逐渐将展示区域与储藏、研究等其他区域相隔离，展示空间的设计也越来越成为博物馆设计的重要元素。

当今的博物馆展陈设计理念的形成，有赖于对博物馆在教育传播方面所具有的功能的理性认知的不断进化。纵观整部现代博物馆发展史不难发现，博物馆教育传播功能无时无刻不在进化，而这些进化又无一例外地折射于作为博物馆教育传播最重要、最直接的载体——陈列展览的设计中。

在英国工艺美术运动的带动下，著名工艺美术家亨利·科勒（Henry Cole）首次提出，应该把工艺美术与陈列展示内容有机结合，博物馆展示可以通过油画、水彩画、雕塑、木刻等方式，帮助观众了解展览内容及重点，减少观众的视觉疲劳，让观众在身心愉悦中得到美学享受。

19世纪末至20世纪30年代是博物馆教育的滥觞期。当博物馆作为一个开放的教育性机构成为普遍共识时，便产生了世界上最早的有关陈列展览的研

究，并且这些研究都是由博物馆专家与心理学家共同完成的，旨在解决陈列展览有效性的相关问题，如博物馆陈列设计诸因素与参观疲劳之间的关系，观众在展厅停留时间和展览对观众吸引程度的关系等。

20 世纪 50 年代到 70 年代，博物馆教育成为一门独立的专业，陈列展览设计在博物馆中的地位明显提高。在这方面，国际博物馆协会在 1974 年确定的博物馆定义更具有里程碑意义。该定义明确博物馆"把收集、保存、研究有关人类及其环境的见证物当作自己的基本职责，以便展出，公之于众，提供学习、教育、欣赏的机会"①。

20 世纪 80 年代以来，全世界的博物馆教育进入了前所未有的快速发展期。博物馆历史上第一次把"人"（参观者）与"物"（藏品和展品）置于同等重要的地位，不少博物馆甚至努力实现"从以物为核心向以人为核心"的转移。这种变化对博物馆展陈设计的理念和方法产生了极其深刻的影响，一系列涉及陈列展览设计理论和技术的成果相继问世，如交流型陈列、系统化陈列、空间创造式陈列、戏剧化陈列、生态陈列、互动陈列等。此外，诞生于 1986 年的《国际博物馆协会职业道德准则》规定，无论受雇于公立或私立博物馆，博物馆工作人员均应认识到自己为取信于公众之人，具有为公众服务的义务，其行为应当正直、具有较高水平的客观性。这无疑为博物馆的陈列展览确定了一个重要的职业伦理坐标。

进入 21 世纪以后，博物馆的陈列展览设计更呈现出多样化的繁荣与发展趋势，无论是内容策划还是展示设计都强调广泛的社会覆盖面，除学校学生外，社会各阶层、各类社会组织人群都得到了重视。陈列展览努力尝试关注社会热点问题，如文化多样性、环境可持续发展和文化创新等。同时，陈列展览设计也更加积极地借鉴丰富多彩的传播技术，如智能科技与数字技术等。

上述这些努力，都使博物馆的陈列展览设计趋向于一个共同的目标：让公众（不同年龄、不同背景的人）分享博物馆的藏品和知识，让他们参与到知识的学习和文化的交流中来，也就是努力处理好陈列展览与参观者的关系。

近几年，国际博物馆界为了实现上述目标，在具体操作层面上将多种不同的方法和技术引入陈列展览的设计当中。例如，开展参观者对陈列内容理解水平的相关研究，以便帮助陈列展览设计组织展品；提出一些辅助性问题，鼓励参观者阅读说明文字和观看展品等。这些理念的进化、转变，操作的改进、提升，使博物馆的陈列展览设计不断推陈出新，持续推动着交互设计在博物馆

---

① 马自树 . 关于博物馆社会服务问题 [J]. 中国博物馆，2006（2）：42-47.

展陈中的应用发展。

美国新媒体联盟与巴尔博公园在线合作机构在 2016 年发布的关于博物馆的《新媒体联盟地平线报告：2016 年博物馆版》对未来博物馆的主要趋势进行了这样的预判："未来博物馆的体验将会更具互动性……并且博物馆设计将更加开放，更注重舒适的体验，也更加灵活。"报告同时指出智能手机应用、虚拟现实、视觉可视化等技术给博物馆展陈设计带来了重大变革，这是因为其所具有的互动性、趣味性与博物馆展陈在当前的转型趋势契合。其实交互设计早已潜移默化地融入了各类型博物馆的陈列展览当中，并越来越受到博物馆界的重视。

## 第二节　博物馆展陈中互动展示技术的应用

### 一、新媒体交互展览的发展

在科技发展日新月异的当今时代，各种技术层出不穷。新媒体互动展示技术是促进新媒体交互展览生成的催化剂，其是指在传统展览的基础之上，结合各种新媒体交互技术形成的一种新型的展览形式，是探索"科技 + 文化"的产物。信息化时代，新奇的事物无时无刻不充斥着人们的生活，接收信息方式的多样性及吸收信息速度的高效性深深影响着人们的需求及生活方式。传统展览的固有形式已无法更好地满足当下人们对于展览的需求，因此，越来越多的业内人士对新媒体交互展览进行尝试探索。新媒体交互展览慢慢地出现在大众的视野中，并收获了较高的关注度与强烈的认可。

在国外，新媒体交互展览发展较早，且形成了比较成熟的展览体系，加之人们对其接受程度普遍较高，新媒体交互展览已十分常见。新兴技术的发展愈发成熟和人们愈发高涨的精神文化需求推动了国内新媒体交互展览的发展。越来越受欢迎的交互展览，对传统展览造成了较大的冲击，进而直接促进了国内展览的创新，推动了传统展览的互动化、新媒体化。新媒体交互展览开创了展览的新形式，并正在慢慢影响且改变着国内的展览体系与展览生态。

传统展览的构成主要包括参展人与展品两大部分，整个展览处于静态，而新媒体交互展览主要由参展人、展品以及人与展品之间的互动三个部分构成，整个展览处于动静结合的状态。通过多媒体数字技术，如模型、全景电影、动画、语音导览和戏剧性的光效等交互手段，能够增强观展的互动性和趣味性。新媒体交互展览总的来说是一种"科技＋艺术""虚拟＋现实"的形式，具有轻搭建、多层次、主动性强的特点。传统展览因其构成与形式的原因，使得参展者在展览中处于被动地位，而新媒体交互技术的应用改变了传统的展览形式，其以观看为基础，互动为升华，使受众与展品产生交流，并对展品有更深层的理解。

## 二、新媒体交互展览的意义

传统展览因其展示形式单一，造成了展览不易懂、无法让受众理解的情况。部分展览需要参展者有一定的知识背景，只有对展览相关知识有一定了解的人才能看懂，如艺术展、历史文化展等。而新媒体交互展览通过交互技术使人与展品之间产生互动，使展览更加清晰，展品内容更加直观，效果更加生动，更易于理解，激发参展者的兴趣与好奇心，进而促使他们更好地了解展示内容。

传统展览部分展品体积较大，因此对展馆面积有一定的要求，同时，一些珍贵文物只可远观，不能近距离了解，这大大影响了受众的观展体验。新媒体交互技术的应用，改善了这些问题，展陈搭建更加轻量化，同时能更好地保护展品，一些珍贵展品可以通过新媒体交互技术拉近与参展者之间的距离。例如，近期大热的故宫 VR 体验馆，通过虚拟现实技术，向人们展示一些无法对外开放的区域，参展者可以"穿越"到古代，从星象、礼制、五行等角度聆听其修筑的故事，身临其境地感受紫禁城的魅力。

传统展览中参展者在逛展时处于盲目的状态，而在新媒体交互展览中，参展者与展品更容易产生互动关系，在每个区域互动产生的同时运用相关技术给参展者提供更清晰的逛展指引。例如，小程序导览等可根据展馆内容制订逛展路线，并加入游戏机制，在游戏中引导参展者科学逛展，有助于激发参展者的逛展兴趣，维持其逛展动力，提升其参展体验。

传统展览的有效性不高，很多人在逛展后仅仅是脑海中有逛展的印象以及拍摄了展品照片，收获并不多。新媒体交互展览将科技与 IP 衍生产品相结合，同时让互动内容与衍生品产生关联，使人们在逛展结束后，拥有知识与趣味衍生品的双向收获。

新媒体交互展览在一定程度上解决了传统展览的痛点，改变了传统的展示形式，为展览展示创造了更多的可能性，为传统展览的创新之路提供了动力，但传统展览展示的形式不能被替代，只有将它们结合在一起，并通过新媒体交互技术等新兴技术去丰富它们，才能给观众更好的体验。

## 三、互动展示技术在展览中的应用

博物馆除了固定的展览之外，还会定期举办不同主题的临时展览。虽然各种展览的方向不同，但主要目的都是更好地展示自身内容，起到更有效的宣传、科普作用。

博物馆展览的内容根据博物馆的类型有所区别、侧重，目的都是传播科普文化知识。博物馆作为公共教育的主要窗口，是学校之外的"第二课堂"，博物馆的公共教育成为影响很多人精神世界的重要课程。在博物馆展览中，展品与参展者之间是相互作用、相辅相成的。首先，展品向参展者输出其自带的表象信息，表象信息包括展品的外观、构成元素及其文字介绍等。参展者在接收这些信息后，在自身对其内容的了解基础之上，结合展品所传达的新的表象信息，对其形成新的理解与认知。然后，参展者带着新的理解与认知重新回归到展品上，去验证新的理解与认知，同时发现展品更深层次的魅力与价值。如此反复的过程便是不断更新认知、不断学习、不断收获的过程。

新媒体交互展览则是运用各种新媒体互动展示技术，以展品原有的表象信息为依据，创造更多的表象信息，通过一定媒介让观展者观看了解，使观展者更好地对展品进行消化与吸收，提升了观展者对展品形成认知的效率，让博物馆这个"大课堂"变得更加高效。

### （一）多画面异形成像

多画面异形成像主要应用的技术手段有边缘融合无缝显示、图形曲面矫正技术（图 2-1）。

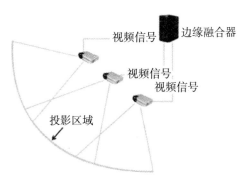

图 2-1　多画面异形成像

边缘融合无缝显示是运用新的边缘融合技术，消除了传统拼接存在的屏幕间的生理缝隙，从而使屏幕显示的图像保持整幅完整。消除光学缝隙，使显示的图像完全一致，保证了显示图像的完整性和美观性。

由于投射屏幕不是平面的，这样就会在曲面上产生投影变形，所以对于这些大屏幕，不但需要经过专业的边缘融合处理，而且还要经过特殊的曲面几何纠正处理，使投影播放范围与异型投影介质完全吻合。图形曲面矫正技术是通过多台投影机协同配合，对凸凹不规则的表面（曲面）进行包裹式贴图成像，使投射图像能够均匀覆盖不规则承载面。

在实施过程中，对于不规则平面要进行投影机焦距范围、投射角度分类，将投影焦距相近的图形投射部分划分为一类，并采用非短焦投影镜头。对于各台投影机的投射画面需进行现场采样，采样后进行图像三维校正处理、三维网格图像密度处理，使融合在边缘上与异型介质吻合，在融合拼接上天衣无缝，在仿真上更加贴近自然。为了使投射图像与投射介质的浮雕图形相吻合，对于曲面物体，需现场采集形状和曲面画面的覆盖密度，最终通过三维曲面网格图像密度处理并依据采集的三维网格对图像或视频进行图像的变形处理。最后，还涉及对各部分分割图像的边缘融合处理。

以上技术的集成，应用于多画面异形成像展项，来真实体现主题画面，使图像与屏幕的形状都能够很好地吻合，颜色过渡自然，各个投影投射的画面配合一致。

### （二）模拟全息影像

模拟全息影像利用的是全方位的虚拟显示技术。该技术是指由多面分光镜组成一个金字塔形状的光学系统，每片分光镜与显示图像承载体成45°。当显示承载体有图像显示出时，通过金字塔光学系统的反射把显示承载体上显示的图像反射到观众的眼中，当观众处于两片分光镜的夹角时，分光镜会因为光的直线传播原理而反射图像，两个由两面分光镜反射的图像组合在一起，形成一个整体图形。而由于镜面反射，人会感觉图形悬浮在金字塔的内部空间中，这样围绕金字塔360°，始终都会看到一个完整的图像悬浮在金字塔内部的空间中（图2-2）。

基于该技术的展陈展项，需要构建由模拟全息成像模块、投影设备、多媒体影片三大部分组成的系统结构。应用中所涉及的技术要点如下：（1）幻像的视角可根据要求在一定范围内选择，图像与窗口距离可在 0 ～ 1 000 mm 之间调整；（2）幻像在空中成像应稳定无畸变，图像随视线晃动无变化；（3）人围绕金字塔周围，始终可看到一个完整的图像置于金字塔中央；（4）金字塔是一个透明的玻璃体，可以透过玻璃和成像图像看到另外一端。

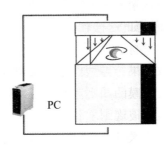

图 2-2　模拟全息影像

利用该技术实现的展项，其表现为虚拟展品悬浮在这个透明的倒金字塔内部，让人感觉好像该展品真的在空中旋转，在虚幻中享受科技给人带来的愉悦。

### （三）新型材料投影屏幕及实时通信集成

新型材料投影屏幕及实时通信集成主要是对液晶智能调光玻璃的创新应用，并集成使用实时通信集成技术。如图 2-3 所示。

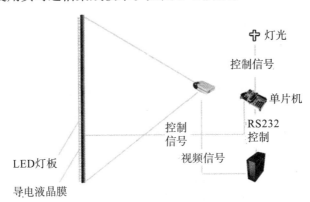

图 2-3　新型材料投影屏幕及实时通信集成

液晶智能调光玻璃的技术原理是，在自然状态下（断电不加电场），它内部液晶的排列是无规则的，液晶折射率比外面聚合物的折射率低，入射光在聚合物表面发生散射，聚合物呈乳白色，即不透明。液晶的两个导电膜相当于两个平面电极。当加上电场（通电）以后，弥散分布着液晶的聚合物内液滴重新排列，液晶从无序排列变为定向有序排列，使液晶的折射率与聚合物的折射率相等，入射光完全可以通过，聚合物呈透明状态。

应用中所涉及的技术要点如下：（1）应用新型的材质——导电液晶膜，此材料多应用于建筑材料，此种材料的特点就是导电情况下呈透明状态，在非通电情况下呈乳白色的不透明效果；（2）对这种新型材料进行特殊工艺处理，使其韧性、透光性以及多块液晶膜的拼接形式都能够满足各方面的需求；（3）需选用一套感应系统来触发调光玻璃的电路导通，当观众走近时触发通电，投影投射影片，当观众离开时自动关断；（4）采用一台总控计算机，通过 TCP/IP、RS-232 统一控制所有的机器终端（图像、声音、灯光、机械控制）。

利用该技术实现的展项，可以在透明玻璃背后布置一个真实的场景，使人们在走近该展项时触发系统从而观看影片，在影像消失的同时，幕后的真实场景呈现在观众面前。

### （四）无线感应定时定位多媒体交互查询系统

该系统采用非接触传感器技术。无线感应实时定位主要采用光敏电阻元件实现。光敏电阻器是利用半导体的光电效应制成的一种电阻值随入射光的强弱变化而改变的电阻器，入射光强，电阻减小，入射光弱，电阻增大。光敏电阻器一般用于光的测量、光的控制和光电转换（将光的变化转换为电的变化）。常用的光敏电阻器是硫化镉光敏电阻器，它是由半导体材料制成的。

利用该技术，展项可由若干液晶显示屏拼接显示，多屏显卡为内置主板插槽。多屏显示卡是专为今天的 PC 机更深层的应用要求而设计的高性能的多屏卡，它使一台 PC 机支持多台 VGA 显示器、电视机或 DVI 数字平面显示器。如图 2-4 所示。

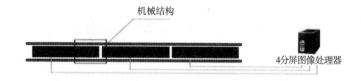

图 2-4　无线感应定时定位多媒体交互查询系统

该系统所依据的技术原理是，光敏电阻器的阻值随入射光线（可见光）的强弱变化而变化，在黑暗条件下，它的阻值（暗阻）可达 $1 \sim 10M\Omega$，在强光

（100lx）下，它的阻值（亮阻）仅有几百至数千欧姆。光敏电阻器对光的敏感性（即光谱特性）与人眼对可见光（0.4～0.76μm）的响应很接近，只要是人眼可感受的光，都会引起它的阻值变化。设计光控电路时，用小电珠光线做控制光源，使设计大为简化。此外在技术上要求定位系统精确定位（精度要求1mm），同时显示触控区域与整个显示屏幕的坐标实时换算，在此基础上，将红外控制系统和计算机图形技术结合在一起使人机互动。

利用该技术实现的展项，当观众把玻璃滑块滑动到相应位置时，屏幕中所显示的内容会产生变化。观众在外观上看不到任何导线，也看不到任何感应元器件，进而给人以新、奇、特的感觉，激发观众的兴趣。

总之，多媒体互动展示技术有着集成传统媒体应用中的优点，并发挥其独特的交互性和场合适应性的特点。这些众多的优点对展览展示行业有着莫大的吸引力。多媒体互动展示技术的应用发挥正在对展览展示行业带来翻天覆地的变化，其在博物馆、科技馆等文化科普教育场所有着更广阔的发挥空间，这也给现代博物馆的发展提供了应用良机。多媒体互动技术在现代博物馆中的不断创新和应用将走向必然。

# 第三节　博物馆展陈中虚拟现实技术的应用

## 一、虚拟现实技术及其特征

### （一）虚拟现实技术的含义

一般定义上，虚拟现实是指由高性能计算机生成的，通过视觉、听觉、触觉等信息传播手段作用于用户，使之产生身临其境感觉的一种交互式信息仿真技术。[①] 人体感受到的现实其实是人体的各项感觉刺激通过神经传递给大脑形成的，究其本质是通过外界对人体的刺激而在脑海中形成的真实形象，它是可以被虚拟的。当给用户提供的五感真实，而用户在其中产生的任何交互都实时而又自然时，用户就无法分辨虚拟与现实，在学术界称之为"缸中之脑"，就像在黑客帝国中沉睡的人类所感受的一样。所以虚拟现实其实是一种先进的计算机用户接口，它模仿人体所感知的外界刺激，属于计算机仿真技术的一

---

① 陈根.虚拟现实 科技新浪潮[M].北京：化学工业出版社，2017：3.

种。虚拟现实可以创建虚拟世界，它是包含了多种信息的多维化信息空间，这是人类一直追寻的目标。在这个虚拟空间中，人的感性认识和理性认识能力都能得到充分的发挥。

### （二）虚拟现实技术的特征

虚拟现实技术的基本特征是 3I 特征，即沉浸性（Immersion）、交互性（Interaction）和构想性（Imagination）。沉浸性旨在构建用户的临在感，是虚拟现实系统的性能尺度，强调环境的真实感。交互性指用户的主动参与和用户与环境交互的实时性和自然度，强调人机交互过程中的自然性。目前虚拟现实系统中的交互性主要通过眼球追踪、动作捕捉、肌电模拟、触觉反馈、手势追踪、方向追踪、语音交互、传感器、真实场地等九个方面来实现。构想性是在虚拟环境中各类事物（真实的或臆想的）存在的合理性，其他数字媒介大多也具备这一特征，如动画、电影等。故沉浸性和交互性是虚拟现实区别于其他媒介的本质特征，它强调综合多种媒体元素形成的环境效果，强调自主的人机交互。虚拟现实环境或完全模拟现实，或加入构想的、现实无法实现的事情，封闭人的感官。只有当虚拟环境的反馈符合人与自然环境的交互、当虚拟现实的3I 特征得到完全的体现时，人们才得以体验到如梦般完美的虚拟现实。

如今的虚拟现实技术除了基本的 3I 特征以外，还表现出了其他特征，体现为动作性和自主性。动作性是用户在虚拟世界中也会采用与真实世界相同的或是符合客观逻辑的动作去进行交互，否则不仅会降低临在感，还有可能引起用户的烦躁情绪。自主性是虚拟世界中物体可按各自的模型和规则自主运动。

## 二、虚拟现实技术应用于博物馆的优势

在博物馆中良好地应用虚拟现实技术，有效利用虚拟现实技术在展示设计方面的优势，可以实现展示内容与展示手段的有机结合、知识点与娱乐趣味形式的有机结合、艺术与技术的有机结合、展示互动参与性与体验效果的有机结合。

### （一）填补传统展示的信息缺口

传统展示受空间限制，其所能传达的信息十分有限。实物模型对于展示场地的要求高，而图文展板类所传递的信息更加有限，单纯文字介绍或是单张图片陈设不加以描述，都无法准确地将信息传递给观众。传统展示中的文字描述，要么只是展品的背景、来源介绍，缺乏深层信息，要么大段文字连篇累

牍，艰涩难读，观众难以理解其表达的内涵。另外，展示空间中讲究展品陈设的留白和观众动线的连贯性，在有限的空间内，在诸多条件的限制下，传统展示的信息储存量明显不够。传统以实物作为介质的博物馆展示，每一份材料都会占据一定的场地空间，其呈现效果相对独立和静态，很难流畅地表达动态的过程。使观众在观察静态、非连贯展品时产生连续动态的印象，是设计者的目标之一。影像类新媒体展示就可弥补传统实物和图文展示中的空缺，其方法就是通过将隐性信息用显性化的陈列语言来表达，利用格式塔心理学将相关器物组合，并利用影像媒体整体动态地呈现。

应用虚拟现实技术，可以将各类不同的展示内容集中于一体，也可以分门别类地展示各种各样的信息。它所能储存的信息量是无限的，不再受限于场地范围，也不再受限于时间范围，穿越时空、再现历史都成为可能。互联网背景下，信息无所不在，传统展示中的信息缺口问题不复存在。利用虚拟现实技术的科普展示应用要考虑的是，如何合理地展示无限的信息，不让观众因过量的信息感到困扰。

### （二）具有丰富的表现形式

虚拟现实技术作为一种新媒介，建立于多媒体技术之上，是一种全新的理解事物的方式。它在博物馆中的表现形式比起多媒体技术更多样化，除了大家所熟知的头部显示设备以外，还有多通道环幕系统、CAVE 系统、球幕、线上 VR 场馆等。除了常见的通过多通道屏幕展示的互动系统，现在也逐渐发展出多人在一个环境中一起探索的技术手段，系统可以检测到每个人的位置及动作，用户可以在其中安全、自然地进行体验。目前，已经有博物馆在临展区应用这种前沿科技。观众不仅能感受到内容的润泽，更感受到新兴科技带来的强大力量。未来，可供实现的技术手段必然会越来越先进，设备会越来越便捷，展示内容的研发和更新会越来越快速和人性化，人们观展的门槛会越来越低，可展示的信息会越来越庞大、越来越权威。

### （三）符合展示主动式、互动式信息交流的趋势

互联网慢慢改变了人类对于信息和交流的认知方式和习惯，现代人早已摆脱了被动认知的单向传播模式，会主动去选择需要获取和学习的信息，而虚拟现实展示应用为个性化展示提供了可能，观众可以主动参与展项互动，丰富的互动形式使观众可以在不断的信息交流过程中对其中的信息进行整合和理解。

随着人们对于认知科学的研究更加深入和高科技产品的不断发展，博物馆的设计者也逐渐意识到主动式、互动式的信息交流将逐渐取代以往以静态展示为主的展示方式，虚拟现实展示是绝佳的选择，但过去虚拟现实展示的设备采购和维护价格高昂，开发费用和难度也让博物馆设计者望而却步。近两年，人工智能和虚拟现实技术飞速发展，相关设备开始进入消费级市场，设计者在展示设计中开始了更多的尝试。虚拟现实展示应用中，通过实时互动和反馈，可以充分调动观众，激发观众主动探索的行为，提高观众的认知效益。

### （四）关注观众情感

现代博物馆的设计往往缺乏对观众的关注，在设计过程中忽视对人认知特点的研究，忽视与观众建立情感交流，加之传统展示展品与环境之间缺乏联系，观众难以产生情感共鸣。随着互联网技术的逐渐成熟，优秀的 App 开始关注用户在使用过程中的情感变化，情感设计也成了设计成熟阶段不可忽视的重要环节。由于虚拟现实技术对人的情绪有着强烈的影响，因此虚拟现实应用一开始就将用户的情感纳入设计的范畴。例如，在 VR 射击或飞行游戏中，用户会保持高度紧张的状态，会因环境的变化而感到恐惧或是喜悦，会受情绪影响做出不同的身体动作。

因此在博物馆展示中，虚拟现实展示应用首先应该关注用户在体验过程中的安全性和舒适度，其次是展示应用的趣味性和互动性，鼓励观众自发地探索虚拟环境，与环境产生互动和交流，将藏品中高深、难理解的知识融入趣味互动游戏，观众就可以在轻松愉快的氛围下汲取知识，提高科学文化素养。

### （五）打造多感官沉浸式体验

结合心流体验模型的理论基础我们可以了解到，通过远距离的临场感和注意力的高度集中，用户容易产生心流体验，即处于全神贯注而感觉不到时间流逝的状态，随之产生积极的情绪反应和自发的探索行为。虚拟现实应用所能带来的沉浸感受是前所未有的，远远超越了电影、游戏。它可以轻松营造远距离的临场感，用户会不自觉地保持精神高度集中的状态。沉浸感受可分不同层次：一是"信息的沉浸"，用户能够沉浸在关注的信息中，属于沉浸的最初阶段，如在互联网聊天、阅读时就能产生这种信息的沉浸，这种层次的沉浸体验容易产生也容易被干扰；二是"感官的沉浸"，指身体上感受到的沉浸，是五感上的沉浸，是虚拟现实带给人们的沉浸层次，目前还无法完美做到；三是"大脑的沉浸"，指人们的大脑都认为是真实的，会影响到用户的认知，在这种层次中已无法区分虚拟和真实，目前这一层次的体验还只存在于科幻中。现阶段人们所接触到的沉浸体验大多是"信息的沉浸"，如电影、游戏等，能够产生全神贯注、身临其境的感觉，但是还远达不到感官的完美沉浸。利用虚拟现实技术调动观众的整个身体，观众就可以通过眼睛、耳朵、鼻子、手指等全身的器官一起协同感受虚拟环境，是虚拟现实能带来的沉浸体验新层次。

虚拟现实技术可以让观众达到第二层次的沉浸体验——"感官的沉浸"。多感官的沉浸感受能激发观众的积极情绪和探索行为，使其主动地去认知和理解展示所要传播的信息。

### 三、博物馆中虚拟现实技术应用的必要性

#### （一）信息过载下的注意力稀缺

互联网时代，信息传播的方式越来越多样，信息的数量越来越庞大，资讯极其庞杂，学者们发现了这一现象，并提出内爆理论。内爆理论由马歇尔·麦克卢汉于 1964 年在《理解媒介：论人的延伸》中提出，他认为时间差异和空间差异已不复存在，人类延伸的最后一个阶段是从技术上模拟意识的阶段，人体的感觉器官和神经系统能够凭借各种媒介得以延伸。人越来越认同虚拟，对媒介模拟出来的信息愈发认同。哲学家让·鲍德里亚也提出了内爆理论，他认为现在真实与虚拟的界限越发模糊，信息流通导致媒介产生的信息在传递过程中被消解和解构了意义，信息被重新拼贴和再造，信息的意义被二次阐释，本质上瓦解了真实，只剩下虚构。在这些理论的基础上，可以明显认识到，信息过载、信息传播效率低下是当下人们面临的一种异化的新情况。如今，太多的媒介手段想要吸引人的注意力，注意力成为一种特殊的稀缺资源，因为注意力的本质即时间，而时间就是一种稀缺资源。注意力的维度包含两个方面，一方面是注意力的集中度，另一方面是注意力的时长。注意力越集中，沉浸感则越强，人就会感受到时间的扭曲感。媒介的不断更新使人们的时间越来越碎片化，人们越来越难沉浸在单一的事件上，被外界一切信息包裹的同时，长时间处于泛注意力的状态下，就会逐渐丧失思考的能力，成为触角极度广泛而思维极度单一的人。

虚拟现实具有注意力的排他性，因为在虚拟现实的环境中，人只能关注当下，无法分出注意力去关注其他事物，这种性质使虚拟现实能够大大地提升人的注意力，占据人类有限注意力的一定时间，并且在总时间不变的情况下，提高注意力的集中度。在注意力稀缺的时代，通过虚拟现实把碎片化的注意力

重新整理，可以提供最佳体验。

　　传统的展项周围总有大量干扰因素，或是周遭环境的噪音，或是其他展项的视听觉干扰，观众无法保持注意力的集中。加之各类电子设备争抢人的注意力，现代人已经很难保持长时间的专注。虽然各类设计都以用户进入心流状态为目标，可是现代人注意力极易分散的这一特性，导致大众很难进入沉浸状态。而虚拟现实能隔绝人的五感对外界刺激的接收，可以有效提高人的专注程度和接收信息的效率，并能在展示内容的本体基础上产生联想和建立认知体系。

### （二）展示设计创新要求

　　我国公众对于科普教育的需求是巨大的，但因各种局限，有些博物馆面临着重重问题，如缺乏吸引力、展示内容乏善可陈或是枯燥无味、展示内容缺乏创新等，造成博物馆门可罗雀的局面，公众渴望汲取科学知识、锻炼科学思维的强烈愿望得不到满足。虚拟现实技术则以独特的优势有效弥补了传统展示的不足，避免了传统展示设计中的一些典型问题。虚拟现实展示中信息的无限性、显示媒介的无边界性、充满想象力的丰富表现形式、注意力的排他性，都使展示信息的传递效率得到了明显提高。同时沉浸、互动体验的展示模式对于激发受众兴趣，建立展品和受众间的情感交流，提高受众的信息接收水平，提升博物馆展示设计水平、科技含量、宣传效果等诸多方面都有较大帮助。博物馆作为一种传播教育的媒介，传播科学精神、科学思想、科学方法、科学价值观等科学文化内涵，而传统静态陈列的灌输式科普教育通常只是展示科学原理，如化学反应原理等，容易让观众厌倦。应倡导将体验式学习和探究式学习作为博物馆展示未来发展的主要方向，寻找博物馆和虚拟现实技术传播优势的契合点，更好地发挥博物馆的科普教育职能。

　　我们在国内外的科普教育活动中看到了虚拟现实技术的成功应用，它对观众的吸引力和教育性是具有颠覆意味的，也代表着博物馆今后的发展方向。例如，广州幻梦信息科技有限公司使虚拟现实技术在未来科学城、公安主题科教馆等大型科技馆中得以充分利用，增加了信息传递量，提高了展示的综合性。台北大学对博物馆中的观众体验进行了调研，让观众在体验博物馆中的VR 海底世界后完成问卷，问卷结果显示虚拟现实科普展示这种方式能够加深观众的记忆，提升观众的参观体验，激发观众的学习兴趣和学习创造力，并且观众在体验后有很大倾向将此项目推荐给家人、朋友。由此可见，虚拟现实科普展示项目不仅能有效提升观众的认知效益，激发观众的学习乐趣，并且能起到良好的宣传效果，为博物馆带来更多的观众。

虚拟现实技术的进一步发展和成熟，必将带来展示设计的新一轮创新。因此，将虚拟现实技术应用于博物馆之中，不仅能促使博物馆科技含量大幅度提高，而且博物馆的展示设计思路也将得到极大的丰富和拓宽。

## 四、博物馆中虚拟现实展示项目的设计策略

### （一）统一整体与个体

#### 1. 分众化设计

对于博物馆来说，将观众分类并进行分众化设计十分有必要，因为博物馆具有很强的主观性和选择性，面对多元的文化需求，应为观众提供更加丰富的选择，所以在设计展项时应充分考虑使用对象的特点，如年龄特点、性别特点、学习倾向等，制定出与观众喜好更加契合的展示设计方案，从大众传播走向分众传播。

虚拟现实展示项目在分众化设计上有先天的优势，观众可以选择自己感兴趣的或是适合自己的项目进行体验，在一个展项中提供给观众的选择也会更多，个性化展示内容更丰富。比如，设置多级多类菜单，让观众自主选择体验的内容。但是，在面向青少年和功能受限人士设计时，除了展示内容，在外观等方面也需特殊考虑。

（1）面向青少年。博物馆往往是亲子活动、学校组织教育活动的首选场所，因此在设计时，有必要设计针对青少年的展项，重点在于培养学习兴趣和集中注意力的方面。展项应采取生动活泼的方法，寓教于乐。在布置外观上应充分考虑青少年的视觉偏好，采用相对鲜艳的色彩。跳跃的颜色，一来可以营造生动的氛围，吸引青少年主动参观，二来对大脑思维的发育有促进作用。例如，其展示内容应以图形画面元素为主，设计不应太过冷静理性，应从青少年的认知水平出发，减少文字的使用，过多的文字说明容易引起青少年的消极情绪，从而使其失去参观体验的兴趣。在交互设计上要趋于简单，重复性的、激励感强的交互方式更符合青少年的心理需求。另外，发育未完全的少年儿童不适合长时间使用虚拟现实设备，避免对他们的眼睛发育产生不良影响。

（2）面向功能受限人士。面向功能受限人士设计是现代博物馆的一项共识，在西方国家已经有各种明确的法律条文或规定考虑到了残疾人因素。西方博物馆在通用设计上已经有许多优秀的案例，如西雅图音乐体验馆，身体残疾的人士可以在轮椅上感受音乐魅力，而耳部残疾人士可通过振动感受节奏鼓

点。对于残疾人来说，虚拟现实展示项目比起传统展示项目能带来更好的体验。针对身体残疾人士，虚拟现实支持坐立方式进行全景体验；针对五感不全的残疾人士，虚拟现实的强感官性能够弥补缺损感官无法真切体验的遗憾，亦能产生逼真的临场感等，这些通用设计使更多参观者能够沉浸其中。通用设计的七大原则是公平性、灵活性、简单直观性、信息可知性、容错性、省力、易达性，在博物馆的虚拟现实展示项目中应表现为预估体验姿势、尽量减少障碍物、有一定的容错性。换言之，应考虑到体验观众可能采取的姿势，如站立或是坐着，并考虑到身高因素带来的影响；减少体验观众在体验过程中可能遇到的障碍物，并设置无障碍通道；在错误的交互发生时给观众带来正面或是负面的反馈，以辅助观众修正行为，获得更好的体验感受。

2.注重与环境的融合性

（1）隐藏设备线缆。传统展示注重陈列的一体展示效果，实体模型展示隐藏照明线缆，新媒体展示隐藏电线、适配器等辅助设备，只有电子显示屏幕和互动设备暴露在外。一方面是保证展示陈列的整体效果，充分营造环境效果，另一方面也避免观众绊倒、设备损坏等事故。

（2）赋予包装效果。虚拟现实的展示形式固然可以突破时空限制，最大限度地展示信息，但这种高科技形式仍然无法取代传统展示，因此，博物馆仍应以展示陈列的美观性、科普性为主。在布置虚拟现实科普展示设备时，应赋予其包装效果，与传统展示形式相结合，避免对周围展示产生影响，保证单独观众在体验的同时，其余观众可以在一侧观察其体验内容，通过电子屏幕及文字介绍等其他方式一起感受。例如，虚拟现实飞行驾驶体验展示项目，将封闭空间包装成驾驶舱，其环境和内容布置均 1∶1 还原飞行驾驶舱，用环幕投影作为飞行驾驶的观察区，体验者可以自己操控各项按钮，仿真的驾驶舱布置配合视觉画面的不断变化，体验者会对真实的飞行驾驶有更深刻的体会；又如，首都博物馆的殷墟妇好墓特展，传统的实物展示和新媒体展示、虚拟现实展示结合在一起，观众能够多方位、多感官地对殷墟妇好墓的文物有一个全面的认知。上方的电子屏幕展示观众在虚拟现实眼镜中观察到的画面，墙壁上的电子屏幕则对文物的结构进行了分解展示，虚拟环境与现实环境进行了有机的结合，能够形成整体的参观体验。

3.选取适当的硬件设备

固然，将虚拟现实技术应用于博物馆优势明显，但考虑到博物馆的场地布置和展示特点，虚拟现实展项不会大量地在博物馆中应用，因为目前的虚拟现实技术只能做到单个观众的沉浸式参观，对博物馆的参观效率有一定影响。

因此，博物馆中的展示设计仍以实物展示和新媒体影像展示等外显式的展示形式为主，使观众的参观效率最大化，也给观众提供更多的自主选择。

虚拟现实的多种表现形式也为博物馆的展示设计带来了更多的可能性，应根据各博物馆的自身特点因地制宜地进行设计。

（1）占地面积足够的大型博物馆，可依托自身主题个性化设计，将虚拟现实展项作为主要展示形式，设置 1～2 个专门体验场所。其可采用主机 VR 设备，追踪反馈观众的探索行为，调动观众的五感，打造交互性强、沉浸感强、科技感强的专门体验场所，并且，可以专门设立一个虚拟现实展区，以追求更好的视觉效果和体验效果。

（2）中小型场馆，可与实物模型、影像展示结合，集中展示某一主题，运用照明营造主题气氛，虚拟现实展项作为辅助展示形式；采取便携式的 VR 设备，可以追踪体验者的头部动作，以视觉效果为主，这种形式对场地要求小，可以设立多个体验区，供多个观众同时体验；线上博物馆，以手机 App 为主，提供在线全景式参观、海量藏品自主参观，并且可以无限扩展其内容，对场地无限制，观众可以随时随地进行体验。

### （二）顺应观众心理需求

博物馆正逐渐由专业化向公众化发展，其定位也逐渐从"以展品为中心"向"以观众为中心"转变。"以观众为中心"的设计理念可以拉近观众与展品的距离，打破原本展品与观众之间的不平等地位，让博物馆摆脱门可罗雀的现状。这要求设计者全面了解观众的心理，满足其心理需求。

在进行虚拟现实展示设计时，峰值体验的设计至关重要。峰终定律是一项描述人如何认知和记忆体验的心理学定律。高峰时的体验决定了虚拟现实展示信息传递的效率，结束时的体验决定了该展示能否引发人们更深层次的思考。此外，峰值稳定轨迹策略是吸引观众注意力的最好策略，它能提高人们的情绪值，并将其保持在高位。峰谷峰值则是保持注意力的最好策略。不管是哪种策略，都以建立积极情绪的峰值体验为基础。建立积极情绪的峰值体验的基础是符合观众的自我认知，并且尽可能地减少观众的认知负荷，减少观众在体验过程中的自我怀疑与迷惑心理。在此基础上，通过叙事、视觉特效等手段可以引导提升体验者的情绪，从而达到良好的峰值体验效果。

1. 符合观众自我认知

观众对虚拟现实的体验过程，也是对自己行为的清醒认知，如每步距离、伸手距离等，在设计时应考虑帮助观众建立自我形象身份，进行自我能力的认知，增加体验的安全感和接受度。比较简单的进行自我认知的方式是由体验者在进入场景后自己选择所扮演的角色，观众在选择的过程中，会慢慢建立自身与目标的联系，并将二者对等起来。在虚拟现实展项设计中，虚拟的角色设计应满足用户的角色转换和饰演心理。在新媒体语境下，虚拟场景带来虚拟身份和情感体验，个体犹如置身互联网中一样自如且本真。[①]人们潜意识里对虚拟身份和参与情感互动有很大兴趣，而在虚拟现实中，可以为体验者创建新的身份，赋予不同情感。体验者可以通过富有创意的方式使自己获得身份认同，如在场景中设置镜子，使体验者在照镜子的过程中了解自身形象。如果展示项目具有手柄等互动设备，则应精准定位手柄。在虚拟现实场景中出现的手柄应与用户在现实中看到的一致，或者当采用真实手部模型代替手部出现时，应合理设置手的大小比例，尽量与现实一致，避免让体验者对自我认知感到困惑。

在设计虚拟空间时，要充分考虑真实体验者的存在要素，如预估体验姿势、参照物比例等。需要考虑到体验者的体验姿势是站着、坐着抑或是走动的，针对不同的体验姿势采用不同的设计策略。参照物的视觉比例是影响体验舒适度的一大重要指标，如虚拟地面是否与现实的地面齐平，场景角色的身高设置与真实体验者之间的差距，如果设置场景角色的身高 170 厘米，那么身高190 厘米的体验者在体验时就会有明显的压迫感，而身高 150 厘米的体验者会觉得自身飘在空中，均无法达到最优体验。因此，在体验者首次进入虚拟环境时应设置参照物，并赋予合理的比例。反之，无参照物的空间会给体验者带来恐惧情绪，体验者会感觉无措，而比例失调的参照物会极大地影响沉浸体验。

2.降低观众认知负荷

在人机工程学中，负荷包括认知负荷、视觉负荷和动作负荷三种，其中认知负荷需要用户进行额外的思考，其消耗在三种负荷中偏大，视觉负荷和动作负荷在一定程度上可以分摊部分认知负荷。

认知负荷理论最早由认知心理学家约翰·斯威勒提出，其基础是个体认知结构与外界环境之间的交互作用。认知负荷可分为内在认知负荷、外在认知负荷和有效认知负荷。在任务中尽量降低外在认知负荷，增加有效认知负荷，就能加强系统的可靠性。认知负荷也是人机系统中一项重要的评价指标，而环境和任务是决定认知负荷高低的主要因素。

在博物馆中，观众消耗的认知负荷较大，容易产生疲劳感。在虚拟现实展项中，认知负荷主要来自观众在体验时需要学习如何有效互动。视觉信息的

---

① 金江波 . 当代新媒体艺术特征 [M]. 北京：清华大学出版社 ,2016: 156.

引导、交互的自然性（观众不需要刻意学习就能与虚拟环境形成互动）都能有效降低观众的认知学习负荷。因此在设计虚拟现实展示项目时，应尽量降低观众的认知负荷，追求简约而高效的设计。设计者可以通过创建美观、舒适的界面，充分利用多感官通道保持交互的一致性来达成降低认知负荷的目的。

（1）创建美观、舒适的界面。在内容设计时，首先要充分考虑人体工程学因素，如视场角和颈部转动角度，这保证了虚拟现实体验过程中的舒适度。眼睛可视角度即为视场角，当头部和眼球都保持不动，眼睛看向正前方时能够看到的空间范围并非是无限延伸的，在双眼视野下的范围大概是从水平点向上55°，向下65°，向左右均为90°。其中左右眼的视觉范围有大部分是重叠的，具有立体感的左右主视野为100°～120°，重叠的双眼视觉使人们察觉到物体的深度、物体间的距离等。站立时，视线会低于水平10°；坐着时，视线低于水平15°。主要界面和重要信息应放置于左右77°、水平偏下的舒适区域，次要信息放置于左右77°～102°的辅助区域，102°以外的好奇区域一般不放置信息。一般来说，头部的转动在垂直方向上，最大可向上转动60°，向下转动40°；在水平方向上，头部的最大转动角度为55°，若超过55°，会造成颈部的不适感甚至是肌肉扭伤。颈部舒适的转动角度约为左右30°的范围。如图2-5所示。

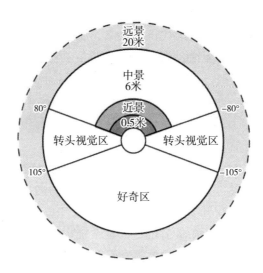

图2-5　虚拟现实的视野区域图

其次，界面的排布方式也影响体验的舒适度，因此应注重空间元素的复杂性和层次排布。三星之前关于三维效果与距离关系的研究报告显示，视距小于 0.5 米时，双眼观看会非常吃力，而当视距大于 20 米时，几乎没有三维效果，如图 2-6 所示。因此，视距 0.5 米内不应放置任何信息，这也是在虚拟现实中 HUD 应用较少的原因。HUD 设计的关键是将多个子功能集合到一个综合页面上，对当前的状态数据进行集中显示，一般设置在平视区域的边缘，但在虚拟现实中靠近视觉边缘的区域畸变严重，而且会影响观察体验。

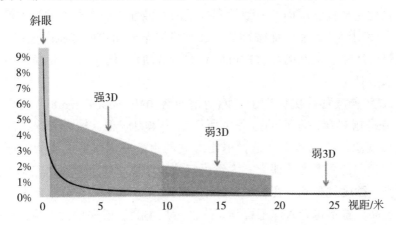

图 2-6　虚拟现实中三维效果与距离的关系

　　在保证舒适的基础上，虚拟现实展示项目的内容及界面应追求美观性和简约性。目前的虚拟现实系统界面设计布局主要有宫格式、旋转木马式、陈列馆式、列表式、抽屉式等。宫格式是将各功能入口放在一起排成宫格，组织结构稳定，便于查找，但指示性不明确，并且各功能页的切换必须回到主界面，交互的灵活性较低；旋转木马式一次只显示一个重要信息，内容聚焦度高，线性的浏览方式有很强的方向感，视觉上容易营造出纵深感，布局较为美观，如 Mac OS 上的 Finder，但显示内容少，需要频繁操作，且只能按顺序查看；陈列馆式是进化版的宫格式，布局更灵活，信息承载量更高，可以更直观地显示各项内容，甚至可以 360° 进行排布；列表式的内容层次清晰，可以展示较长文字内容，但排版单一，内容过多，容易产生视觉疲劳；抽屉式能够展示整体界面的结构分类，易于聚焦内容，且页面无须多级跳转。

　　一般来说，虚拟现实的界面布局会采取弧形，界面内容沿着以用户视角为圆心的圆周排布，因为在 360° 的环形视野中，只有弧形排布才能让各个信息与用户视线距离一致，不至于看不清边缘的内容。在界面设计时，可以利用格式塔心理学对界面的布局进行合理的组织，清晰展示整体的结构，减少界面的迷惑性。同时，界面的层次感可以通过物体的光影、距离对比及遮挡、景深来营造。界面设计应在保证操作便捷的同时，增加体验的沉浸感。

（2）保持交互的一致性。降低虚拟现实展示项目中体验者的认知负荷，使用户手眼协调，要求在设计时遵循一致性原则，符合菲茨定律和引导定律。菲茨定律指在屏幕上，目标越大，且越靠近起始位置，用户就能越快地指向目标。引导定律指在受限的移动路径中，移动的路径越宽，用户就能越快移动目标。一致性包括概念层面的一致性和按键的一致性，概念层面的一致性能够减少用户在使用时的迷惑，而按键的一致性可以培养用户的"肌肉记忆"，减少受众犯错的次数。交互的一致性可以有效降低用户的学习、记忆负担。

### 3. 减少疲劳感受

1928年鲁滨孙首次提出了"博物馆疲劳（Museum Fatigue）"的概念。博物馆疲劳是指观众在参观的过程中所产生的体力疲惫、精力衰竭、注意力涣散等负面现象，这也是观众选择退出参观的重要原因。造成疲劳的原因多种多样，学者们仍在努力地探索，大致可归结为环境、建筑和陈列三个方面的原因，如空气浊度过高和噪音影响、陈列空间设置不合理或过分单调、陈列密度过高、展品位置不符合人体工程学、光线运用不当造成视觉疲劳等，最重要的是缺乏探索学习的气氛。麦克·卢汉博士曾提出一种心理状态，称之为"博物馆感觉（Museum Feeling）"，即人在进入一个持续相连的视觉空间时，会很快产生疲乏的感觉，类似于在笔直的小道行走时产生的幽闭恐怖感觉。在设计虚拟现实展示项目时，应避免"博物馆疲劳"和"博物馆感觉"带来的情感惯性，避免观众因情感上的疲劳而放弃参观体验。考虑到减轻观众疲劳带来的影响，博物馆应做到：（1）将重点内容放置于主视野区，并且置于5～15米距离处，这是人体三维立体感知最强的区域；（2）在视觉层次上注重空间元素的复杂性和层次排布；（3）减少观众肢体的大幅度动作，本身观众在博物馆参观就以站立和行走为主要方式，已经消耗了大量的体力，如果在体验虚拟现实展项时需要高强度或是大幅度的动作变化，极易引起观众的身体疲劳；（4）避免观众头部的频繁转动，避免其颈部长时间保持同一角度，如低头或仰头看。

### （三）营造逼真的空间场景

#### 1. 提高场景真实感

虚拟世界的坐标体系需与真实世界相同，不然会造成体验者的认知偏差。设计时不仅需要建立精细模型、贴图、打光、渲染，还要考虑镜头的位置以及物体间的比例关系。与电脑屏幕、手机屏幕不同，虚拟现实设备的屏幕有着明确的边界，所以用户能够随时切换单位坐标，而不会感到困惑。在虚拟现实中无边界的显示会模糊这一边界，所以营造场景的真实感更加重要，场景越真实，体验者的代入感就越强烈。

另外，由于虚拟现实设备的镜头具有放大作用，环境应设计得尽量开阔、敞亮。设计者在设计软件中看着合适的尺寸空间，到真实体验时可能会变小，造成压抑感，因此应反复在眼镜中观看实际效果，调整环境中的物体比例。在色彩设计上要避免太过明亮，明亮的色彩可能会让体验者觉得刺眼，引起视觉疲劳。

逼真的场景也有利于鼓励观众产生主动探索的行为。心理学研究表明，自我学习的方式比传授更加让人情绪高涨，记忆时间也更久，展示设计应致力于激发观众的好奇心，鼓励观众充分调动主观能动性自发探索学习。探索实践是国外正在积极尝试的展示形式。例如，伦敦的自然历史博物馆和谷歌合作，通过360°街景技术将虚拟的模型——霸王龙、猛犸象等投放到数字街景中，结合了真实物体与虚拟物体的环境，更具有冲击感。又如，湖南博物馆2017年重新开馆，以1∶1的比例还原了辛追墓，通过大型投影手段营造身临其境之感，受到了观众的广泛好评。利用逼真的虚拟环境鼓励观众自主探索，为更多人创造了探索机会，也给博物馆提供了更多的展示设计空间与灵感。

2. 提升交互自然性

人机交互以降低用户学习成本、提高用户体验感为目的。好的交互设计应符合人们的认知习惯以及自然的、本能的动作习惯。在虚拟现实展示项目中也不例外，想要提供更好的沉浸体验，必须提升交互的自然性。虚拟现实展示项目中的交互设计遵循以下原则：（1）除了环境自然运动，不应有用户输入动作引发以外的物体运动；（2）人的手势多旋转运动，而非直线运动；（3）用户需要学习的手势有限；（4）所有的交互行为都应具有动作开始和结束的暗示。以上交互原则可以有效减轻用户体验过程中的眩晕感受，并且能够引导用户在体验过程中的正确行为，避免错误交互行为的发生，减少用户的焦虑情绪。

提升交互的自然性需要做到以下几个方面。

（1）保持实时、持续的反馈。反馈能够提供正在发生的状况的关键信息以及用户如何处理的线索。用户在体验过程中产生的任何交互动作都应得到及时的反馈，并且这种反馈应具有可预测性，可以被人理解，人们必须了解系统运行的状况、行动以及即将进行的下一步。而且，人们必须经由一种持续的、不具侵犯性的、有效的方法来了解系统的状况和行动。[①]诺曼认为，反复

---

① 诺曼 . 设计心理学 [M]. 小柯，译 . 北京：中信出版社，2015：118-121.

确认是人类的一种特殊需求，情绪重于信息。如果在人机交互过程中，一段时间内系统没有给出反馈，人们就会焦躁不安，同时这种持续的反馈应尽量保持自然、轻柔，否则亦会造成用户的反感情绪。例如，在虚拟现实界面中，只要用户触及界面按钮，即使用户没有与其发生实质的交互行为，其状态应有所改变，如颜色加深、加重框线等效果，让用户有所感知。只有保持实时、持续的反馈，才能让用户认为自己所处环境是真实可信的。

（2）精简交互元素。人们只能记得很少的交互元素，所以在交互设计中，手势动作、反馈信息等都应做到简单、便捷、自然。所有的交互元素应形成一个系统，保持相对的一致性，避免引起认知偏差。

（3）利用环境元素。人的知觉系统可以自然地综合视觉、听觉等五感的功能，对周围环境进行完整、丰富的了解。[①] 这种自然信号的传递能够持续、有效地让人感知，但不扰人。例如，通过音效、环境声等来反馈系统当前的状态，如当体验者发生正确的交互行为时，可以通过环境的自然变化告知用户当前行为是有效的。又如，故宫展览 App 中的 VR 模式，视野中央始终有一个锚点代表视焦点，地面上有代表行进路线的箭头。当观众在抬头参观时，箭头并不会显现，以加强观众的沉浸式参观效果；而当观众低头时，地面上的指示箭头就会渐进式显现，并且跟随观众的视线不断变化；当视觉锚点在箭头处停留1～2秒时，场景就会切换。

（4）利用功能可见性。在虚拟现实展示项目的设计中，提供有效的、直觉的功能可见性非常重要。功能可见性已经在工业设计中得到普遍应用，利用物体的外观、约束等暗示人们与物体的本能交互行为，而不需要刻意的、附加的文字说明。在虚拟现实中，一个对象表现出的物理反馈越多，其越能引导正确的交互行为发生。同时，交互行为越明确，其所表现出的功能可见性也越明确。换句话说，功能可见性只引导一个交互行为。合理运用功能可见性可以有效提高虚拟现实中的交互效率，减少错误行为的发生。

（5）加强身体惯性与运动的匹配设计。身体的惯性主要是由人体的前庭系统与视觉系统的刺激共同完成的，其都会通过各自系统进行运动状态辨别，并将相应的运动状态信息传递到大脑。当两种信息一致时，人体会产生正常的运动体验，但是当两种信息存在差别，则会导致人体出现眩晕感，常见的晕车现象就是这两种信息体现的矛盾。虚拟世界与现实世界中的运动状态不一致主要是指现实运动而虚拟静止或者现实静止而虚拟运动，在当前的艺术设计中

---

① 诺曼.设计心理学[M].小柯，译.北京：中信出版社，2015：45.

大多数都存在第二种情况的问题。不过，在现实世界中进行相应的动力设备的搭建就可避免出来这种矛盾，实现身体惯性与虚拟运动的相互匹配。例如，MMOne虚拟现实座椅就在设计中实现了身体惯性与运动的匹配。当体验者参与到游戏中时，座椅能根据虚拟世界中的运动状态进行自动调整与运动，根据体验者的视觉系统提供相匹配的身体惯性运动，在避免晕眩状态的同时增强体验者的真实感受。

3. 利用情感仿生代理

虚拟现实环境对人的情绪影响不可抗拒，这一点早已被斯坦福大学的"虚拟坑"实验证明。VR可以轻易地骗过人的大脑，即使人们知道是假的环境，在体验时仍然会有心跳加速的恐惧情绪，也更容易引起强烈的情感共鸣。

化身和代理是《虚拟现实：从阿凡达到永生》中提到的虚拟现实中两种不同角色的概念。化身是指该虚拟角色由真实的人操作，而代理是由电脑控制的角色。由具身认知理论可知，人们会更亲近与自己行为特点类似的人。在设计虚拟现实展示项目时，可以利用情绪效果提升用户对虚拟环境中化身或代理的接受度。情感仿生代理具有较强的感染力，能够通过表情、语音、眼神、肢体动作等实现与人自然、亲切的交流。具身认知实验证明模仿对方的动作，并且不被对方发现时，会显著提升对方对自己的亲和感。设计者可以在虚拟现实展示项目中利用这一点设置情感仿生代理，模拟现实世界人的行为动作。

在许多博物馆的展示中，都有采用情感仿生代理引导观众参观的案例。例如，无锡博物馆就有通过卡通形象讲解透露叙事线索引导参观的展项。VR游戏 *The Lab* 中的狗狗就是典型的情感仿生代理，其摇尾巴的动作、身体的晃动可以很快让观众产生亲近感，借由用户的亲近行为引导用户的交互行为，同时能够引起用户的积极情绪，鼓励用户进行自主探索。

利用情感仿生代理可以引导观众与环境的交互，积极调动观众的情绪。但是，情感仿生代理的设计需注意"恐怖谷理论"，应通过降低外观相似度来增强角色的亲和感，如设计卡通形象、夸张的肢体动作等，与人体过于相似的外形反而会引起人的反感情绪。

### （四）重视展示内容策划

1. 内容紧扣自身特点

展示内容是展示设计定位和创意的根本，是升华内涵的基础。展示设计不应随波逐流，应紧扣自身特点，从自身场景及内容出发，设计相应的展示内容与形式。博物馆的基本职能是科普教育职能，强调其客观性。在科学客观的基础上，结合各场馆自身的主题和虚拟现实的特点，设计合理的虚拟现实展示项目，帮助观众更深入地进行了解。

首先应避免创作思路老旧。虚拟现实媒介与以往的新媒体媒介有很大的不同，设计者才刚从传统展示的设计方法转换为新媒体展示的设计方法，而虚拟现实隔绝现实环境、完全三维的特点让很多设计者无从下手，照搬以往新媒体设计的老思路，不乏在虚拟现实环境中依然呈现大块文字说明或是单纯二维平面展现的情况，这就失去了虚拟现实的独特优势。

其次，避免过分追求新意而不考虑自身展馆特点。现在很多的博物馆在设计展项时，为了避免各博物馆存在的同质化的趋势，避免让观众失去参观兴趣，出现了一味追求技术手段，利用新鲜感吸引观众，脱离自身特点，无视自身的内在价值，照搬国外优秀展示案例的现象。目前，国内已经有优秀的展示设计者能够抓住自身特点，巧妙结合虚拟现实技术，树立正面形象。例如，2017 年的 VR 大片《探秘海昏侯大墓》就是基于 2015 年考古的新发现——南昌西汉海昏侯大墓制作而成的，海昏侯大墓已经成为江西文化的重要符号，将其与 VR 结合，突出展现了 21 项海昏侯出土的具有代表性的文物。此外，通过粒子系统制作的黄昏光影烘托了海昏侯国的雄伟壮观景色，观众可以畅游海昏侯国，在解说员的引导下点燃雁鱼灯、敲打古编钟、盖印"刘贺"章等。

2. 利用叙事激发观众兴趣

设计故事线索是展示中常用的手段，因为博物馆中的展品与其表达内容往往没有很强的联系性，需要将展品重新进行解读并呈现给观众。用"讲故事"的方式可以让观众注意到设计、引起某种特定反应，加强学习效果。人们会在情节上升和高潮阶段释放皮质醇，在故事情节回落和结局时释放催产素，只有大脑释放化学物质才能引起情感反馈，形成情感共鸣。因此故事能够引起人们对事件的模拟，大脑对故事的反应就好像参观者自己正在参与其中一样。人在听故事时会使用更多的大脑区域，并且能因此引发情感反馈，增强愉悦感受，激活记忆中枢，从而达到深入理解、强化记忆的效果。如果人们在故事上的注意力能维持足够长的时间，他们就会对故事中的人物产生认同感。

叙事方式一方面增强了展示的趣味性和可阅读性，另一方面给予观众新鲜感和想象空间。叙事包含了五个基本元素：背景、角色、情节、气氛、进展。背景让观众认清方向，为故事提供时空感；角色的身份能让观众投入故事，感觉故事与自己密切相关；情节串联整个故事，是故事发展的通道；音乐、灯光等创造积极情绪的氛围；时间的次序和流畅程度让故事脉络清晰、有趣。

在虚拟现实展示项目中，有个极大的优势是可以让体验者作为主角。观众不再是听故事、看故事的人，而是故事的主角，可以直观地经历故事，不像之前观看视频一样是通过大脑的镜像神经元让体验者感同身受。例如，三星电子和英国自然历史博物馆合作推出古代海洋生态环境体验项目，观众戴上Gear VR，以英国著名生物学家爱登堡的解说为背景，可以尝试纵身跳入古代海洋中。叙事方式可以有效激励观众的行为，引发观众对环境的探索欲望，观众会更主动地参与到展示项目中去。若是再引用一些游戏化的元素，如收集勋章成就、积分体系等，形成非物质的游戏化激励机制，能够有效改善以往观众认为博物馆中的展示项目枯燥无趣的刻板印象。

3. 协调展示形式与内容

博物馆中普遍存在展示内容与形式不协调的问题。设计者追随潮流，片面追求视觉效果，生搬硬套时下流行的高精尖展示方式，而忽视了博物馆的主题精髓。实际上，展示设计的独特性要求展示项目设计是由内容开始、有感而发的形式设计。大量的设计实践证明，借助对内容的把握，可以更深刻地推导出形式的不同功能和特色，如果脱离了内容，结果只能是为形式而形式，是片面的。

在虚拟现实展示项目的设计中，尤其要避免这种现象，避免一味追求震撼效果而忽略展示内容的思想性、科学性、知识性、教育性和科学性的行为。

在设计虚拟现实展示项目时，首先应思考内容是否适合采用虚拟现实的形式来实现，是否符合观众的心理预期，是否适用于自身环境。在这个方面，国外已有许多有益的尝试，如大西洋制作公司旗下的子公司 Alchemy VR 与英国自然历史博物馆合作的 VR 短片《生命的起源》，以新颖的形式和令人感动的体验获得了 2016 年博物馆及文物创新奖。观众有机会观察到五亿四千万年前寒武纪海洋内的生态环境，这种别开生面的 VR 体验能够让那些对古代海底世界好奇的人们产生全新的感受。

针对博物馆独特的展示内容，应选择合适的展示形式。虚拟现实的展示方式虽然有着诸多优势，但是不可能适用于每一个展品，与传统展示形式和新媒体展示形式有机结合才是博物馆展示设计的良道。在选择虚拟现实这种表现形式时应慎重考虑，因为它涉及的设计和技术要求高、设备昂贵、更新维护成本高，应因地制宜，制定服务于内容本身的展示形式。为了博关注，不动脑筋直接套用虚拟现实展示形式的方法不可取，甚至可能产生适得其反的效果。

虚拟现实展项的形式其实并不受局限，只是大家偏好于看起来科技含量更高的形式。其实每种展示形式都有其自身特点，当由于条件限制无法采用沉浸式虚拟现实设备时，非沉浸式的虚拟现实空间也很值得尝试，如大型投影空间等。

# 第四节　新媒体在博物馆展陈中的价值体现与艺术表达

新媒体技术呈现出全新的发展趋势并运用到博物馆展陈空间的展览设计中，特别是在虚拟现实技术的应用这一方面实现了新媒体技术与空间的完美融合，为观众提供了更加真实、直观的感官体验。

## 一、新媒体技术在博物馆展陈空间中的价值体现

科学技术的发展带来了深刻而深远的社会影响，博物馆正在不断融入当代的社会事件中，它正在从那些被往事、藏品所占领的机构变成公众可以找到有关当代社会观点以及由人类故事主导的机构。科技创新的价值是不可估量的，新媒体技术是 21 世纪的典型高科技，给观众提供了更加直接的体验。

### （一）市场价值：提升博物馆的竞争力

要使博物馆具有持久的生命力，它必须适应时代的发展。博物馆的数字展示可以为展览创造一个丰富的数字图层，而且新媒体社交是一种有效的、低成本的工具，它使博物馆与它的社群之间进行对话，博物馆的竞争力也因此得以提升。

在"复兴之路"大型展览中，新媒体手段被广泛应用，设计理念比较前卫。例如，"青藏铁路"采用多媒体高清投影技术，以相等比例模拟真车，营造一系列驾驶环境。驾驶座位上安装了网络查询系统，观众可以在系统上查询铁路概况，也可以在驾驶室中通过广播系统来进行虚拟火车驾驶体验。

为了在经济方面获得良好的效益，除展示内容必须新颖以外，展示形式也非常关键。以紫禁城为例，观众的互动体验以信息技术的发展为基础，数字环境使观众不受物理时空的限制，可以徜徉在虚拟展陈空间当中，自由地查看虚拟展览信息。观众观看展览的热情高涨，使故宫博物院每日参观人数超过百万，了解紫禁城也不再必须到现场。与此同时，新媒体技术的应用给人以亲切的感觉。展品从静态到动态的转化，拉近了紫禁城与观众的距离，吸引了更多观众的注意力，每天都有成千上万的人进入紫禁城，尤其是黄金周和节假日，每日参观人数甚至超过 10 万人，从而提升了传统展览的竞争力。

### （二）审美价值：提高观众的审美素养

审美素养是一种现代审美素质，它是健全人格的重要体现，是思想和道德的升华。新媒体技术和形式没有单独的审美特征，但虚拟世界创造了一种可能性，它让观众可以在与审美对象保持相当遥远的距离，甚至不与审美对象保持同时性的情况下，仍然可以有艺术性审美，而这种审美是信息时代的新媒体技术为博物馆展陈空间带来的巨大革新。

在新媒体技术手段的帮助下，博物馆生动形象地把美学价值展示了出来，并且在技术手段方面，它对观众更具有吸引力。一旦观众的兴趣被调动起来，他们会更加积极主动地对美感进行体验，展品的审美价值也可以更加充分地显示出来。虚拟世界的审美经验的神奇所在是将不可能存在于物理时空的虚拟景象变成观众的审美经验，而这种审美经验直接刺激了观众的感官，使观众参观体验的经验也因此丰富了许多。

文物展览是文明传播的主要形式之一。博物馆展示的目的主要是传播国家文明，而不是单一地对展览物品本身进行展示。新媒体在博物馆展陈空间中的运用革新了传统观念，让观众对虚构世界的审美不再感到虚妄，推动了技术艺术化发展，提高了艺术感知力，人们的思维空间也得以拓展。信息时代数字技术与艺术融合打开了艺术理论的大门，实现了观众各种精神力量的融合交织。在美学和艺术理论的推动下，信息时代的非物质形式走向艺术的殿堂。

### （三）文化价值：增进文化认同感

博物馆是一个教育基地，我国的博物馆旨在弘扬中国优秀传统文化和爱国主义精神，是联系国家和人民的重要纽带。中国有 5000 年的历史，国土面积广阔，民族众多，无论是深度还是广度，都值得每一位中国人为之感到骄傲。在不远的未来，数字技术将继续致力于改造我们的物理时空，虚拟技术的进一步使用，将会使人们在更为立体化的空间中去欣赏数字技术创造出来的艺术景象。

正如我们所了解的那样，博物馆掌握了海量文物，如何将这些文物的文化价值全面地发挥出来，为传统文化的传播和传承提供支持，值得我们予以重点关注。客观上来说，博物馆是通过展览的方式展示文化概念，将历史的原本面貌重新展示在人们面前。通过参观博物馆，观众可以对我国文化史和中国传统文化的巨大体系形成更为系统的认知；通过新媒体技术与展品的结合，展品的文化内涵将以更加新颖的方式被诠释。将包括 VR 技术在内的数字新媒体互动技术应用到博物馆的空间展陈设计上，能够在一定程度上提升博物馆展品的展览效果，进而使观众更加熟知各个历史时期的人文风貌，也是突破时间、空间限制，有效拉近展品和参观者之间距离的可行路径，值得我们给予应有的关注和重视。让博物馆特有的文化如春雨般默默滋润公众，才能更好地促进文化的传播。

## 二、新媒体技术在博物馆展陈空间中的艺术表达

与传统的静态艺术展览相比，新媒体技术本身显然并不具有任何审美特征，将其创造性地引入主题展览中来，主要是可以形成学术性意图，从而为文化的传播奠定坚实的基础。新媒体艺术展陈作品虽具有趣味性和实用价值，但是其多元化的复杂性也使这种艺术形式存在问题，使博物馆的展陈效果达不到预期，同时也影响了当代艺术作品的艺术性传达。但是，客观上来说，博物馆展览的美学的本质是通过新媒体手段重新赋予并使其更具延展性的展示形式，从而可以以此为基础吸引更多的参观者。我们必须清醒地认识到，艺术是精神和思想的艺术，而博物馆展览体系作为艺术展示的重要载体，将展览的客观规律和审美情趣、受众审美感官等整合到一起，可以为增强展览效果提供巨大的支持，成功地激发观众参与的积极性，为观众审美需求的有效满足提供极大的帮助。

### （一）创新思维是新媒体艺术向前发展的原动力

1. 娱乐化的方式融入互动体验

通过后天的欣赏和实践，可以逐步培养人的艺术修养。博物馆中新媒体的应用，可以为广大参观者审美需求的满足以及审美能力的提升提供强有力的支持。观众不仅可以欣赏艺术作品，还可以通过视频图像了解作品的制作过程并了解作品的内在含义。这不仅可以极大地提升展览效果，同时对于参观者而言可以更为深入地了解、掌握藏品背后所隐藏的故事，而让参观者形成共鸣正是开设博物馆的初衷之一。

博物馆的作用是将历史文化传承下来，讲给后人听。然而，在新时代背景下的数字技术和传统文化的碰撞中，传统文化的完整保留遭遇了现实困境，因此我们更要积极主动地将新媒体技术和传统文化结合起来，使人们更加重视传统文化和新媒体技术之间的融合，让新媒体技术对传统博物馆文化传承产生积极影响。

**2. 创新思维由物质向非物质的转变**

由于现代科技越来越成熟，人们在科技应用上的思维也越来越开阔。近些年来，展陈空间的设计开始由传统的实物展示向非物质展示方面过渡，现行的展陈效果在传统展陈的基础上融入新媒体技术和互动体验等因素，使展陈信息更好地传达出来。非物质展示通常是指运用虚拟现实技术将物体完美成像，在物理时空当中融入虚拟情境，进一步提升观众的观展体验。

在展陈空间当中，作品的幻景渐渐超出了物理时空的界限。人置身其中，和自然情境融为一体，观众感受不到空间的界限，慢慢沉浸在展陈画面当中。当三维光线束出现时，观众渐渐忘记自己是在虚拟环境当中，会产生身临其境的感觉。

展陈作品不是将已经准备好的动画进行循环演播，是通过专业的网络程序设置形成实时成像效果，就像是瀑布中的水流从上至下，蜿蜒而去，无法回溯，不同的时间呈现的影像都是全新的。由于现实展示通常会受到空间大小、结构、形态等因素的影响，使展示效果不能达到预期，限制了信息的完整传达和设计内容完全展开等状况，因此作品在引用虚拟现实技术时，是以真实景象为基础进行场景模拟，运用虚实结合的手段来解决仿真装置动感不足的问题，进一步加强展示效果。此外，应用新媒体技术之后，展陈空间不再局限于"只可远观不可亵玩"的尴尬状态，还融合了与观众的互动形式，将复杂的图景具象化，既能够传达展陈信息，也使参观者对其产生浓厚的兴趣。

针对以上情况，设计者大都会利用现代科技将二维空间进行三维扭转，通过虚拟技术实现展陈空间的动态化，将时间维度也运用得得心应手。同时展示界面不再是传统的实物摆置，观众观展的方式也不再受到空间的局限，而是有了更加广阔的视野。这种视野不仅仅是虚拟情境，而是会让观众突破时空界限的全新情境。一般情况下，博物馆受到场地的限制，展陈的物品不多，观众的观感效果也大打折扣，而多媒体技术的运用正好解决了这种弊端，它可以把现实中有限的空间进行无限放大甚至改变时间的流速与空间的场景，将展现空间更加合理充分地进行利用，给观众更好的观展体验。

## （二）新媒体技术在博物馆展陈空间中的表现力分析

**1. 新媒体技术的科技化展示**

展示设计不能脱离空间，只能以依附的形式来呈现艺术的表达，换句话说就是利用有限的空间进行艺术作品的信息传播。随着现代科技的发展和人们物质生活水平的提高，人们对于体验消费的要求越来越高，所以设计者往往会在创新设计当中从观赏者的角度出发，进行展陈空间的创造，将有限时空的展陈信息进行无限扩大。

（1）物理空间沉浸。展陈空间突破了传统实物展陈的局限性，运用新媒体技术将展览信息融入展陈空间当中，将物理空间与虚拟时空结合，打造出独一无二的体验空间。现代展示设计其实也是一门感官艺术的设计，以前这种设计只是以人们的视觉效果为切入点来研究，而如今，艺术设计者着重关注展陈空间与观众的互动体验效果。因为现有的新媒体技术刚好能够实现这一点，所以当代的艺术展陈已经演变成了多元化的动态空间展示，让观众的各个感官都能获得美好的沉浸式体验。

现代高科技中最常用到的感官就是五感中的视觉和听觉，它能够使观众产生眼前一亮的感受或者是聆听到美妙的音乐，但是要想给观众沉浸式的体验感还需要其他感官的相互配合。比如，VR是当下展陈设计中应用较多的一种新兴科技，这种体验技术不单单能够让观众感知到仿真幻景，还让观众有了身临其境的观感体验。要想使观众获得视觉沉浸式体验就要满足以下三个要求：一是要有较为开阔的视野；二是设计的虚拟情境尽量真实流畅，三是设计中要考虑到观众的互动体验。三者相结合才能让观众的视觉体验质量大大提高。另外，在观众的观展体验中听觉也是非常重要的。一般来说，人类的听觉通常是为视觉做辅助来增强视觉感知效果的，如果在展陈设计当中引入听觉这一因素，能够在一定程度上增强虚拟情景的真实感。听觉的具体效果有两点：一是直接通过语音沟通来传达信息内容；二是通过听觉辅助来增强感官体验效果，就像双耳效应一般，利用人的听觉来感知声源的位置，增强沉浸效果。然而要想使观众在展陈空间内达到深度沉浸的效果，就要促使观众更多地利用其他感官，各种感官相互配合，才能加深观众对事物的认识以及增强体验效果。

（2）心理空间沉浸。心理空间沉浸是观众最好的观展体验状态，是指观众突破了现有物理空间的局限性进而沉浸到设计者营造的空间氛围中的体验状态。我国大量的学者对人类心理影响因素进行了研究，发现心理影响能够改变人的感知，在一定层面上可以增强人的体验感受。因此在进行展陈空间设计时，要以人的心理需求为出发点进行空间构造，进而使展陈信息传达到位，实现展陈的目的。与传统展览手段不同，新媒体把以人为本的理念充分展示了出来，从技术方面给观众以极大的支持，因此展览主题也就更加鲜明地体现出来。随着技术的不断进步，博物馆展陈空间设计中，以新媒体手段增强人性化体验的设计水平将得到进一步提升。心理学指出，人们对新鲜事物的触觉感觉体验效果要远大于视觉和听觉效果。因此，在新媒体展示中采取感官设计就显得非常必要。观众在展览中，通过感官能够体验得更加深刻，所以，展览组织者要换位思考，充分考虑观众的感受，要把数字展览模式同观众的接受能力和意愿结合起来通盘考虑。

2. 新媒体技术的个性化展示

博物馆中展示海量的文化展品，目的在于宣传其艺术价值和文化价值，进而把传统文化弘扬开来，只有把这两种价值有机地融合在一起，观众才能切身体会历史的厚重感。新媒体技术对文化场景进行了生动传神的再现，借助数字新媒体，观众甚至可以"穿越时空"进行体验，与珍贵的文物进行零距离接触，从而提升文化的历史价值和艺术价值。博物馆在运用新媒体技术的过程中还要高度重视审美价值。美感来源于直觉，新媒体技术借助生动传神而又丰富多彩的展示手段，通过对情境进行虚拟，把观众的想象力与感知力发挥到了极致，精神和情感交织，为观众带来了强烈的感官冲击，在美学方面有着较高的价值。

当今时代，博物馆展览已经从图表型向影像型转化，并带领观众亲身参与感知和体验，展品因此更加鲜活起来，其艺术价值和审美价值因此得以鲜明地体现出来，博物馆展览也因此成为一种艺术行为。在新媒体背景下，信息交流在技术参与的条件下更加方便快捷，观众参与度得以提升，展品的艺术价值也可以更加鲜活地展示出来。

# 第三章　新媒体视域下博物馆的社会教育

## 第一节　博物馆社会教育概述

### 一、博物馆社会教育的含义

教育是指一种培养人的活动，它与社会和人的发展都有着密切关系。教育学中将教育分为狭义的教育和广义的教育。狭义的教育是指学校教育；广义的教育则是指能增进人的知识和技能的一切活动，它包括一切社会文化机构的教育活动。博物馆是社会文化机构的一个部门，它是一种以面向社会为前提，以进行科学教育和爱国主义教育为目的，不同于学校的一种社会教育机构。

20世纪50年代到80年代，国际上已经把博物馆视为集保藏、研究、教育于一体，供民众欣赏的文物收藏机构、科学研究机构、文化教育机构。如果说此时博物馆的关键任务中第一位是科学研究，那么教育则摆在第二位。然而，2007年国际博物馆协会在维也纳召开的全体大会则将博物馆的三大职能的顺序做了调整，教育被列为第一。由此可以看出，社会教育已成为博物馆的首要职能，这也得到国际博物馆学界的普遍认可。国际博物馆协会对博物馆社会教育做出了解释：博物馆应该抓住一切机会，发展其作为教育资源的优势，发挥其为各个阶层的人群服务的职能……博物馆的一个重要职能，就是吸引更多来自不同阶层、不同社区、不同地区以及团体的目标观众，并应该为一般社区、特殊人群及团体提供机会，支持其特殊的目标和政策。我国对博物馆的社会教育职能的研究也经历了一个漫长的时期。李济先生认为，博物馆最大的目的就是作为学校教育的辅助场所，其在任何方面都应与教育相联系。博物馆的社会教育职能则是指将那些具有艺术性、科学性或者历史性的资源进行分门别类和归纳整理，为社会公众提供具有文化传播、科学研究价值的物品和服务，使其教育传播功能达到最大化。具体来说，博物馆社会教育是学校教育的补充，即在学校教育之外，有目的地丰富人们精神文化生活的一种方式。它以实物为基础，通过陈列展览和专业人员的讲解，让人们以视、听、触觉等来对文物知识进行系统的综合欣赏，达到增加知识的目的。同时，博物馆社会教育不仅仅包括参观博物馆，它还包括阅读馆刊杂志、听取讲座、参加博物馆各种活动等。

## 二、博物馆社会教育的特点

博物馆是社会文化公益事业的组成部分，它以文物为基础，以展陈为手段，述说着历史，为当今社会的发展和需要服务。因此，博物馆不能只阐述自己文物的历史，还应与时代同进步，共发展。它应与学校教育、家庭教育、社会教育等教育形式相结合，发掘潜在优势，更好地为文化事业服务。

### （一）博物馆社会教育与学校教育的关系

作为教育的两种主要形式，博物馆社会教育与学校教育有着密切的联系。在履行使命和责任的过程中，二者相辅相成，却又各自独立。博物馆社会教育以其独有的方式阐释着、补充着学校教育。

博物馆与学校在社会教育方面存在共同的使命和目标：

（1）博物馆和学校都以提高人们的文化素质、丰富人们的精神需求为目的；（2）它们都以传播人类文明和先进的科技为内容；（3）它们都需要与学生或者观众进行双向交流和信息的反馈，才能使学生或观众获得知识。

虽然博物馆社会教育和学校教育有着相同的目标，但是它们在履行职责的方式上有着明显的差别。

首先，博物馆社会教育是以人类或自然遗留下来的物质的和非物质的文化遗产为对象，借助陈列展览和解说员的讲解，让观众去了解文物自身和内在的文化，使其通过文物来了解当时的社会生活，学习形式多变，氛围轻松；学校则是以课堂讲授为主要形式，学习形式比较单一，且学校教育需要在一种严肃的氛围下传播人类的优秀文化。

其次，社会教育是博物馆职能之一，它不能作为博物馆工作的全部；学校则是纯粹的教育机构。

再次，博物馆社会教育的对象没有年龄和职业的限制，不论男女老少、工人农民，都可以进入博物馆进行"学习"，接受精神的洗礼，因此博物馆被称为"社会大学";而学校教育的对象则主要以学生为主。

最后,人们进入博物馆学习都属于自愿行为,没有法律的约束,而对于未成年人来说,进入学校学习,完成九年义务教育是一种强制性的行为,它是小学生和初中生的权利,也是小学生和初中生的义务。

从上面的比较中可以看出,只接受学校教育,或者全盘地接受博物馆社会教育都是行不通的,它们二者是相辅相成的。博物馆是学校教育的延伸,而学校教育则为博物馆实行教育奠定基础,几乎每个历史阶段都可以在博物馆中找到代表性的实物。例如,学校学习的历史知识在历史类博物馆中可以见到各个朝代遗留的文物;物理学之谜在科技博物馆中可以找到答案;地理知识可以在自然博物馆中一展全貌;等等。把博物馆作为学校的第二课堂,现在已被更多的学校接受。因此学校可以将博物馆作为爱国主义教育基地,培养学生的爱国情怀;将博物馆作为实践教育基地,培养学生的专研精神,提升科学素养。也正是因为对博物馆在教育职能上的认识,才推动了对博物馆社会教育职能的探索。

### (二)博物馆社会教育与家庭教育的关系

当今社会,学生的教育已不仅仅是学校的责任,而是需要学校与家庭合力。家庭教育是我们每个人接触的第一种教育方式。父母的言传身教、谆谆教诲都是家庭教育的形式,而学生的性格、处事方式也是家庭教育的反映。随着社会的发展,很多家长认为,学校教育与家庭教育已经满足不了社会对学生的多样化要求,因此在这两种教育之外,家长会让学生参加各种活动,进行各种锻炼。

总之,博物馆作为一种社会教育基地,有其自身的优势。正因为博物馆社会教育的全民性、终身性、直观性、丰富性、开放性、灵活性、自主性、娱乐性等特征,才使博物馆在社会教育中担负着不同于学校教育、家庭教育和其他社会教育的职责和作用。

# 第二节 博物馆社会教育与学校教育的有机结合

## 一、博物馆社会教育与学校教育结合的意义

### （一）博物馆社会教育是学校教育的延伸和拓展

在学校的课堂中，学生更多地专注于理论学习，而博物馆则更加注重实践教育。二者相互补充、相互促进，共同完成青少年的教育工作。博物馆社会教育和学校教育的根本区别在于它的直观性。学生可以通过对馆藏物品的观赏与研究，从中汲取历史文化知识。虽然在学校教育过程中，学生可以从书本上获得一些知识，但这些知识大多是刻板、枯燥的，不利于学生深入地学习和研究。博物馆里面展示了大量的人类社会文化的精品，其中蕴藏着大量的科学历史文化知识，这些文化知识以藏品为载体，辅之以适当的讲解，可以极大地拓展学生的知识面，并且，其中一些知识甚至在如今互联网发达的时代也很难从网络当中汲取到。

### （二）博物馆社会教育有利于拓展学生的思维

学校教育在时间和空间上具有较强的局限性，师生之间的交流也是以课堂为主，并且这种交流往往是不平等的，学生更多的是被动地接收，更注重记忆和理解，发散思维较少。换言之，传统的学校教育往往会抑制学生的发散思维。博物馆社会教育刚好可以完美地弥补这一缺陷。博物馆社会教育在时间上具有开放性，学生可以根据自身的情况安排时间，并且可以自主地选择需要了解的内容，甚至进行深入的探究。博物馆通过自身的文化底蕴来激发学生的兴趣，拓展他们的思维，从这一角度而言，博物馆更注重的是整个思维体系的构建，而思维体系的构建对一个人的成长具有积极的作用。

### （三）博物馆社会教育有利于学生综合素质的提升

博物馆是学生获取科学、历史文化知识的重要场所之一，博物馆的教育能够契合学生学习探索的需要。博物馆藏品包罗万象，不同于学校教育的书本，博物馆社会教育的来源是真实的物品，在此基础上可以延展出很多知识，而这些知识往往是传统课堂无法给予的。博物馆社会教育是学校教育的有益延

伸和补充,是合理、完整教育体系中的必要一环。

同时,学校教育普遍存在重视智力教育、注重课堂理论学习而轻视社会实践等综合素质提升的问题。博物馆社会教育则可以解决这个问题。博物馆以实物为载体,向学生传递正确的情感和思想理念,传播优秀的传统文化,帮助学生正确地认知历史、认知人物、认知文化。博物馆厚重的历史文化积淀、承载着民族精神和价值追求,其教育的功能不仅仅包括单纯的知识传承,更是一种心灵和思想的洗礼。在参观博物馆的过程中,学生感受藏品深厚的文化底蕴,从而增强文化自信,形成正确的人生观和价值观,促进综合素质的提升。

## 二、博物馆社会教育与学校教育互动融合模式的构建

### (一)建立馆校合作机制

博物馆社会教育与学校教育必须建立稳固的合作机制,只有这样才能发挥二者的最大合力。目前,很多学校与博物馆都建立起了合作关系,但是合作形式较为单一、松散,浮于表面,多为参观、讲解等活动,没有较多深层次的研学、实践指导等活动,并不能发挥其真正的作用。学生"走近"了博物馆却没有"走进"博物馆,未能体会到博物馆深层次的文化内涵。

学校与博物馆的合作关系不深入、不稳固,很难让博物馆社会教育充分发挥传承优秀传统文化、陶冶情操、提高学生综合素质的教育功能。因此,学校与博物馆应成立专门的部门(或者专人)负责对接,建立联席会议制度,并将其作为常态化工作来开展。[①] 同时博物馆和学校必须签订长期的合作文件,并在内容、分工方面做出具体约定,把馆校合作制度化。在合作过程中要注重评估和反馈,及时地发现合作过程中出现的问题,尽可能地使合作效果最大化,为建立更加长期、良性、完备的馆校合作机制注入活力。

### (二)合理设置合作内容

学校教育与博物馆社会教育在内容上、形式上的侧重点完全不同,因此双方在合作上应充分体现出互补性。博物馆丰富的馆藏是"活的教科书",博物馆社会教育应努力让学生与知识"零距离",使他们的学习生活更加丰富多彩。博物馆社会教育不能仅仅通过简单的参观和讲解向学生传递知识,而应该和学校教育进行深度融合,将之纳入学校课程教育的体系,深度挖掘博物馆蕴

---

① 刘芳.博物馆教育与学校教育的整合与利用问题研究 [J].科教导刊(下旬),2018(2):178-185.

含的科学文化知识。为达到最好的教育目的，博物馆应该坚持与学校建立更广泛、更深度的合作，根据学生的需求和认知特点，并充分利用学校教育的诸多优势来开发博物馆社会教育资源，不断设计和更新具有针对性和实效性的教育项目。在形式上，可以邀请学校教师共同参与，双方共同研究，结合学校和博物馆的优势，设计出独具特色的博物馆社会教育内容，提升博物馆社会教育的针对性，让更多的学生从中获益。

### （三）增加互动性活动

博物馆不应是单纯的文物陈列之地，更应该是学生求知论新的大平台，所以必须大力探索和组织互动体验的活动。博物馆可以根据馆藏物品的特点设置相应的互动活动。如在观赏过书画藏品之后，可以陈设笔墨纸砚，让学生临摹涂鸦；观赏化石之后，可以带领学生体验田野科考方法；在陶瓷器展览中可以设置参与环节，让学生实际体验陶瓷器的制作过程。这种互动性、实践性和参与性较强的活动将促使学生全方位、立体地去体会与理解所接触的知识，从而形成完整的知识体系，激发探索和实践的热情，体验博物馆文化的乐趣，进而达成博物馆社会教育的目标。

同时，博物馆对学生进行系统培训之后可以邀请其成为博物馆的义务讲解员，在扩充学生知识面的同时帮学生巩固其所学知识，这样既有利于博物馆自身的发展，也有利于激发学生学习文化课程的兴趣。

### （四）创建数字化博物馆

博物馆应善于充分利用高新科技的优势，开创博物馆社会教育新形势，进而更好地满足现代信息化社会的需求。博物馆文化传播需要有针对性地引进高新技术，开创全新的教育领域，从文物器件的本体研究逐渐转向集多学科于一体的多元化研究。首先，可以借助网络科技实现情境再现、制作三维立体影像、创建三维空间和图像等，将文物器件承载的历史文化更加全面地展示出来；[①] 其次，可以研发一些文化类的电子游戏，如考古发掘游戏，给学生创造一个直接且便捷的考古体验，这也能在一定程度上降低当代学生对不良网络游戏的沉溺度；最后，可通过网络教育的开展发挥道德教育、素质教育、健康教育的作用。在充分整合教育资源的前提下，联合相关教育部门开辟线上的馆校合作资源下载中心，让学生在轻松愉快的过程中学新知、长见识。

---

① 毛毅静.学校教育与博物馆教育融通交互的可能与追求 [J].福建教育，2019（21）：10-11.

### （五）优化评估监控机制

出于对信息权威性、专业性以及馆校合作可控成本等因素的考虑，有必要就馆校双方的合作构建评估监控机制。当前馆校合作的监督评估机制大部分是博物馆负责，多多少少存在缺乏客观性和全面性的问题。在今后的发展过程中，可积极邀请合作学校的负责人或领导一起参与评估。为了进一步优化馆校合作结果的评估监控机制，可根据实际情况聘请专家来点评教育活动，或者以教师和学生为主体给博物馆工作人员进行评分，构建一个具有科学性、多元性和专业性的评估监控机制。

### （六）注重资源设计与开发

为了将博物馆特有的教育价值充分发挥出来，积极顺应当前学校教育的数字化发展趋势，学校在借用博物馆数字资源开展教育活动时，要充分发挥博物馆数字资源的优势，更重要的是基于学校的具体情况选择适宜度更高的教育手段。校方可以组建专门的人才队伍，选择适合开展学生教育的博物馆文物，针对性地设计和开发与之配套的学习资源。比如，根据学生不同的阶段性学习，学校可以融合本地博物馆文化特色开发教学辅助资源，以教学参考包、立体学习包、多媒体教材和在线课程的方式研发和呈现。值得注意的是，校方的配套资源开发不可一味模仿，一定要根据实际情况凸显资源特色，让学生更加真实且全面地了解博物馆文化的历史价值。

博物馆社会教育与学校教育的融合实质上就是教育资源的互补，可以实现最大化的青少年教育效果。在此过程中，博物馆社会教育和学校教育都得到了不同程度的拓展和提升。博物馆在全新的社会背景下需要以创新思维促进博物馆文化产品和文化服务进行全面的快速传播，进而为包括广大学生在内的社会公众提供更好的服务。

# 第三节　博物馆社会教育活动的策划实施

## 一、参观阶段博物馆社会教育活动的策划实施

### （一）展览教育活动的开展

对于绝大部分观众而言，展览是博物馆吸引他们的关键诱因，参观展览亦是他们走进博物馆的主要缘由。因此，对教育工作者而言，策划实施好展览以及与展览配套的教育活动是本阶段的重头戏，后者能有效延伸展览，并进一步烘托其内涵。

1. 导览解说

为了更好地发挥社会教育功能，博物馆首先要解决的问题是促使观众透彻了解展览所承载的文化含义。正如托马斯·门罗所言，一个随意的参观者如果没有专业的引导，不可能掌握作品复杂、细微或较有深度的艺术含义。因此，无论是针对团体观众还是个体观众，若能在参观过程中赋予其优质的导览和解说服务，将有助于他们欣赏到博物馆的精华，并更大限度地获取信息和知识，尤其是那些外地（国内和国际）游客，他们可能只有一次机会前来，或是在馆内逗留的时间非常有限，因此不同语言的语音导览和人工讲解服务，将有助于他们掌握更多的展示重点和亮点。

博物馆内（尤其是展厅内）的导览解说方式主要有人工讲解、语音导览和应用智能手机等智能移动应用设备进行导览解说。人工讲解也被称为公开导赏，语音导览则被称为录音导赏。

2. 互动体验

目前，互动展项在展览中的应用越来越普遍，尤其是科学类展览。互动展项可以是高科技的或低科技的，机械的、电动的或是基于计算机的。

（1）机械互动及多媒体互动展项。现代教育理论认为，多重感官的立体感知有利于激发学习者的兴趣，增强其理解力。在这方面，博物馆比起其他学习机构或媒介有着天然的优势。无论是机械互动还是多媒体互动应用，抑或是二者的结合，都致力于充分调动观众的感官，让他们在互动和体验中学习。机械装置展项能够让观众与展览进行触觉上的直接互动，在对观众兴趣的全方位和持续调动中帮助他们实现自助式学习，这正是新型博物馆社会教育所追求的。

多媒体互动展项自诞生以来就很受欢迎。它是利用多媒体技术实现人机交互，通过对视频、音频、动画、图片、文字等媒体加以组合应用，实现普通陈列手段难以做到的，既有纵向深入解剖又有横向关联扩展的动态展览形式，可促进观众多感官和行为的配合，从而使其最大限度地领略展览设计者与教育活动策划者的意图。就多媒体互动展项的应用而言，目前"视频游览"在博物馆展示中越来越风靡。它为观众提供了一场聚焦展览的视听盛宴，尤其是那些他们不方便直接涉足的区域，如陡峭的、多岩石的、不平坦的区域（洞穴、悬崖边、不平的小路等），以及一些需要保护的环境，如遗迹、考古地等。这些区域不利于观众的安全，同时也会影响到文物遗址的保护。虽然应用该技术仍旧无法让观众接触原物，但至少架起了连通的桥梁。同时，较之实地游览，视频游览还能呈现更多、更深层次的内容，观众能看到一系列展览和活动内容。视频游览的优势在于低成本，便于修改程序，还拥有画面优势，同时辅以文字，可在非常庞大的公众群体（通常比博物馆的实际观众数量还要大）内进行文化传播，所以虚拟展览将成为未来博物馆的特质之一，并发挥展示和教育的双重功能。其劣势当然在于观众无法接触实物，这也从侧面反映出藏品和展品的优势，亦是鼓励大家亲自前往博物馆的一大原因。

（2）影剧院。随着文学和电影业的风靡，戏剧和好的故事叙述越来越充满吸引力。今天，博物馆内形形色色的影院和剧场受到了各年龄层次观众的欢迎，如立体/3D影院、4D影院、动感影院、穹幕/天幕影院、球幕影院、全景/全天域影院、巨幕影院（IMAX）等。现在，博物馆的影片或剧目类型多样，举办地也早已突破了影剧院的樊篱。有些是在展厅再现与展览有关的艺术作品或历史事件和人物，有些则是在星象馆上演某位英雄人物探索宇宙的故事，还有的是在儿童博物馆中常见的、由孩童担纲主角的现场非正式演出。伦敦动态影像博物馆是该领域的先锋。它在展厅内使用第一人称表演，即演员穿着戏服扮演角色，并且在与观众的互动中也以此人物自居，同时，在全景场景中还会邀请观众参与。

（3）教育/学习中心、活动中心、工作坊、实验室等。对于孩童和青少年来说，玩游戏是对现实世界规则的模仿，因此游戏在他们的学习过程中占有重要地位，而这些都可以转换到博物馆环境下。目前，许多欧美博物馆通过开辟教育中心/学习中心、活动中心、工作坊、探索室、实验室、教室等，为观众的亲身实践、体验型学习提供场地、设施设备和人员，如配合学校课程开展"第二课堂"教育等。更重要的是，借助这些互动区域能增加馆方与观众交流的机会，帮助后者理解展览，并给予他们当下的生活以启迪。实践证明，能给观众留下深刻印象的展览，往往都在观众参与方面花费了很多心思和精力，尤其是对青少年而言，动手参与是最好的学习方式。

（4）示范表演或演示、讲故事等节目表演。示范表演或演示通常由博物馆社会教育人员担纲表演人或邀请专家，在现场运用各种道具开展示范表演或演示，用以阐释文化、历史、艺术、工艺的风貌与变迁，以及自然现象、科学原理及应用等。他们通过生动的演出或互动性的对话，加深观众的认知，并提升其学习的兴趣。通常，示范表演或演示是科技和自然类博物馆的主要活动，由示范者展示某些技能或某个实验过程，用以阐明与展览相关的知识点或原理。

讲故事等节目的表演包括由博物馆工作人员或特邀的表演家呈现的歌舞表演、讲故事、诗歌朗诵及角色的模仿扮演等节目。讲故事本质上是一种面向普通大众的、口语化的对话形式，因此，它更能吸引新观众。

3. 延伸和拓展服务

当前，"节目与特别活动"成为越来越多博物馆社会教育部门的工作内容，以延伸和拓展其惯常的教育服务。许多大型机构拥有专门的节目策划人员，但在规模较小的博物馆，教育工作者常常要担起这份职责，并与其他员工一起来协调活动。《博物馆教育工作者手册》一书指出，"节目"被广泛地界定为一项活动或是一系列相关活动，向观众呈现信息和供其休闲娱乐，并在特定的时间和地点举办。"特别活动"则被界定为一项大型的、多层面的节目，它通常会囊括几百名或几千名观众，可能还会持续整天或数天之久。教育工作者一方面必须保持机构的核心观众与回访客对其活动感兴趣，另一方面需要继续吸引更多新观众。特别活动帮助强调了"博物馆是动态的、活跃的场所，那儿总有可以体验的新玩意儿"，并且诸如巡游、会议、文化盛典、纪念活动、展览会、博览会等特别活动已经成为博物馆提升参访率的风靡方式。

4. 通用设计与特别观众服务

（1）通用设计。通用设计的运用在西方博物馆界已经成为一项共识，是指设计融入了对所有使用者在所有情况下需求的考虑，最大限度地让所有人使用。毋庸置疑，通用设计对博物馆展览与教育项目的意义重大。但如何保证其设计遵循原则，博物馆如何实现"让所有人都可参与使用"，如何更好地服务残疾人、老年人、携婴观众乃至全社会，是值得博物馆人永远思考的问题。

通用设计有七大原则，具体包括如下内容：公平性，设计能够为所有使用者方便使用；灵活性，设计中融入对使用者不同偏好和能力的考虑；简单直观性，无论使用者经验、知识、语言、注意力如何，设计均可被轻松理解和操作；信息可知性，无论周围环境、使用者感知能力如何，设计都要向使用者有效传达必要的信息；容错性，设计应将危险和由意外或无意操作产生的不利后果降至最低；省力，设计应让使用者在最小耗能的基础上高效、舒适地使用；易达性，大小、空间适宜，无论使用者体型、姿势、移动能力如何，设计都应使他们方便地到达、操纵和使用。

（2）未成年人观众服务。作为藏品的宝库，博物馆提供了具体实在的链接来帮助我们理解自身以及所生存的世界。许多机构还持续丰富了未成年观众手动探索藏品的机会。事实上，教师、家长可以通过勾连熟悉的日常物件以及博物馆中的不常见物件，来缩短孩童的世界与博物馆之间的差距。

（3）嘉宾观众服务。目前，不少博物馆都开始尝试推出特色服务，致力于为观众打造独一无二的馆内体验，并且鼓励社会公众多角度利用博物馆资源。部分特色服务是有偿的。例如，大都会博物馆在不影响参观者的前提下，会提供一些"高端服务"，如宴会、针对捐赠者开放的小型文化讲座等。但是，为了更透明化管理，馆方会在网上公开经营及财务状况，各方的捐赠款也做到了充分公开。除此之外，大英博物馆、东京国立博物馆等机构的官方网站上，也都设立了"捐赠贵宾"栏目。馆方承诺多种贵宾服务，以鼓励各界捐款。除了网上公布外，博物馆前台也会摆放此类"价目表"，推介态度十分积极。

### （二）与研究藏品相关的社会教育活动的开展

对于博物馆而言，"收藏和展示藏品"是其有别于其他文化机构的一大特点，因此，博物馆需要与观众更有效地沟通。为什么这些藏品对我们个人和社会是如此重要？藏品不会自己说话，因此要由人来向观众解答上述问题，而这恰恰是博物馆的工作。其所有成员都需要努力将观众与藏品联结，这是博物馆神圣的职责。

#### 1. 开放库房

越来越多的博物馆开始了（部分地）开放文物库房的大胆尝试，但对象主要还是对该馆发展做出贡献的人，如文物捐献者、会员等。博物馆通过邀请对藏品征集工作贡献力量的各界人士参观库房这一心脏部门，让他们目睹捐赠品如何得到科学妥善的保管（或许他们还会将自己的其他文物拿出来捐献给可信赖的博物馆）。受邀的会员则包括团体会员和高级个人会员，他们是社会公众的代表，也是各博物馆赖以生存和发展的忠实拥趸。对这部分会员进行深度服务，满足其文物欣赏的需求，无疑有着重要意义。但博物馆开放库房，哪怕只是部分地开放，也必须首先保证文物的绝对安全以及博物馆的安全。另外，这项开放活动理应逐步跨越仅仅邀请捐赠人、会员的樊篱，将对象扩展至更多有研究、教学需求的公众，促使他们广泛和深度利用馆内资源，让定时开放文物库房逐步成为各机构一种亲民的、人性化以及务实的教育举措。

2. 开设和开放图书馆

图书馆是博物馆社会教育服务的一个重要载体。随着资讯科技的进步，许多博物馆现已尝试开设网上多媒体图书馆，让公众足不出户也可查询资料。如维莱特的巴黎科学与工业城的多媒体图书馆，收藏有80多万本科技书籍，全数字化建档并提供视频设备。大都会艺术博物馆保存有各种图书、期刊、图片、手稿及其他极有学术价值的资料，它们主要以印刷出版物和电子出版物两种形式出现。为了方便利用，馆方根据类别和不同的利用价值与层面，将这些资料划分到几个不同的图书馆中，如专门的学术期刊馆、图片和幻灯片馆等。

3. 开设和开放研究中心、独立研究室、教师资源中心等

曾担任国际博物馆协会亚洲主席的日本著名博物馆学家鹤田总一郎先生在进行长期的观众研究后发现，大部分观众来馆是为了游览和消遣，但也有一小部分是专业观众，他们是对博物馆有着特殊兴趣的人，期待了解更多，并利用馆内的有关资源。为了满足这部分观众的特别需要，博物馆有责任开放库房、图书资料室、研究中心、教师资源中心等。

独立研究室相当于一种开放式研究空间，让有需求的教师、学生或专业人士拥有专门的空间及设施设备，利用馆内的文物标本等资源进行研究。而教师资源中心则通常备有图书、复制品、光盘以及其他教学装置，这对鼓励由教师担任导览员的博物馆而言，是不可或缺的。

以大都会艺术博物馆为例，其丰富的教育资源同样体现在它所拥有的图书馆和研究中心上。馆内设有几个特别的研究中心，保存或陈列着各种图像、文献和实物资料以备学者研究之用。事实上，美国博物馆整理藏品档案拥有非常严格而统一的规范。每一件藏品都附带相关来源、专家鉴定意见以及针对该藏品研究的基本论文索引资料，故研究者使用起来极为方便。同时，除了直接前来实地查找资料，观众亦可通过网上服务获得信息，大大提高了工作效率。

另外，克利夫兰艺术博物馆的"教师资源中心"向数千名注册成员提供24种不同专题的幻灯片教材。每年9月至次年6月的周二到周五还设有各种培训、进修活动，定期参加培训班的人可获得大学承认的硕士课程学分。

4. 经营数字化档案、图片、幻灯片等

图片是除藏品本身以外博物馆最重要的关于藏品的信息载体。因此，博物馆往往成为有关出版机构、研究机构、媒体、广告公司等所需专业图片的重

要来源。英国的博物馆都设有藏品资料图片库，许多已进行数字化处理，观众只需将需要的图片和有关要求告诉博物馆的图片馆，并支付相关费用，就可得到照片、底片或数码图片，也可支付相关费用取得图片的使用许可。随着近年来网络的发展，顾客还可直接通过互联网浏览博物馆的相关网站，挑选所需图片，并在网上订购获得数码图片。此外，观众同样可以在馆内利用电脑和多媒体查询系统等挑选所需图片，支付有关费用后得到现场打印的版本。

数字化档案不仅能够给观众带来好处，而且有益于博物馆内部发展。完善的数字化档案可以减轻馆内员工的工作量、节省空间并有利于为后代保存藏品。比如，博物馆数字化声音档案的存在，更加便于档案的保存和分类，工作人员再也无须寻找磁带或胶卷，而且这些档案能轻松转化为方便用户使用的音频格式。同时，博物馆还可利用数字化档案把那些脆弱的、不方便展出的藏品，以在线展览的形式提供给观众，如纸质的战争协议《慕尼黑协议》（纸质藏品对空气湿度、光度和温度要求都比较高）。博物馆将这些纸质藏品数字化以后，很多观众就可任意放大在线藏品，自由欣赏，但如果是在展柜里，则很难实现这种效果。此外，在线展览尤其为那些小型及偏远地区的博物馆提供了无限可能。有了在线展览，这些机构可以把藏品推广到全球观众的眼前，这既让藏品"走向"观众，又能够节省博物馆的财政支出。

### （三）公共服务的提供

#### 1.问询与接待服务

问询处的作用和设置不容小觑，在某种程度上，它如同博物馆的门户，是观众进入馆内的必要停留区域，通过材料的索取和问询可使接下来的参观与活动更为顺畅高效。另外，担任接待工作的馆员也须受过客服训练，并有乐于与公众接触的性格，因为他们的绝大部分时间都要用于关注观众及其需求上。

例如，观众对展览或服务等产生问题，为了帮助他们，尤其是那些零散观众，博物馆宜搭建咨询台。若条件允许，不妨按区域或楼层设置。一般规模较大的博物馆，都在总问询处之外，设有一些分咨询台。有了咨询台，观众对博物馆有什么信息、知识或生活方面的需求，就有了排忧解难的去处。此外，咨询台工作人员还可收集观众对博物馆硬件和软件方面的反馈，增进馆方与观众的沟通交流，提高博物馆工作的社会效益。

#### 2.购物服务：纪念品商店

大都会艺术博物馆是世界上开发衍生品最成功的机构之一，商店遍布许多国家。其衍生品皆以自己的藏品为基础进行再设计，既是工艺品又是实用品，每年的销售利润非常大，又反过来支持了博物馆的建设。文化往往能通过商品得到广泛而有效的传播，而在消费时代，商品的文化传播能力更是大为增强。博物馆文化产品具有这样的属性，包含强烈的文化传播趋向。事实上，兼具文化内涵和经济价值的博物馆文化衍生品的开发、运营，是西方发达国家博物馆延伸教育功能、丰富参观者学习体验的重要手段，也是各馆创收并贴近民众、扩大社会影响力的一个途径。

纪念品商店是博物馆文化产业开发的重要一环。商店运作较为成功的机构，大都将产品开发纳入展览的策划进程。一个成功的纪念品商店，理应是博物馆的最后一个展厅。观众看完展览，常常会对某件展品产生兴趣，如果有与之配套的文化产品，就可以将兴趣转化为消费。

（1）工艺品。博物馆纪念品商店内最多的是基于藏品、展览和研究开发的工艺品，如首饰、邮票、公仔、摆设、模型等，也有广受青少年及家庭喜爱的、物美价廉的实用品，如海报、杯子、明信片、T恤、文具等。

（2）出版物。针对不同观众，博物馆出版物的规划设计通常也各异。若读者为孩童及青少年，内容就必须易于理解，有娱乐性，并且包含漫画、图片等；若是年龄较长、教育程度较高的读者，则欣赏信息更为丰富的作品，内容包括研究人员及馆外专家深入的研究成果。例如，卢浮宫出版推出的介绍新展览的书籍就有成年版和少年版两个版本，少年版的文字简洁明了，有许多启发式提问，封面上还画着一个顽皮的男童。大都会艺术博物馆开发了许多出版物，一些针对不同年龄段的少年儿童读物令人喜爱，仅凭其装帧设计，就不难判断小读者的年龄、性别甚至性格偏向。读物内容主要有画廊导览和作品猎奇，编辑的基本思路大体是将馆藏艺术珍品分门别类地串连到一些有趣的艺术和历史故事中，并且书中提供的都是馆藏的真实形象材料。

（3）影视与音像制品。影视与音像制品也早已被纳入博物馆文化产品开发的队列。纪录片、简短的录像带以及电影制作有时是为了一些特殊展览和相关事项的永久保存需要，但有心的博物馆工作者总是有意识地将这些与观众教育的长远目标结合在一起。大都会艺术博物馆的尤里斯中心礼堂每周都会安排几次免费放映，而尤里斯图书馆和博物馆商店也常备有这些影片供观众租借或购买。该馆举办的特别讲座、研讨会、教师培训工作坊的录像资料，也被用来拓宽观众对社会事件的见闻和理解，提升他们对这些事件做出积极反应的能力。近年来，随着资讯科技的进步，许多博物馆都在发展展览或馆藏书籍的多媒体光盘系统。如此一来，不能到馆的公众，亦可在家观赏特展片或馆藏片。

3. 餐饮服务

博物馆通常都非常关心如何吸引观众前来参观展览、参与教育活动，殊不知为他们提供良好的餐饮服务也是传播教育的好时机，亦可增强博物馆的综合魅力。研究表明，大部分观众都将参观博物馆作为节假日闲暇时的文化活动，并且往往愿意选择那些提供良好餐饮服务的机构。比如，大都会艺术博物馆开设自助餐厅、酒吧、咖啡厅、公共大餐厅、董事餐厅等餐饮设施，满足多样化观众的多层次需求。荷兰国家博物馆的餐厅还供应荷兰风味的食物与饮料，包括咖啡和曲奇饼。事实上，国际上许多博物馆都从实践中体会到餐饮服务可以起到延伸展览空间、辅助教育活动的作用，并且大大提高观众的满意度以及博物馆的社会效益和经济效益。

## 二、参观后阶段博物馆社会教育活动的策划实施

长期以来，我国博物馆界都认为，博物馆社会教育活动就是观众参观展览、参与其举办的活动，随着他们踏出馆门，活动自然而然就结束了。事实上，这种观念比较落后，也因此影响了我国许多博物馆教育效能的发挥。按照国际上博物馆事业发达国家的理念和做法，观众离开博物馆后，并不等于教育活动的终结，确切地说，只是馆内活动暂告一段落。从某种程度上说，它意味着又一阶段的教育项目的开始。参观后阶段的重要性还在于其教育活动的成效将影响到观众新一轮的博物馆之行。

### （一）发展网络联动

相比较而言，参观后阶段博物馆网站和智能移动应用的功能发挥，除了继续提供观众信息和资讯浏览、在线资源与在线互动体验等外，更重要的是，它们还可与实际观众保持联动。

一方面，博物馆能够在线满足实际观众的信息化需求，如将他们感兴趣的展览、展品等信息通过电子邮件发送过去，或由工作人员在线回答他们的疑难问题，或是定期发送电子刊物等。此外，博物馆还可通过构建社交媒体平台供观众发表观点、结交朋友。观众参观后，可登录此平台，分享心得，发表评论，而博物馆方面，亦可收集梳理观众的意见和建议，同时将这些作为评估教育活动的重要依据。

另一方面，博物馆"在线会议"，也即"虚拟会议"的推出，也迎合了部分观众进一步了解信息与知识的需求，并解决了时间和空间问题。更重要的是，它通过科技手段，架起了观众与馆方专家、学家之间直接沟通交流的桥

梁。它其实与我们经历过的专业会议类似，只不过这次不管你身处何方都可参加，且无需注册费，对任何人开放。

### （二）发展会员与志愿者

将公众吸引到博物馆来，这还只是公众参与博物馆的第一步。会员与志愿者义工制度让博物馆与公众之间建立起更密切、更稳定的关系。当民众从观众上升到会员或志愿者时，他们对博物馆来说就成为一个可以联系和追踪的群体，他们对机构的支持就可以被引导和量化。

博物馆会员与志愿者看似是两个不同的团体，但其实有许多共通点。前者致力于支持和赞助博物馆，需要交纳一定的会费并享受馆方提供的一些特殊待遇；后者侧重于在业余时间为博物馆提供义务服务，其成员一般都是热爱博物馆、经常出入的忠实观众，并在工作中支持和协助馆方的各项活动，是各馆依托的重要后盾。

### （三）提供职业发展机会

欧美博物馆中的一些大型馆和大学所属馆常常提供多种奖学金、研究补助金等职业发展机会，时间上则有长期和短期之分。诸如研究学者、研究学员项目，主要针对一些学有所成的研究者，还有鼓励学生到馆实习的项目。其中不少都由专门的基金会赞助设立，如盖蒂艺术基金会。一般来说，这些职业发展项目都由研究型博物馆主办或承担。所谓研究型博物馆，是指那些长期拥有众多专职或兼职研究人员、研究课题/任务和研究目的的较大型的馆。它们历史较长，有自己的学术传统，资金也较雄厚，附设了一个或多个基金会，并集中了一批专家学者，或作为大学的一部分，或与大学、研究机构有着密切合作，是某一领域或若干领域的学术和信息中心。此外，也有类似美国史密森博物学院、澳大利亚维多利亚博物馆群、纽约古根海姆艺术博物馆联盟之类的，不是单一博物馆而是博物馆联合体的情况。以史密森博物学院为例，其目标定位之一就是卓著的职业培训地，并且在某些科学领域，它已经是全美研究人员职业培训的引领者。研究型博物馆为研究者特别是青年学生提供了多种研究项目（包括合作研究和独立研究等不同名目）和学者项目，研究课题通常与该馆藏品有关，或是利用馆藏、环境、实验室、研究室条件进行研究等。

### （四）发展与学校等教育系统的联动

博物馆针对各教育系统，尤其是学校，理应与其保持定期联动，积极主动地提供素材与服务，并发挥自己的非正规教育特色，发挥辅助学校正规教育的功能。

1. 到校服务与驻校服务

博物馆可以主动到学校开展服务。比如，博物馆社会教育人员走进课堂，为学生开展与学校课程相关的介绍活动；或应教师要求，展示和讲解藏品模型或图片；或介绍可留借给学生使用的"博物馆百宝箱"；或特殊装扮后以某历史人物的身份表演或讲演等。展示内容可以独立于博物馆正在展出的展览，也可以作为博物馆体验的一部分。一些机构为了向很少到馆参观的高中生提供服务，将展览主动送到学校巡回展示，获得了热烈支持。一方面，这使得不便到馆的学校团体也能分享其教育资源；另一方面，通过服务的机会，学校对博物馆有更深入的了解，进而加强今后参观的意愿。

博物馆在提供到校服务与驻校服务时，在课堂展示项目方面应注意以下几点：（1）针对特定人群进行设计，在确立主题等方面征求教师的意见；（2）清晰说明项目与各领域学术标准及学校课程大纲的相关性；（3）周密计划，在遵守学校安排的基础上，最大化利用课堂时间；（4）准备藏品复制品、放大图片、服饰等材料；（5）设计有助于学生自主探索、创造性思考及知识应用的教学活动；（6）提前向教师提供展示内容大纲、课前准备及课后延伸学习建议、深入学习资源列表等；（7）所设计的项目能根据学生人数灵活调整；（8）对课堂展示项目进行评估。

2. 外借教具

博物馆总期望为尽可能多的学校提供服务，但长期存在的问题是，学生并不都能随时随地参观博物馆。即便是在经济繁荣时期，若乘车超过一小时，学校也不太可能经常安排学生赴博物馆参观。为了解决这一问题，博物馆的教育人员提出了"盒子里的博物馆"概念并已践行多年。"盒子里的博物馆"其实是一种外借教具的租借服务，它是馆外延伸活动的一种，具体指利用原始材料工具包或小型教学箱，完成教育性的展示，仿佛"移动博物馆"或"博物馆大篷车"的缩小版本。许多博物馆的租借服务还包括向学校及其他使用者提供运输藏品服务。

文物资料等的外借和出租，服务对象主要是大、中、小学校，科研机构或相关博物馆。它们是利用博物馆最多的群体，往往希望向馆方借一些教具，包括复制品、幻灯片、录像资料、藏品，用于教学、科研、教育等方面。博物馆提供教具等资源出租，作为各年级、各课程的补充，不仅吸引了学校多加利用博物馆，同时经由出租还可增加馆方收入，更重要的是，这是机构延展教育覆盖面和影响力、提高社会效益的积极举措。

博物馆在可租借工具箱的设计方面需要注意以下几点：（1）简明表述目的；（2）清晰说明项目与各领域学术标准及学校课程大纲的相关性；（3）清晰说明博物馆提供的工具箱内每个物件对丰富知识、提高技能的价值；（4）附带工具箱使用说明书及使用时间、适用人数、重点关注等方面的建议；（5）工具箱内的复制品、图片等材料应结实耐用，适宜动手操作；（6）设计可提升学生创造力和应用能力的学习活动；（7）为教师提供延伸学习资源表；（8）制作供外借和归还时使用的工具箱内容清单；（9）工具箱（容器）应结实耐用，易于运输，且不会对内部物件产生污染。

3. 开发远程教育

随着无线技术的成熟及设备便携性的提高，博物馆只需使用网络摄像头、麦克风、网络会议软件，便可对电脑教室的学生开展形式丰富的远程展示。另外，这些网络平台还具备无限的互动功能，使用者可在线分享文本和视频资料，提问交流，或在项目策划人的引导下进入某个特定网站。通过这种非传统的教育方式，可以填补学校教育的空白，对学生的学习产生积极的影响。

博物馆在远程学习项目的开发方面应注意以下几点：（1）在设计中纳入目标观众的意见；（2）清晰说明项目与各领域学术标准及学校课程大纲的相关性；（3）对用户设备需求和项目有效性进行宣传推广；（4）内容趣味性强，可使用馆藏中较为奇特的藏品；（5）打破常规，开展互动；（6）甄选有活力的项目领导者；（7）与教师交流，了解他们的期待；（8）向教师提供相关材料，包括在线课程课前和课后安排的建议；（9）对远程学习项目进行评估。

（五）举办巡回展览

博物馆携带展品举办巡回展览，一方面让未能前往的机构或位居偏远地区的公众分享到其教育资源，另一方面突破了地域局限，借此在更大范围内彰显自身的展示、研究等方面的综合实力。

（六）开展社区活动

许多博物馆经常与社会公益性团体合作，联合或独立开展各种公益文化活动，并提供民众集体学习的机会等。这一方面是博物馆对社区及全社会的回馈，另一方面也通过这些服务，争取民众的认同与支持。

（七）评估教育活动

教育活动评估是一项重要的管理任务，对下一次的项目决策很有参观价值。目前，教育活动和项目的评估已获得了越来越多博物馆的重视，但如何达到长期、科学、有效的评估，并且如何跳出本馆的边界，与其他机构分享评估结果，并采撷他馆的评估成果，实为一大挑战。

# 第四节　新媒体在博物馆社会教育中的应用

## 一、新媒体技术在博物馆社会教育中的应用分析

### （一）应用优势

客观而言，作为"展示、传播人类物质与非物质文化遗产"的非正式教育机构的博物馆，给参观者留下的古董仓库的印象并没有真正改变。相当数量的国内博物馆仍然维持着传统的器物定位形式，把展品陈列在展柜中，配上基础标签便结束了教育的任务。虽然无数"高级别"的"精品"藏品摆在面前，但藏品的价值很难真正被了解，对于大多数参观者而言，不过是到此一游而已。正当传统的展示手段难以满足博物馆社会教育的需求时，新媒体技术的迅速发展，在塑造与传播大众文化的过程中发挥了重要的作用。许多新媒体技术已被引入博物馆展示设计中，并成为博物馆的展示语言之一，使现代博物馆的教育模式发生了突破性的变化。新媒体技术应用于博物馆社会教育的优势主要表现如下。

1.展示效果丰富，增强参观者的认知度

博物馆很多展览由于藏品及其历史材料相对有限，就算主题别出心裁、立意高，仍旧碍于传统展示方式的局限性，无法表现藏品背后的精彩故事。参观者来博物馆，最想看到的是珍贵的文物原型，尤其是对于一些镇馆之宝，常常会慕名而来。参观者在观赏展品的同时，更愿意了解展品本身的历史流传历程、实用功能、艺术价值等深层次的附加信息，而这些信息往往基于但不局限于展品本身，是仅凭静态藏品、文字、图片等传统展示方式难以表现的，但却是参观者所关心和希望了解的。那些早就遭到自然或者人为毁坏的历史遗迹、文化景观，使用常规方法难以做到场景的再现。博物馆引入新媒体技术，为解决以上问题提供了可能。新媒体技术通过功能演示、虚拟场景、动态交互等现代新兴技术手段，扩展了藏品本体的展示空间和时间，阐释了藏品丰富的深层次内涵，让展品更直观，展览主题更加完善丰富，参观者更有可能接收展品信息。新媒体技术不但使公众参观时间延长，而且在提高公众对展品认识与提升

兴趣层面有显著优势。

2. 满足不同参观群体多样化的信息需求

博物馆的教育环境是非强制性的，博物馆学习是一种自由选择的学习，因此参观者在博物馆中的行为有着很强的自主性。博物馆参观者层次千差万别，体现着多层次、多方面、多样性的信息需求，但传统展示的展品，多以配简单说明牌、图片的形式面向公众。在这种单一展览方式下，信息传递缺乏针对性，博物馆很难针对参观者的不同审美兴趣和知识需求进行区别展示。随着新媒体技术的引入，参观者可以利用自己的移动设备查询自己想要了解的藏品信息，还可以通过展区内的一些电子触摸屏，了解自己感兴趣的内容。例如，纽约犹太博物馆在每个展厅前安装了多媒体装置，该设备会自动向进入展厅的参观者介绍该展厅的展出内容和特色，参观者可以依据各自喜好和参观的不同需求，自由选择参观内容。借助新媒体技术，参观者可自主参观，选择需要了解的展品深入了解，进而提高参观学习的效率。新媒体技术本身的多样性及其信息承载的丰富性，在迎合现代参观者的个性化需求上具有明显的优势，激发了参观者参与的积极性。

3. 创造成功博物馆体验的有效手段

美国博物馆学者曾经做过博物馆参观者方面的详细研究，他们发现虽然参观者是因为各种各样的原因来到博物馆，但是娱乐和享受是最初的激发因子，参观者访问博物馆是一种闲暇行为。参观者希望能在参观中受益，学习一些东西，但是也更希望这种参观能给他们带来享受。可见，博物馆的教育方式是寓教于乐的。博物馆传统展示中，很少关注参观者行为和心理上的需求，以往枯燥的、单向输入的展览方式早已不符合现代人审美的需要。新媒体技术则使博物馆展览形式越发鲜活、新颖。亲自操作新媒体设备时得到的乐趣、虚拟场景给予的感官体验，都为参观者创造了以往静态展品观赏所无法提供的奇妙体验。只有当参观者的兴趣被展出内容激发时，通过情感上的积极投入，才会由"被动"转向"主动"，去做相关的了解和研究，从而在参与博物馆设计的活动中实现知识的获取和意识形态的积极重建。新媒体技术展示能充分满足参观者好奇的心理与探究的求知欲，使其良好的体验感倍增，在舒适、互动的环境中潜移默化地接受博物馆社会教育。

总之，新媒体技术所孕育的新的博物馆展示方式，迎合了如今博物馆受众的参观学习模式，它摆脱了传统展示方式对展览内容、展示空间、公众参观活动的束缚，增强了展示效果，传达出更丰富、更深层次的信息，通过激发参观者学习兴趣、增强与其互动，使参观者深入其中并能有所启发，开启了当代博物馆展示的新时代。

### （二）功能性分类和作用

新媒体技术在博物馆展示中有多种表现形式，有出于对技术考虑的划分标准，也有较为成熟的个体举例，但并不能清晰地反映新媒体技术融合博物馆社会教育的整体情况。新媒体技术应用的关键在于技术形成的展示观念和内容表达能否满足博物馆社会教育的需求。根据参观者行为与展示效果，总结出博物馆展示中新媒体技术的三大功能性分类：数字化平面展示、沉浸式虚拟展示和体验型互动展示。下面从这三种类型来讨论新媒体技术融合博物馆社会教育的特点、功能和作用。

1. 数字化平面展示

博物馆中新媒体技术的应用最先体现在数据库的建设上，主要涉及展品信息的查询、展示与管理还有互联网的虚拟展示。展品信息整合始于20世纪90年代早期的法国等欧洲国家。大型的艺术类博物馆和国家博物馆在藏品数字化方面处于领先地位，国家珍贵历史文化见证物利用光盘、服务器等电子媒介被保留下来。现在各国已基本完成大部分藏品的数据库建设，因此各国博物馆对于数字化建设的侧重点从数字化藏品档案建设向怎样实施这类数字化文化资源的展示教育转移。例如，PDA这类数字化便携导览系统、藏品展示和查询设备在藏品数字化基础上应运而生。这种展品数字化整合了管理、展示和查询，使博物馆能够给予公众更多的学习和研究机会。此外，计算机语言具有易于修改存储数据的特点，能够及时更新藏品信息，全球普及、实时更新的互联网则打破了时空限制，为博物馆传播和展示文化搭建了广阔的平台。目前最普遍的数字化平台是基于平板电脑与智能手机等的移动应用平台。

手机已成为公众生活必不可少的一部分，公众已经习惯随时随地用手机进行信息交流，在展厅内频繁使用手机拍照、分享图片已经成为参观者的常态。大多数博物馆正在利用这一趋势，创建迎合现代参观者行为习惯的移动应用。博物馆中，移动应用平台主要用于以下两个方面。

（1）作为博物馆展示的延伸平台，拓展参观者获取信息渠道。移动终端的知识服务能够对博物馆阐释和教育进行补充，使博物馆展示有了延伸的平台。博物馆通过开发应用程序，向参观者提供文字、音频、视频、动画各类丰富的教育资源来加深参观者对藏品的理解，博物馆展示有了更大的覆盖面。博物馆使用二维码技术，让铺天盖地的知识灌输转变为让参观者主动去获取他们认为有价值的信息。参观者可扫描博物馆提供的二维码，查询自己感兴趣的展品及相关背景知识，并通过网站链接获得其他期望的信息，对年代、材质、文史知识、技法技艺等相关知识做进一步了解，比较年代、材质相仿的展品，或了解其余与之有联系的未展出的藏品。二维码技术提供了这样一种自主参展的途径，一次按键即能让展品的全面资讯直接呈现在参观者眼前。

（2）作为博物馆展区的导览终端，提供个性化教育。移动终端的普及凸显了定位服务的实用性与必要性。通过展厅内的无线网络及博物馆开发的导览应用，智能手机可以帮助公众了解自己在博物馆中的当前位置并被告知整个博物馆的游览路线。同时通过博物馆的定位技术，当识别到参观者处于某个展品附近时，博物馆会向参观者主动推送关于该展品的语音、图片、视频等相关介绍。例如，芝加哥艺术博物馆实施了全面的内部改建，主动为参观者提供室内定位，使参观者在 915 米半径范围内可以被准确定位，并推出了一款名为"芝加哥艺术博物馆之旅"的应用。该应用是一款基于室内定位技术的免费应用，应用中提供了 50 个各有特色的博物馆导览线路和超过 300 件博物馆藏品的信息，继而借助相关的数字化内容向参观者介绍其附近被选中的艺术品，参观者可以根据自己的兴趣选择相应的导览线路。可以说，基于定位服务的博物馆移动应用能为参观者带来更加别致和深入的参观体验，这一技术能使参观者在博物馆获得更个性化的教育服务，让参观者可以更自由地安排时间和线路，选择自身感兴趣的内容进行深入的探究和学习。上海自然博物馆在微信平台上更是设计出"专家来了"互动分享板块，公众可以将在参观展览中产生的疑问或自己看到却不了解的动植物照片，通过微信平台上传，主动向馆方提出问题，由馆方的专家或工作人员回答，还能够同其他参观者进行交流。这样一来，不但增加了展品信息内容，还使原本消极被动的参观者变得更加积极主动。

当然，移动应用的潜在功能将不断得到发展，移动游戏将变为推动博物馆学习与体验的一种形式。参观者通过博物馆展厅中陈设的触摸屏等进行互动游戏，难免会发生争抢的局面，尤其是当参观的青少年较多时，这时微信互动游戏功能便能够起到作用。在微信上设计与展品互动的小游戏，不但可以吸引年轻人互动，同时也会激发成人的兴趣。

总之，数字化平台为博物馆和参观者之间的紧密联系提供了一个重要机会，尤其是博物馆在自带设备风靡的时候提供相应的服务，使博物馆与参观者构成了一对一的联系，满足了参观者的多元化需求，更好地服务以往被忽略的人群，同时也让博物馆的知识更具关联性，使信息不再孤立，而且相互有了联系。此外，在实践探索学习过程中，数字化平台提供了有利的工具，也进一步增强了博物馆自身的影响力，真正实现了其教育功能。

2. 沉浸式虚拟展示

新媒体技术不断升级，产生了各种展示手段。其中，虚拟现实（VR）技术集成了计算机图形学、人机交互技术、传感技术和人工智能合成三维虚拟环境。参观者能够通过倾听、观看、触摸等感受"身临其境"，同时进行实时交互。博物馆引入这种虚拟现实技术便体现为沉浸式虚拟展示。目前，虚拟现实技术在博物馆展示中的主要应用形式如下。

（1）幻影成像技术。幻影成像也称虚拟成像，是一种利用光学反射原理，将所拍摄的影像视频投影到立体模型景观中进行展示的技术。在博物馆中，幻影成像技术多用于固定实景造型融合动态人物幻影的场景展示。模型实景同虚拟动态画面融合，演绎故事情节与情景场面，营造亦幻亦真的视听效果。它适用于大场景的展示。一些发达国家早在 20 世纪 90 年代就已经在博物馆运用幻影成像技术。

我国现在也有不少博物馆、纪念馆运用幻影成像技术进行展览展示。比如，西安汉阳陵博物馆利用幻影成像技术，切换多个实物场景并搭配影像声效，呈现出汉景帝时文武百官上朝的情景，非常形象。众所周知，藏品本身只是一个具体的物质形态，参观者是在了解藏品信息的基础上认识藏品的。藏品有着多层面的信息，藏品不会自己说话，这就要求博物馆把藏品的信息传递出来。对于来博物馆参观的绝大多数人来说，在获取了藏品的外观、大小、材质等直观性物质信息之后，最感兴趣的是藏品背后的故事以及其他相关的妙闻趣事和文物信息。博物馆传统展示方式只可以对单一时间节点上的静态内容进行呈现，而对于藏品应用的方法、制造的过程、演变的轨迹以及发展背景等功能信息的传递就有些力不从心，很难准确生动地展示。比如，对藏品工艺流程的展示，缺乏相关背景知识的普通参观者很难通过图示或模型的展示去理解复杂工艺的实际过程，而且单调枯燥的图文解说往往令参观者索然无味；在诸如战争等历史事件的表达上，采用军事地图、战场雕塑、沙盘等传统展示无法反映战争的动态过程，然而博物馆运用幻影成像技术，用通俗性、故事性、趣味性的手法，通过对藏品的解构、分析，构筑另一个"时空"来展现藏品背后的故事，使陈列其中的藏品更富有启示力。虚实结合、动静有致的幻影成像具有生动直观的特点，通过有声有色的场景再现，将参观者带入特定历史景象和活动中，使其了解展品的实际应用状态以及与其他事物的关联，从而对展品有更深入的了解。

当博物馆想要展示某一历史事件或者过程、解释一个科学原理以及演示一套操作流程时，可以运用幻影成像技术。除此之外，幻影成像技术也可以用于传统纺染织绣工艺、铜器铸造术、活字印刷术这类非物质文化遗产的呈现。但由于幻影成像属于单面展示技术，藏品的各个侧面没有办法全方位地予以展现，参观者若想完整观赏展示内容，必须在特定的角度范围，所以实物藏品的展示不适用该技术。

（2）巨幕投影技术。巨幕投影技术就是利用多个投影系统组合而成的多通道显示系统，比一般的标准投影系统具有更大的显示尺寸、更广的视野、更高的显示分辨率、更多的呈现内容和更具沉浸感与冲击力的视觉效果。对于投影画面拼接中出现的画面内容与投影光线的重叠部分，采用边缘融合技术，消除光线重合部分的多余亮度，调节不同投影机之间的颜色差异，保证整幅画面上无任何接缝，亮度及色彩均匀一致[①]。根据反射表面的差别，投影可分为平面投影、弧幕投影、穹幕投影、地幕投影等。

书画等有机质文物，相较于其他藏品更易受到损害，出于文物保护，需要定期轮换，传统展览往往无法对其进行长期展示，即使在展出期间也必须置于展柜微环境内严格控制。而对于一些受到展厅空间限制的大体量书画展品，展出时只能部分展开，难以实现书画的全貌呈现。受此种种限制，参观者要么无法看到或看不全藏品本身，要么在无法近距离观察展品的环境中进行参观，极度影响了参观的质量。平面、弧幕等巨幕投影技术则弥补了传统展示方法的短板，不仅可以长期展示数字书画藏品，展示整卷书画，还可以对细节进行放大，使人、物、景动起来，给参观者营造身临其境的氛围。此外，在环绕立体声辅助下，如此欣赏书画，还可以减轻参观者在参观中的疲劳感。

穹幕投影将接近半球面的穹顶当作投影面进行投影，能够完全覆盖参观者的视角范围，让参观者仿佛身临其境一般，特别适合展示与宇宙、天文及天象相关的科普教育等内容；地幕投影是将影像直接投射到地面，比较适合展示室内外各种环境效果，如草坪、雪地、海洋、水池等，还可以结合影像侦测与参观者的位置和运动来互动，多重的趣味性和体验感令参观者记忆深刻。

巨幕投影是一种雅俗共赏、老少皆宜的技术手段。随着时代的发展，对于已经习惯视听活动的参观者，单一的传统展示方式已经不能满足他们的观赏需求，而巨幕投影技术使原本较为单调、枯燥的展览形式更加生动、鲜活，为展览注入了活力，增强了震撼力和感染力，为参观者带来极强的沉浸感、体验感，从而提升了参观者的观看意愿和接纳度，让参观者在面对藏品时有了更直接、更深层次的情感文化体验。

---

① 马玉静.试谈博物馆陈列展览中的数字媒体技术[J].中国博物馆，2015（4）：89-95.

（3）360° 全息成像技术。360° 全息成像技术是利用光的衍射原理，在柜体实景中再现物体真实的三维图像的技术。其特点是参观者不使用任何辅助设备，即可看到悬浮在展柜内立体的影像，形成直观的感受。立体影像可以是静止的，也可以是动态的。博物馆传统展示方式很难呈现展品全貌，参观者通常只看得到展品的一个视觉平面，即便置于中心柜展示，也只有正方向的平面观察角度，上下以及一些斜方向角度的观察都非常困难。采用 360° 全息成像技术，除了增强参观者的体验感，给人以视觉上的冲击，更重要的是三维物体可以旋转展示实物的各个侧面，显示平时看不到的部分，让参观者全方位、多角度地观察展品。文物、珠宝、汽车的展览展示多使用该技术。

相较于幻影成像，360° 全息成像技术更适合单件（套）藏品的呈现。例如，应用于瓷器、佛造像等多面立体的文物藏品展示，不仅可以展示器物的各个侧面，还能够放大呈现底部、肩部的款识和工艺。古建筑的斗拱结构也适合利用此技术进行展示，可先分别制作斗拱构件的三维模型，再将组装搭建过程拍摄为动画影像，并投影在展柜中，使斗拱的构造及其蕴含的力学原理一目了然。此外，360° 全息成像技术还可用于古代服饰的展示，尤其是一些材料珍贵、对保存环境要求苛刻、不宜长时间展出的丝织衣物。过去，博物馆通常把古代服饰平铺或挂在展柜中，参观者只能看到服饰的正面，很难想象穿上后的效果。倘若将其制成三维全息影像，便可以进行全方位的展示，凸显其剪裁的立体感，甚至可以对服饰穿戴的步骤进行演示。

3.体验型互动展示

公众的博物馆体验行为包括审美、教育、实践、娱乐等需求，而纯粹的审美或知识获取已经很难满足公众对博物馆体验的需求，因此博物馆开始设置互动项目。它们是运用听觉、视觉、触觉等各类媒体设计出来的，公众从中获取知识、习得技能、感受快乐。在这里，参观者拥有双重身份——信息接收者和操作者。新媒体技术如何构建出一种使公众主动介入博物馆的信息解读中的参与和操作模式是关键。目前已知的体验互动方式主要通过各种交互设备实现。

体验型互动展示项目用于博物馆，可以营造各种互动效果。参观者可以通过互动建立一种以探究为基础的学习模式，选择所感兴趣的信息，主动思考，去发现、去感受无法直接触碰的艺术品、自然界和历史，也可以通过游戏寓教于乐，激发参观者的想象力与好奇心，深化其对藏品的认识。它改变了博物馆传统呈现藏品的展示方式，使参观者不再仅仅盯着展品，看那些不尽翔实的解释说明，而是可以通过一系列简单的操作，启发参观者探索这些展品的信息，发现展览有哪些部分是相互联系的，构建与参观者直接的互动关系，开创互动新模式，强化参观体验，使参观者主动获取各种信息，潜移默化地接受教育。

## 二、新媒体技术在博物馆社会教育中的应用策略

在博物馆这一特定的领域，信息是指博物馆展品包含的信息以及博物馆工作人员与相关学科掌握的信息。博物馆基于真实的藏品，主要经由藏品来传递博物馆希望参观者掌握的信息，参观者则以感官为基本学习手段获得各类信息，这正是博物馆社会教育的优势所在。单单利用实物展示，博物馆的传统教育模式显现出很多局限，然而，新媒体技术的应用弥补了这一局限，对博物馆社会教育起到良好的补充作用。不过博物馆社会教育依旧需要采用以实物展示为主，并辅之以新媒体技术应用的方式。新媒体技术融合博物馆社会教育并不是万能的，它的选择与应用同样需要针对性的策略。

### （一）资源分析与目标定位

新媒体技术在博物馆展示中的使用通常贯穿整个展览，这意味着新媒体技术和博物馆社会教育的融合需要掌握整个展览的内容，而不是简单地为新媒体技术编写脚本。博物馆的首要工作，即第一个步骤是明确目标定位。在选择新媒体技术时，博物馆应该不断思考谁是展览的组织者、展览现场在哪里、展览的目标群体是谁、展览预算多少钱等，这些因素的结合将明确方向，并使设计者对展览的目标有初步的想法和判断。例如，建在武林码头的浙江省博物馆旨在让更多的杭州人和游客了解浙江的发展历史，让参观者与在这片土地上创造出来的灿烂文化产生共鸣，也就是说，这个展览定位是历史类主题，以历史信息为主要载体。因此，本次展览必须明确界定每个展示单位在"浙江省历史的发展脉络"内容中扮演何种角色，具有怎样的重要性，彼此之间的关联以及希望传达给参观者的传播目的是什么。

此外，博物馆学习通常有三种类型：认知、技能与情感。这三者的分配比重在各种主题下并不相同。例如，历史类主题更偏重认知性和情感性，而科技和自然类主题的展览往往以认知和技能为主，即便在相同的历史类主题之下，每个展示单元也存在差异。例如，"唐代的风箱"展示单元，更加强调历史类主题下的认知与技能，可以使参观者认识风箱的结构与操作，这就和整体上认知与情感的学习不同。这意味着我们不仅要考虑整个展览风格的定位，还要把握每个展示单元本身的特点。基于上述观点，博物馆应通过全面和部分的

考虑，了解整个展览中展览单位的重要性，分析每个展览单位本身的信息内容，以了解该主题的特征（传授认知、培养技能或是引发情感共鸣），从而明确目标定位。

### （二）组织信息内容

有了明确的目标定位，下一个步骤就需要梳理重组现有的知识。对于公众而言，博物馆是一个非正式的教育机构，信息传播是其核心功能。判断新媒体技术应用效用的标准是参观者接收到的信息量，接收信息的主要制约因素是信息来源的组织。因此，信息传递的有效性是新媒体技术在博物馆社会教育中应用时必须注意的。依据认知心理学和传播学等学科的研究成果，建议遵循分层次架构与简化原则组织信息内容。

分层次架构是依照一定原则对信息内容进行分层组织。在展览策划中，博物馆常用"一级传播目的"和"有价值的信息"来厘清想要传递给参观者的核心信息，它通常用一个简单句来表达，往下可以用"二级传播目的／次要信息""三级传播目的／三级信息"等方式来表达。这种分层架构基于信息的重要性展开，对梳理小组分配内容组织尤其明显。比如，青阳悟空寺博物馆"僧伽大师的中土行迹"，一级信息是僧伽大师由西向东进入唐朝，这表明"由西向东"的方向性是所有内容的重点，二级信息是僧伽大师在各地方传教法，说明地点与故事是需要阐释的内容。

简化原则是基于对参观者认知心理的考虑。现代社会信息超载现象严重，信息超载的原因之一是太多的"非信息"淹没了"信息"。社会群体中都产生了不同程度的"信息焦虑"，浅阅读变成习惯。另外，公众通过在博物馆空间中站立与走动获得信息的这种参观方式本身所投入的注意力亦非常短暂。综合这两点，必须消除对信息组织的多余干扰，而前面确定的各级传播目的便是区分信息与非信息的标准。简化原则的另一含义是信息的扩展程度，即信息量。例如，所有信息都与传播目的有关，但由于数量太多，与传播目的的相关程度总是存在差异。简化便是集中核心信息，使参观者可以直接触及信息焦点。当然，分层次架构与信息简化并不是孤立的，它们穿插在信息组织的整个过程中，考虑主次分层的同时也不可忽略简化梳理，简化信息时则不能影响分层架构。

### （三）确定展示手段

新媒体技术多种多样，选择哪种技术是展览最为困扰的问题。前面的明确目标定位与组织信息工作，就是为了厘清所掌握的内容与资源，从而可以审慎地选定最适合的新媒体技术。著者建议选择新媒体技术必须遵循适宜性原则，即在充分考虑空间、预算等客观因素后，基于单元重要性与内容架构进行视觉表现的创造，其实质就是对各种现实条件的综合判断。

博物馆社会教育非强制性与自由选择地学习这两个特点，考验着展示手段的吸引力与感染力。尽管新媒体技术表现良好，但不是说便可以无往不利，完全代替传统展示。相反，一方面由于新媒体应用开发费用昂贵，对技术也有着较高要求，有时不如其他经济便利的传统方式；另一方面，传统的方式经过改进后显示出不小的吸引力。所以，各种类型的选择得具体情况具体分析。

新媒体技术的多样性决定了当博物馆选择时，必须深刻理解这些技术的差别、联系和协同作用。在设计开发阶段，有必要区分不同新媒体技术的主要特点和应用领域，并挑选合适的藏品加以利用。此外，依照展览需求，还可以叠加不同的技术来优化展示效果。在博物馆展示中使用新媒体技术的形式众多，还有很多不同的内容，但不变的判断标准始终是基于实现传播目的的。

# 第四章 新媒体视域下博物馆的视觉文化传播

## 第一节 博物馆视觉文化传播概述

### 一、博物馆视觉文化传播解析

#### （一）视觉文化的概念

"视觉文化"是基于视觉现象形成的一种文化景观，这一概念最早可以追溯到巴拉兹的著作之中。在他看来，视觉文化早已有之，电影的出现只是提醒人们"恢复对视觉文化的注意"。美国学者尼古拉斯·米尔佐夫强调视觉的动态变化，认为它不断改变着自己和外部世界的关系，并追溯其源头，将视觉文化的发展分为古代时期、现代时期和当代时期。随着研究的深入，视觉文化不再被认为仅指与视觉相关的艺术。中西方学者围绕视觉性、视觉化等视觉文化关键问题进行深刻剖析，并将其作为一种文化形态来解读内涵，扩展了视觉文化的指涉范围。文化学者米歇尔从视觉文化本质的内涵出发，将它看作"图像与逻各斯的相遇"，认为视觉文化可以利用一切手段解码、翻译和描述视觉形象，并致力于阐述视觉性的文化背后的意义。

即便如此，视觉文化仍没有公认的、明确的定义。从部分学者的阐述中，可以获得视觉文化的某些共性：（1）视觉文化是视觉元素占主导的文化；（2）视觉文化的内容通过视觉符号和视觉形象进行传递；（3）视觉文化能把本身非视觉性的事物视觉化。视觉文化不但标志着一种文化形态的转变和形成，而且意味着人类思维范式的一种转化[①]。换言之，视觉文化强调的是向着视觉和图形化

---

① 向静.视觉文化下的广告创意表现形式及特征探析[J].东南传播，2009（6）：126-128.

转变的一个过程，并不是指人们所看到的实物的影像本身，它具有后现代特征，可以利用可见符号来让受众"看"到背后隐藏的不可见的东西，体现的是思维本身。

视觉文化是综合性研究领域，具有非学科、跨界性和策略性的特点，从传播学角度出发的视觉文化传播研究应运而生。人类用视觉图像对语言进行表达，文字的地位被新提出的图像理论威胁。视觉文化传播的目的就是不再以文本的方式对世界进行了解，而是采用更简单且信息量更大的图像方式。

视觉文化传播作为一种文化传播行为与实践，具有广义与狭义之分。广义的视觉文化传播强调的是由视觉媒介、视觉媒介传播信息及相关媒介与其信息共同形成的视觉文化现象，而狭义的视觉文化传播侧重于单纯由视觉媒介和视觉媒介信息所形成的视觉文化现象。视觉文化传播的本质是一种文化现象，亦可称为传播形态，其突出特点体现为两点：一是通过形象化的媒介进行传播；二是传播对象为宽泛意义上的可视形象事实。著者所讨论的是广义上的视觉文化传播。

### （二）博物馆视觉文化传播的内涵

博物馆利用以视觉文化为主导的媒介作为载体，传播富含其文化信息的视觉符号，形成以博物馆视觉符号为指定内容的视觉文化现象。传播作为这种现象的信息流向，由博物馆这一传播者指向受众群体。可以说，将博物馆视觉媒体作为传播媒介和将博物馆的视觉符号作为传播内容是视觉文化传播的内涵。

广义的视觉文化传播不仅仅是一种传播行为，更是视觉媒介及其相关媒介对视觉及其相关信息在进行可视化传播过程中所形成的一种文化现象和传播形态。作为一种文化现象和传播形态，博物馆视觉文化传播通过其传播过程和符号内容来体现其本质。博物馆视觉文化传播涵盖传播的完整过程，是传播者与受众之间信息交流和互动的体现，它与其他传播现象具有共性，即都对受众产生潜移默化的影响，但同时也有其特性。

首先，传播的媒介以可视化的视觉媒介为主，与语言文字为传播媒介相比，大大减少了受众思考的时间，降低了思考难度，思维方式更偏感性。其次，传播内容以博物馆视觉文化符号为主，这种符号承载博物馆文化信息，不同博物馆的文化信息富有辨识度。文化其实具备内隐的意义，即文化是价值观和意义系统，其外显形态为各种符号，这些符号主要体现为物质实体和行为方式，视觉文化符号既可以是具体的、形象的，也可以是抽象的、需要深层次感悟的。最后传播受众角色并非一成不变，受众的主观能动性可得到发挥。在传播过程中，主要传播者自然是博物馆行业和经营者，但因新媒体的跨时空功能和视觉影像"一帧抵万语"的优势，受众也可以成为二次传播的主体，其参与度较高。

### （三）博物馆视觉文化传播的外延

视觉文化传播包含任何行业、场所中与视觉影像相关并产生传播效果的行为和现象，博物馆行业也被囊括其中。因此，博物馆视觉文化传播是视觉文化传播的外延。博物馆是其视觉文化传播主体、媒介与内容的限定条件，讨论博物馆视觉文化传播的外延离不开对视觉文化传播外延的探讨。

从时间范围来看，视觉文化传播作为文化现象具有后现代特征，是后工业时代所促生的文化现象。照相机、摄影机出现，使得影像展示成为当代大众文化最核心的部分，并且向着视觉中心主义的方向发展[①]。技术的进步，尤其是复制技术的发展，实现了从前难以想象的精妙操作，当代艺术在技术的鼎力扶持下，事物原型不再独一无二，而是可以实现完全复制和虚拟展示，人们的思维方式与生活方式也随之改变。

从内容来看，视觉文化传播的外延同文化传播的外延一样，有物质形态传播和非物质形态传播之分。以具体图片、影片或者是仿真场景等实物为基础的视觉文化传播属于物质形态传播范畴，而通过虚拟媒介，如使用 VR/AR 等技术，对非实物的文化信息进行可视化传播则属于非物质形态传播范畴。

从性质上来看，既有正面的、先进的视觉文化传播，也有负面的、腐朽的视觉文化传播。一方面，伴随着经济发展，视觉文化传播在全球信息化进程中发挥了较大的作用，同时也成为大众文化中的主导性力量，对人们的"观看"方式、生活方式乃至思维方式都产生了广泛而深刻的影响；另一方面，媒介的发展，尤其是虚拟网络的运用，也对视觉文化产生了明显的负面影响。

博物馆作为视觉文化传播限定条件，在数字技术尤其是新媒体应用不断发展的今天，更加体现出后现代审美特征。越来越多的国内外博物馆注重通过技术手段充实视觉文化传播的视觉传达体系。博物馆对文物的展示不再局限于单纯的陈列，而是予以主题化，并在技术的支持下让藏品以虚拟方式得到全面深入的展示；同时注重再现文物的历史背景，使文物展示不再是个"点"，而是串联文化脉络，由点到线，再由线延伸到面，满足受众需求。

---

① 曹砚黛.试论"艺术终结"之后的美学与艺术走向[J].华中学术，2019（3）：39-45.

因博物馆社会角色的特性，博物馆视觉文化传播形式主要包括三个层面：一是博物馆视觉文化传播的经济传播形式；二是博物馆视觉文化传播的文化传播形式；三是博物馆视觉文化传播的政治传播形式。

在经济范畴，博物馆是重要文化产业之一，其视觉文化也毫无悬念地成为经济的一部分。在蓬勃兴起的消费文化的推动下，商品实用价值之外的符号价值也开始被关注，符号同样成为人们趋之若鹜的商品，这一消费趋势构成了后现代语境下一道独特的文化景观。随着技术的飞速发展和公众综合素养的提高，博物馆正逐步成为文化消费的重要场所之一。参观者早已不再满足于单纯欣赏展品，而是更趋向于探求藏品背后所蕴藏的文化积淀，参观方式也从独立、静态的"观看"转向全真情景的浸入式体验，甚至渴望融入情感，享受沉浸其中的视觉快感，充分满足自己的消费心理。在文化商品化的时代，观众有了更多的选择，既可以选择你，也可以抛弃你。因此，博物馆要追求表达的最佳形式，力求创新，给观众带来视觉、观感的最佳体验，以促进其文化符号消费和文创产品销售。

文化传播是博物馆进行可视化展示的主要目的，文教功能也是其社会职能的主要内容。博物馆视觉文化传播产生效果很大程度上依赖于受众对其视觉文化符号的消费程度，而无论效果强大与否，视觉文化符号输出的过程本身就是文化传播形式。可以说，视觉文化符号的输出必然伴随文化传播，它作用于传播对象的思维意识。博物馆视觉文化符号消费是其文化传播形式的基础。

博物馆视觉文化传播的政治传播形式主要受其经济传播能力和文化传播能力的影响。博物馆是国家文化名片之一，但不直接作用于国家综合国力，而是通过软实力的汇聚发挥影响。国家重视博物馆视觉文化传播，是因其可以产生经济效益和社会效益。例如，故宫纪录片的传播并非漫无目的的输出，对外它提高了中华文化知名度，吸引海外游客前来参观以扩大文化影响力，对内则提高国家文化自信且有利于带动故宫文创产品的销售，全方位实现国家利益。博物馆在进行视觉文化传播时，传播内容必定要符合国家政治立场，并且注重特有文化资源的挖掘，有利于提高受众的视觉文化素养。

## 二、博物馆视觉文化传播的形成

博物馆视觉文化传播缘起于视觉记忆对博物馆的重要作用，加强观众视觉记忆有利于增强博物馆文化传播效果，继而实现其社会功能。传统的博物馆以展陈为主，为加强视觉记忆，博物馆逐步形成了以商标、场馆建筑、主题元素、图像、场景复原、文创产品等为主要展现形式的展陈视觉传达系统。

## （一）视觉记忆的重要作用

博物馆视觉文化传播，源于视觉记忆对博物馆功能的实现，具有不可替代性。早期的博物馆非真正意义上的文化机构，而是皇室贵族或宗教收藏珍宝和文物的场所，仅对少数具备参观资格的群体开放。18世纪后期，博物馆才被国家所掌控，变为构建历史文化或自然遗产标本的视觉及形象空间，具备宣传教育的功能。随着博物馆参观权限的扩大，无论出自哪种出发点，不同领域的学者都更愿意称"博物馆是实现个人记忆和集体记忆传输的'梦想'空间"。换言之，博物馆功能的实现离不开"记忆"。作为包罗万象的多元记忆库，博物馆只有将这些记忆元素传递到观众的记忆里才能实现它的功能，释放出力量。

我们可以将记忆的过程比喻成物流。某人去寄快递，打包好物品并通知快递员揽收，这是记忆的第一步，即信息的输入；揽收后快递点将快递根据快递单扫码编录，这是记忆的第二步，即编码；快递经过不同的站点，每个站点都会妥善分类储存，发往下一站点，这是记忆的第三部，即存储；快递到达目的地，由收件人收取，这就是记忆的最后一步，即提取。需要注意的是，记忆的信息输入人和提取人是同一个体，即寄件人和收件人是同一人。因此，记忆实际上是个体获得经验或者经历后一种自发的保持、再现过程，记忆的不同模式将会影响人们的思考方式，其中长时记忆更有助于增加思考频率和深度。

视觉是人类获取信息的最大来源，视觉刺激也必然影响记忆强度。影响视觉感知的因素有很多，如色彩、空间等，只有符合感知规律的好的视觉设计才能增强大脑记忆。对于博物馆和视觉记忆的关系，托尼·本尼特将博物馆看成"文化性技术手段"，其用途是令公民自律并进行自我约束。他认为，博物馆除了构建展示空间，还应承担让参观者以特定的观看形式来观看特定主题展览的责任。因此，简单的视觉冲击和视觉快感不能满足记忆需求，具有组织性的特殊的视觉传达才能加强记忆。博物馆作为"记忆场域"，有责任、有义务去抓住观众的"眼球"，帮助其获得更强的视觉冲击和视觉快感，以加深视觉记忆，实现自身功能。

加强观众视觉记忆是博物馆重视视觉文化传播的原因之一，而视觉记忆的强化也和博物馆视觉文化传播效果呈正相关，二者相辅相成。

## （二）逐步建立的展陈视觉传达系统

增强视觉记忆，进行视觉文化传播，需要通过视觉传达设计来实现。工业革命后，随着生产力的发展，人们对物质的需求开始减弱，对精神层面的需求持续增加。视觉传达系统的形成标志着视觉文化传播的起步。

世界上最早形成的视觉传达系统为图形传达系统，如伦敦的地铁线路图就是典型案例。视觉传达系统作为视觉文化传播的传播载体，不仅要展示视觉元素，而且要将视觉元素凝练成可供文化消费的符号，并将其所体现的内涵准确而清晰地传达给观众。不同的视觉传达方式组合为视觉传达系统，科学合理的传达系统具有 1+1>2 的能力。

博物馆与教堂、宫殿、神庙等场所历史关联深厚。最早的博物馆是西方贵族、宗教珍藏和向小群体展示宝物和艺术品的场所，许多博物馆都在宫廷或教堂内，如法国的卢浮宫和梵蒂冈的圣彼得大教堂等。这些场所的环境并非为展览服务，而是本身就具备独特的艺术特征。宫殿的富丽堂皇、神庙的质朴庄重以及教堂的神性超然，都为体现权力或信仰，而非烘托展品。故早期的博物馆展陈手段单一，通常是将文物按历史或类别分区域摆放进行展示。观众只能通过对珍稀展品的观察，感受到不同的视觉印象。这种视觉印象是粗浅的，一般不涉及深层次的引导或审美趋向。

随着时间的推移，博物馆由私人掌控变为国家掌控，在大众面前揭开了神秘的面纱。主题各异的博物馆随之筹划建设，如何利用媒介、环境为展览服务变成了关键问题，视觉传达的需求也随之高涨。从简单的商标和建筑外形到展品的文字叙述、静态平面图片再到文创产品的出现，博物馆视觉传达系统逐步建立，但受到技术水平的限制，21 世纪之前的博物馆视觉传达系统侧重于展陈方面。

## 1. 商　标

商标（Logo）是博物馆进行视觉文化传播最为简单直观的展示。商标的设计需要遵循统一、实用、清晰、审美、易记等原则，体现信息输送的导向力和人性化。博物馆商标一般与其名称、文化主题、镇馆之宝、建筑特色等关系紧密。故宫博物院主要展示内容是明清时期皇家宫廷建筑及藏品，因此商标设计创意源自名称中的"宫"字，以天圆地方之形态表示皇家建筑的庄严肃穆；黑龙江省博物馆的商标取材于馆内镇馆之宝——铜坐龙，它集多种动物的特征于一体，亦有馆名中"龙"的字形之韵；河南省博物院的商标源于主体建筑的几何形态，主建筑的设计灵感来自河南登封古观象台，其形态如鼎，有问鼎中原之意。与中国不同，西方对于博物馆商标设计热情不高，设计也大多抽象，选取几何图形或者字母形态较多，如芬兰国家博物馆的新商标非常抽象，简单的集合图形里包含了国家博物馆的芬兰语和瑞典语两种语言的首字母。当然，也有部分博物馆的商标设计理念源自其经营理念或是主题需求，如广东省博物馆、中国博物馆等。

2. 场馆建筑

博物馆场馆建筑的视觉展现主要有两种类型：其一，博物馆建设在历史悠久的建筑中，外表无法改变，本就具有历史内涵；其二，博物馆场馆设计理念明确，目的在于通过场馆建筑外观建立视觉形象的第一印象。例如，法国卢浮宫博物馆（法国国家博物馆），是世界上最古老、最著名的博物馆与艺术殿堂之一，其场馆是曾经皇室的宫殿，气势恢宏。数座宫殿仅通过短暂参观很难清晰辨别，因而最能给观众留下深刻视觉印象的，除了馆内珍藏的著名艺术品外，就是馆内的玻璃金字塔建筑。它的透明与厚重的石头类宫廷建筑形成了鲜明对比，在矛盾中又和谐统一，体现了博物馆浓郁的艺术底蕴。

许多博物馆都非常重视建筑的视觉传达作用，在场馆建筑的设计上匠心独运。有些建筑也许在某些审美群体的眼中称不上漂亮，但它们作为博物馆身份的视觉标志，往往令人印象深刻。

3. 主题元素

无论是综合性博物馆还是专题性博物馆，都会受到地域或历史的影响，显现出一些主题元素。主题元素最为优越的体现方法便是视觉展示。观众通过反复"看到"这些带有主题元素的内容，结合具体展品与讲解，可以加深对博物馆文化主题的理解和视觉形象的记忆。例如，四川省金沙遗址博物馆的主题元素为太阳鸟图腾，该图腾源自馆藏之宝——太阳神鸟金饰，表达出古蜀人民对太阳的崇拜，体现着勇敢、积极的民族精神。

4. 图　　像

早期的藏品讲解以文字为主，不可否认的是，文字的解说对纵向深入理解藏品有着至关重要的作用，但是，在叙述展示以及横向对比中，文字阅读的缓慢以及信息量蕴藏不足成了信息获取的阻力，视觉冲击力强、信息量丰富的图像在此时更具优势。摄影出现后，图片开始进入博物馆展陈。例如，在四川三星堆博物馆的青铜展馆，为了让观众深入了解青铜面具的特点、文化价值和历史价值，博物馆横纵向结合对比古今中外的面具造型。不同的面具图片便于观众直观了解其特点，图文并茂的解说便于观众充分了解面具的文化内涵，横纵分明的图像解构便于观众轻松地进行对比理解。

除此以外，图像可用之处还有很多，如展示未修复或无法展览的产品、展示藏品的历史背景等。

5. 场景复原

场景复原是博物馆的"仿真"体验。最常见的场景复原设计是在弧形的背景墙上作画，配以仿真的动植物和人物的蜡像等，再综合运用灯光、声音等效果展示历史背景和自然环境。场景复原包含生活场景、画作场景、微缩场景等多种内容。作为代入式参观的重要方式，真实场景的再现、直观的视觉冲击，能使观众更准确地获取背景信息、拓展想象空间。例如，滇西抗战纪念馆的"支援抗战，军民一家亲"的场景复原，背景图、蜡像、实物的有机组合，人物的表情、动作都生动地展现出了抗战时期滇西军民同心协力的场景。

6. 文创产品

人们对符号的消费趋向促使文创产品大热。欧美博物馆很早就开始了 IP 开发。早在 19 世纪，美国大都会博物馆就设立了博物馆商店，大英博物馆于 1973 年还成立了文创产品公司，截至 2019 年，其文创产品年均营业收入突破 2 亿美元。中国在 21 世纪后才开始重视文创产品，其中故宫文创较为典型。2015 正式实施的《博物馆条例》明令允许博物馆进行营利性活动，促进其自身发展。但该条例同时对博物馆的营业活动做出限制，其发展应当以挖掘文化价值为导向，重在培养人们的文化意识，带动文创产业、旅游产业的发展。可见，文创产品作为博物馆营利方式的重要组成部分和博物馆视觉文化传播的重要载体，有着巨大的文化价值和经济价值。

## 三、博物馆视觉文化传播的发展

得益于逐步建立起来的视觉传达系统，博物馆视觉文化传播的内容和途径日渐丰富。数字技术的普及和新媒体时代的到来，无疑对博物馆视觉文化传播产生了深刻影响，使其进入了"快车道"。

### （一）传播主体的发展

21 世纪以来，博物馆行业蓬勃发展，其主体形态、视觉内容丰富程度以及和受众的关系都得到了相应的发展。

传播主体衍生出虚拟博物馆、智慧博物馆等多种形态。20 世纪 90 年代，数字技术等融入博物馆行业，博物馆形态得到发展，出现了虚拟博物馆和智慧博物馆。虚拟博物馆是博物馆实体在网络上的延伸，智慧博物馆更是集实体与虚拟博物馆之大成，是融合发展的产物。我国十分重视博物馆数字化进程，早在 2003 年便成立相关组织，并立项对虚拟博物馆展开研究。

这两种形态的博物馆将环境和文物都转化成了信息数据，使文物突破了原有保存条件的限制，观众可通过网络平台观看博物馆展品，而三维展示效果也更具视觉冲击力。故宫博物院、北京数字博物馆、南京博物院、上海科技馆等博物馆相继建立了虚拟博物馆，观众可通过虚拟博物馆进行"游览"，这种"游览"突破了时空的限制，在一定程度上为观众带来了便利，并拓展了视觉文化的传播范围，让无法来实地参观的观众也对该博物馆形成深刻的视觉印象。

博物馆视觉文化传播内容日益丰富。随着行业发展，专题类博物馆日益增多，综合类博物馆影响力也不断加强，博物馆越来越重视对自身特有文化资源的深度挖掘，这也使视觉文化传播的设计题材更为丰富多彩。例如，首都博物馆定位"地志"主题式博物馆，整理历年收藏的具有当地特色的出土文物进行展览，把北京的变迁与发展以及历史上劳动人民的生活通过新媒体装置一览无余地展示在世人面前。观众通过展品得以感受北京深厚的历史沉淀，体味北京独特而有趣的风俗文化，领略北京文化独特的魅力与风采。

博物馆与观众的关系由单纯的"信息输出"变为"信息互动"。博物馆不再是单纯的传播者，同时也变成观众的服务者，观念由"以展品为本"向"以观众为本"转变。"请勿触摸"的警示牌被"欢迎参与"的标语牌取代，字样的简单转变实则体现了博物馆发展理念的重大变化。博物馆不再是展品的冰冷容器，而是愈发重视观众的参展体验，注重引导观众与展品之间的积极互动，挖掘展品背后的多重意蕴，满足观众的心理需求和精神向往。

### （二）传播载体的发展

联合国教科文组织在 1992 年正式启动了"世界记忆"计划，希望通过现代科技永久存贮与记忆人类文化遗产，并实现互联网共享。美国博物馆行业积极响应，于 1995 年建成博物馆互联网系统。在美国博物馆业转向成熟之后，欧亚也开始致力于博物馆的数字化建设，推动了博物馆视觉文化传播载体的快速发展。新媒体对于博物馆视觉文化传播的作用巨大。从简单的静态图文堆积、场景绘画等方式到能够使用数字技术放映动态图片、影像，还可以通过建设网站、公众号等方式传播视觉信息，可以说，博物馆视觉文化传播手段的发展与技术革新息息相关。

首先，展陈视觉传达系统实现了从静态到动静结合、从实景到虚实结合、从单向到互动的飞跃。文物图片不再只是静态的平面二维图，电子屏的应用不仅可以展示动态的图片和藏品的三维图，还可以播放宣传片与讲解视频。场景还原不再是背景墙和蜡像的机械组合，4D、AR、VR 的应用使浸入式视觉体验应运而生，将观众从实景中带到虚实结合甚至是全虚拟的拟像环境之中。逼真的视觉效果和强烈的综合感官刺激，无疑加强了博物馆视觉文化传播效果。

互动装置的加入，让单向传播变成了双向互动，观众可以通过互动触屏游戏提升参观兴趣，加强视觉记忆。

其次，博物馆对互联网的应用拓展了视觉文化传播的范围，实现了线上传播。进入21世纪以来，博物馆不仅可以进行藏品的数字化管理和存储，更可以通过网络在线上进行视觉文化传播。微信、微博等可以传播相关图片、信息，提高关注度；网站、数字博物馆则可以充分利用动态三维图片、影像、VR等技术，让观众足不出户就能享受博物馆的视听盛宴，实现视觉文化传播，塑造自身视觉形象。

最后，文创产品也不再只是博物馆商店中静待参观者购买的物品。通过互联网，博物馆可以利用京东、淘宝等电商平台销售文创产品。2016年是"文创元年"，在政策支持下，文博创意产业欣欣向荣。通过互联网销售文创产品不仅有巨大的经济效益，更是博物馆视觉文化传播的重要途径。许多浏览者尽管可能不会购买文创产品，但对文创产品图片的观看和详细信息的了解，其实已是接受视觉文化传播的过程。

总的来说，博物馆视觉文化传播的载体得到发展，不仅视觉效果越来越好，同时还打破了时间和地域的限制，实现了质的飞跃。

### （三）传播客体的发展

观众之于博物馆，如空气之于人类。人没有空气便无法生存，而博物馆如果没有观众，就从文化的殿堂沦为普通的建筑。观众是博物馆不可或缺的重要组成部分，博物馆行业在长期的发展过程中，逐渐改变陈旧的观念，"以人为本"的服务理念也逐渐显现。博物馆在面对观众时，不再是高高在上的文化输出者，而是供观众进行文化互动与交流的重要场所，是面向未来的公共文化教育机构。博物馆观众既是博物馆信息传播的接受者，也是博物馆服务的对象，还是博物馆工作的参与者和创造者。对于博物馆来说，观众是"益友"，更是"良师"。

博物馆视觉文化传播的客体发展主要体现为受众视觉文化素养的提升。视觉文化素养指人们通过视觉获取信息的同时，整合其他感觉经验，从而发展出一种视觉能力的素质。这种素养体现在三个方面：一是对视觉图像的批判与解读能力；二是对图像的审美能力；三是提出建议的能力。

视觉暴力现象的出现，引起了国家对公众视觉文化素养教育的重视，并力图夯实基础。此举有利于受众的解读能力和审美能力的提升，也使更多受众在观看博物馆视觉影像时主动去思考和理解图像背后的含义，主动互动，建言献策。然而视觉文化素养的形成不是一个简单的过程，这种能力不仅需要教育，更需要受众的主动感悟，可谓任重道远。

# 第二节 新媒体视域下博物馆视觉文化传播的表现

新媒体对博物馆视觉文化传播的影响，一方面体现在受众需求的变化，另一方面体现在新媒体的运用丰富了博物馆视觉文化传播方式并使其呈现出新特征。本节分析新媒体视域下博物馆视觉文化传播的表现，主要从整体概况、传播方式、传播特征几个方面进行阐述。

## 一、新媒体视域下博物馆视觉文化传播的整体概况

新媒体的应用促进了博物馆视觉文化传播主体、载体和客体的发展。在其影响之下，我国博物馆视觉文化传播整体概况主要体现在以下三个方面。

### （一）视觉文化传播手段多元化

在新媒体推动下，博物馆视觉文化传播手段多元化是大势所趋。新媒体已经成为博物馆受众倾向的主要媒介，它使博物馆"活"了起来，并切实提高了受众参与度。博物馆视觉文化传播手段的多元化主要体现在两个方面：一是线下展陈手段的丰富；二是线上传播途径的拓展。

线下视觉文化的呈现作为博物馆视觉义化传播主要途径，其优势是面对面的传播，这种面对面的文化传播方式能让受众通过身临其境，结合文化氛围来感受视觉冲击。博物馆线下视觉文化传播多元化主要在于新技术、新设备的应用，如影像节目视频、3D动画、4D影院、触屏式互动体验、全虚拟浸入体验式新媒体；线上视觉文化传播则侧重于传播途径的开拓和"软实力"的提升。无论是从电脑端还是移动端接受博物馆视觉文化信息，观众都不在少数。这种传播方式的特点在于不受时间、空间以及其他外在因素的影响，可以由观众自主选择接收经由媒体加工的信息。

在此过程中，受众占据了一个相对主动的地位，当然，由于媒体质量参差不齐、不同媒体所提供的信息有所差异以及个人文化素质水平影响，观众得以接收的知识数量也受限制。但相对而言，媒体与受众的主动性、互动性得到了展现。

目前，博物馆主要的线上视觉文化传播载体有网站、微博、微信公众号、

小程序、博物馆 App、数字电视及网络节目、直播平台等。这些载体的应用逐渐为各类博物馆所重视，其数量和质量都在不断提升。

### （二）新媒体应用能力参差不齐

技术的进步丰富了新媒体传播手段，它借助可无限延伸的虚拟空间，拓宽了人们的视野，其卓越的视觉优势体现在视觉文化传播空间的拓展和强化界面的视觉冲击方面。尽管新媒体深刻地影响着视觉文化传播的各个环节并逐渐受到博物馆重视，但博物馆对新媒体的应用水平并不一致。目前，我国博物馆对新媒体的应用呈现头部集中现象，少部分博物馆的应用能力很强并取得较好传播效果，但两极分化现象严重。一个极端是很多博物馆盲目跟风，大量引进新媒体设备，"新瓶装旧酒"，最终花费了大量人力物力却收获甚微；另一极端则是完全不运用新媒体，综合展示能力难以提高。在综合运用新媒体的博物馆中，线上线下应用能力存在很大差异，并且在同一新媒体的应用上，也存在受众聚拢吸附能力不足的情况。

目前，尽管博物馆官网较多，但对于习惯了高质量的网页内容、设计、排版的用户而言，部分博物馆官网有些"落后"，没有充分挖掘文化特色，亦未发挥出博物馆的优势。不仅如此，许多博物馆实际上只将网站作为一个形式工程，没有配备足够的人力和物质支持，出现网站维护不及时、展品信息更新不及时等问题。博物馆网站建设的水平高低，有以下几个评判标准：一是网站的展品内容是否体现独特编排；二是网站的展现形式是否具有艺术美感；三是网站的展品注释解说是否足够丰富；四是网站的展品互动栏目是否具备。

微博方面，国内大部分省级及以上博物馆已入驻微博，开通账号进行宣传，但地方性博物馆却难见踪影，这反映出部分博物馆管理部门在观念上没有及时更新，对新兴技术手段的了解不够，应用能力相对不足。一方面，许多博物馆不开通微博账号，或开通后不进行微博认证，导致"师出无名"，难以获得信任与关注；另一方面，在已开通的博物馆账号中，有些没有专人负责，更新迟缓，同一级别的博物馆微博粉丝数以及关注度反差也非常大。例如，四川博物院属于国家一级博物馆，但其粉丝数和关注度远远比不上同是国家一级博物馆的陕西历史博物馆或山西博物院，更与中国国家博物馆和故宫博物院相差甚远。而同为国家一级博物馆的云南省博物馆，甚至没有开通新浪微博账号。从地域上看，文博行业的微博开设账号主要集中在东部地区、京津冀地区和珠三角地区，西部地区也有一定增量。

在微信上，得益于微信具有通信工具的特性，用户粘度较高，阅读、转发、评论等行为的参与度也很高，实现了分裂传播。博物馆微信公众号建设的优秀代表有故宫博物院、陕西历史博物馆等，它们具备较高的推文水平，招揽受众与公众号运营者进行亲密互动，传播效果十分可观。然而，更多的博物馆在公众号建设上稍显逊色，单纯将微信公众号当成通知工具，推送的内容枯燥无趣，缺少互动话题，很难引发读者的分享欲，关注度和活跃度明显落后。

在智能手机应用上，国内较为常见的做法是博物馆作为委托人，授权第三方媒体技术公司负责 App 的设计与开发。这样的开发运营模式存在弊端。级别较高的博物馆财力雄厚，藏品丰富，开发力度大，自然是新意连连；对于资金和藏品不足的博物馆来说竞争优势不明显，App 功能只能停留在最基础的图片展示、信息讲解等模块，无法拓展博物馆文化，衍生出有新意的博物馆智能应用。

### （三）博物馆视觉文化符号消费兴起

在后工业社会，大众的消费需求开始从以物质需求为主向以精神需求为主转变，符号消费进入爆发期。进入 21 世纪，新媒体的推波助澜使公众对高水平、高质量的文化消费十分渴求。在这种需求导向下，视觉文化传播与消费社会亲密无间，其形态朝着数字化发展，在数字化构造的视觉文化传播"图景"中，数字影像被推至幕前，满足了现代人对视觉快感的强烈需求，呈现出无限的变幻想象空间，从整体到碎片，多向互动。消费社会可以说是视觉文化传播的真正温床，人们积极地融入这种文化，享受着它的多姿多彩和丰富想象带来的快感。

博物馆免费开放政策落实以来，全国超过 80% 的博物馆实现了免费开放。国家"十二五""十三五""十四五"规划均明确指出博物馆是社会主义精神文明建设和文化事业建设的重要支撑，要求其深化体制改革，探索发展新思路，成为传播传统文化、传承中华文明、满足人民精神需求以及促进青少年学习成长的有益载体。博物馆作为文化传播的主要场所，对于创造符号和传播符号都有着不可替代的作用，其深厚的文化底蕴可以衍生出具有代表性的视觉文化符号，供人们消费。博物馆本身就是"被看"的对象，对自身文化进行深度挖掘，提炼出更多视觉文化符号，并通过消费产品、纪录片、网络电视节目、快播平台等载体向受众传播。博物馆视觉文化符号逐渐成为人们竞相追逐的消费对象。

博物馆视觉文化符号消费兴起最显著的表现为文创产业的发展与博物馆文创热潮。博物馆文创不仅包含实体物件，还以"文创+"的形式与综艺节目、旅游、电商等其他行业进行跨界融合，同时也利用 VR/AR 等技术推出虚拟明信片等二次元产品。目前，我国半数以上的博物馆（含美术馆、纪念馆）进行了 IP 开发。这种开发往往伴随视觉文化符号的融入，它不仅促进了博物馆的文化宣传，在提高观众视觉审美能力和加深观众对博物馆文化深层次的认知上也发挥了不可替代的作用。

## 二、新媒体视域下博物馆视觉文化传播方式

博物馆视觉文化传播主要是通过以视觉为主导的可视化媒介将含有博物馆特有视觉文化符号的信息进行传递，因线上线下均可使用，故而又兼具直接获取和间接获取文化信息的特性。根据博物馆视觉文化传播媒介的特点，传播方式可分为"受众—实体媒介—视觉文化信息"和"受众—虚拟媒介—视觉文化信息"两大类。

### （一）受众—实体媒介—视觉文化信息

博物馆视觉文化传播的实体媒介指博物馆线下影像播放装置。博物馆通常将这种影像播放装置作为文物展览的信息补充方式。其目的包括两方面：一是增强参观趣味性，缓解参观疲劳；二是充实展览信息，帮助参观者理解文物背后的文化内涵和历史渊源。传统的博物馆视觉类实体媒介主要为图片，而在新媒体背景下，媒介的种类多种多样，将听觉、触觉甚至嗅觉等相关感知媒介都融入其中，呈现立体化趋势。这一趋势在带来更强视觉冲击的同时，加深了对视觉符号的解读。博物馆视觉新媒体分为以下四种主要类型。

1. 动 / 静态数字影像等视听式新媒体

动 / 静态数字影像等视听式新媒体是博物馆最常见的一种数字化技术，通常包括动画、视频等。通过不同种类的视频和影片，可以从不同方面对文物及展览进行解读。例如，在周恩来邓颖超纪念馆中，参观者即将结束参观的时候，可在展厅出口处看到一部纪录片，影片回顾了二人种种感人事迹。这部影像作品的设置，充分总结了展馆的主要内容，且再次升华了主题，极大地感染了参观者的情绪，使其情感共鸣被推向高潮。

2. 触屏互动体验式新媒体

触屏技术是指通过可触界面进行人机交互，这一界面包括但不限于屏幕、桌面、墙壁等。这项技术互动性强，有利于调动观众参与的积极性，是目前在博物馆展览中经常使用的一种技术。2016 年，甘肃省博物馆举办的"丝绸之路文明"主题展览上，其中关于"丝路珍品"的展出就利用了触屏技术。该

展览设置了一个可以互动的大屏幕，将世界上其他国家的文物与中国丝绸之路上的文物进行对照展示，参观者可以通过点击屏幕进行浏览，引得观众争相体验。

互动式体验的视觉文化传播方式使现代博物馆的展出模式有了很大的改变。博物馆展览围绕不同主题运用触屏技术设计逼真情境，鼓励观众积极参与展览，使观众由被动的参观者变为主动发现与思考的探索者。

### 3. 虚实结合式新媒体

虚实结合式新媒体指需要结合实际物体进行虚拟环境体验的新媒体，主要包括 3D 放映、4D 影院以及 AR 技术等。3D 技术模拟人类双眼效应，借助立体成像技术，形成立体纵深的画面，观众戴上立体眼镜后就能欣赏到影片中呼之欲出的立体影像。4D 技术则是在 3D 技术的基础上，通过模拟风雨雷电等环境的特效，并配以震动等座椅特效，充分融合观众的视觉、听觉、嗅觉与触觉营造独特氛围。以浙江自然博物馆为例，为了展示钱塘江大潮的壮观，博物馆特意设置了一个模拟漫游的环节。观众乘坐一个小船形状的座椅，两边为弧形的球带幕，观众操控船的方向，沿着钱塘江源头一直行走，可以通过屏幕欣赏"天下奇观"的钱塘江大潮。当观众控制船前进的时候，船体会产生震动来模拟真实效果，甚至会随之喷溅水花。观众戴上 4D 眼镜，欣赏着极为逼真的立体影像，加之船体根据画面适时产生的震动，令参观者沉浸其中，十分震撼。

### 4. 全虚拟浸入体验式新媒体

与虚实结合式新媒体不同的是，全虚拟浸入体验式新媒体不需要依赖任何实体建筑或场景。虚拟现实技术（VR）是时下流行的高新技术。虚拟现实技术是将计算机技术以及最新传感技术相互融合而带来的全新的人机交互手段。随着计算机技术的发展，VR 技术也进入普及应用时期，从最早粗糙的数字化模拟发展成"沉浸式"体验。现在，通过"沉浸式"的虚拟现实技术，参观者感觉置身于完全不同的空间内，改变了其对传统数字技术的认识。

近年来，为提高博物馆展览水平、增强参观者的参观热情，我国许多博物馆尝试使用虚拟现实技术来进行展出。例如，金沙遗址博物馆使用的"再现金沙"VR 设备是国内首个落地式 VR 应用，它 720° 再现古蜀人滨河祭祀盛景，细节引人入胜。这种沉浸式体验感，使观众的参观热情高涨。

这些新媒体设施通过多样化的手段和方法，从不同的角度来对主题进行展示，全方位、立体化传播博物馆视觉文化，充分迎合了展览本身和受众需求，增强了传播效果。

## （二）受众—虚拟媒介—视觉文化信息

在虚拟媒介应用方面，国外的博物馆发展较早，经过不断更新、发展，至今已摸索出了一条成熟的线上宣传之道。为满足不同层次观众的需求及适应数字时代的发展，国内多家博物馆，如故宫博物院、上海博物馆、上海科技馆等作为第一批探索者，吸取国外宝贵经验，不同层次地引入了新媒体形式，并开始尝试依托互联网，利用虚拟媒介进行视觉文化传播。此后，国内博物馆争相学习，掀起了线上视觉文化传播的新浪潮。

### 1. 博物馆官方网站

国内倾向于将官网和虚拟博物馆合二为一，在网站上进行部分藏品的虚拟展示。尽管部分博物馆网站令人怦然心动，但大多数博物馆网站建设中并没有特别重视视觉效果以及视觉传达，栏目也几近相同，主要为展览展示、活动预告、服务咨询、教育研究，明显存在网站界面没有特色、内容单调、文物藏品展示和解说不足等短板。有些网站虽然有三维展示，有互动板块，但都过于简单，没有让观众耳目一新的栏目，也没有充分凸显网上博物馆的优势。总体来说，我国博物馆网站对于视觉文化传播的重视度不高，虽有利于视觉信息的传播，但在色彩设置、图文搭配、影像放映等方面都还有很多缺陷。欧美博物馆官网在互动方面有很多地方值得我们学习和借鉴。它们不局限于单一的文物展示与资讯发布，而是在科技支持下对藏品价值进行二度挖掘。有些博物馆还设置了自动回复的博物馆机器人，观众可以通过向机器人提问，迅速获得未知问题的答案，在机器人无法回答时还可选择人工服务，体现了"以人为本"的思想与理念。

### 2. 网络社交平台

国内博物馆对社交平台的应用呈现集中现象。论坛、贴吧、微博、微信等都是博物馆常用的网络社交平台，其中微博和微信是主流，这类平台以影像和软文形式发布较多，凸显的是博物馆的互动和引流能力。

经过二十多年的发展，论坛、贴吧成为网民获取博物馆信息的重要网络阵地。以中国最活跃的网络论坛之一——百度贴吧为例，输入"某某博物馆吧"，几乎都会有相关的信息和网民讨论回帖，尤其以参观后的心得体会居多。此外，蜂窝网、大众点评等评价性交流平台也是博物馆信息传播的平台，许多有意向的参观者前往博物馆参观前会搜索相关游记和评论。这些交流平台均有一个共同特点：基本都是网友自由发表和交流，而官方组织交流的意向较弱，仅仅在危机公关时会用来转发官方声明。尽管有部分图片、影像通过这些交流平台传播出去，但是这类视觉图像受个人影响因素很大，整体质量不高，且没有经过精心设计与视觉效果评估，大多不具备视觉文化符号的代表性。

据中国互联网信息中心第47次《中国互联网络发展状况统计报告》统计，截至2020年12月，我国手机网民规模已达9.86亿，较2020年3月增长8885万，网民使用手机上网的比例达99.7%，较2020年3月提升0.4个百分点。移动端新媒体成为视觉信息输出的主流方式。在这样的趋势下，越来越多的博物馆开通了官方微博、微信公众号，利用微博、微信等平台向观众分享关于博物馆的信息、观众参观心得，用平易近人的语言与观众进行互动，拉近了与观众的距离。故宫博物院、苏州博物馆等博物馆微博后台工作人员热情与粉丝互动，积极回应粉丝留言，受到网民的欢迎。除此之外，部分博物馆利用博物馆间的互动来吸粉，如三星堆博物馆与金沙遗址博物馆的互动，互相亲切地称对方为"小金"和"堆堆"，三星堆博物馆的馆长也因此被网友们亲切地称为"堆主"。

微博的火热对博物馆视觉文化传播大有助益。博物馆的端口可以上传静态与动态图片，并且所有带有特色文化资源的图像都会打上水印，视觉识别度较高。互动留言也可增加观众的参与度，让博物馆听取不同的声音，吸纳不同的意见，是官方主导进行视觉文化传播的主要方式之一。

3. 移动端智能应用

在智能应用上，国外知名博物馆多采取双途径开发，即开发免费版和付费版应用，以兼顾不同观众的需求。经济实力不强或对符号解读要求不强的观众可选择免费版，在精选的文物藏品中领略博物馆的风采，且有更深层次需求的观众则可以选择付费版，通过更丰富的操作界面和更清晰的影像资料进行更深入的了解。

国内博物馆推出的智能应用均为免费，极少数软件里面包含付费的服务。免费化虽然有利于博物馆文化的普及，但我国的博物馆是政府全额拨款机构，依赖性极强，经费永远是制约大多数博物馆发展的因素之一，而开发智能应用又多授权委托技术公司，开发出的软件内不能包含广告，所以大部分博物馆在开发智能软件上只有支出，没有收入。

值得一提的是，国内博物馆App的数量虽不多，但制作都比较精美，如故宫博物馆App，内含展厅地图、重要藏品以及稀有画作的动态展示等，用户可以获得较好的视觉感受，并且可以接收到许多视觉文化信息。国内博物馆App由于发展时间较短、重视不够充分等，总体来说，仍有许多不足之处。

除自主开发外，国内博物馆也会使用非自主开发的App。不同博物馆对这些 App 的应用能力和重视度存在显著差异，如文创产品的营销方面，部分博物馆开设了淘宝店或电商商城，故宫淘宝店就是典型案例。这类 App 的应用，一来销售文创产品，二来传播视觉文化，塑造视觉形象，提高知名度，实现经济和文化的共赢。然而，对 App 应用合理得当的博物馆仍旧是少数。例如，知乎 App 作为一个备受关注的平台，博物馆官方注册数量很少，相关问题都没有博物馆的官方账号来回答，图片影像等视觉传播信息更是匮乏。可喜的是，部分博物馆对于短视频 App 的利用非常充分，在抖音、腾讯短视频等 App 上均设有官方账号，更新了许多视觉效果好、传播力强的短视频。

4. 网络电视平台的运用

电视属于传统媒介，但应用数字技术和互联网平台所衍生的网络数字电视属于新媒体范畴，立体直观的观看方式使其比平面媒体更受欢迎。尽管网络数字电视的观看方式和电视并无差异，但随时点播、回看的功能可以让观众有效选取需要的节目，视觉文化传播的方式更加主动，观众能更方便地选择自己所需要的那一部分视觉文化信息。直播平台是数字电视平台的进一步发展，实时性使人们随时随地可以在手机端观看，而不受限于是否有电视在身边。湖南省博物馆 2018 年重新开馆的当天便利用了直播的方式。国内外有多档以博物馆为主题的电视节目。随着网络电视平台使用率的提高，节目制作在精致程度和吸引力上下足功夫，以求吸引更多流量。2017 年，《国家宝藏第一季》热播，观众的目光再次聚焦博物馆。这档节目由中央电视台、央视纪录国际传媒有限公司联合承制，属于文博探索类节目。张国立担任讲解员，李晨、王凯、梁家辉、刘涛等担任国宝守护人，将一场关于 9 大博物馆、27 件镇馆之宝的"特展"呈现于观众眼前，节目极致的舞台视觉效果和令人愉悦的视觉美感促使观众在豆瓣上打出了 9.0 的高分。

## 三、新媒体视域下博物馆视觉文化传播特征

对整体情况和传播方式进行分析发现，博物馆的视觉文化传播在新媒体的影响下，呈现出受众群体范围扩大、传播手段多元化、情境虚拟化和大众消费导向。

### （一）视觉传播对象体现大众与小众融合

视觉传播对象指在视觉文化传播中接受视觉信息（包含视觉符号）的受众。视觉对象共性和个性的融合，是博物馆视觉文化传播在新媒体影响下显现的重要特征。纵观历史，博物馆视觉文化传播对象经历了从个性到共性的变

化，并向着共性与个性融合的方向发展。特定的时代特征总是对应着特定的被建构的知识，当我们讨论博物馆展览的策划和展品的选定时，就会发现这样的情景——博物馆在拣选知识以及呈现观念、形象时，都要经过某一个权力系统的运作，而这样的权力来自博物馆界与其所处社会和人民的能力。因此，早期博物馆的视觉文化传播对象是小众群体，主要集中在贵族、教会等，其展陈可以完全按照小众群体的爱好进行改变和调整，偏向个性化。在真正意义上的博物馆诞生后，传播对象由小众变为大众，有了文化共性。由于国家成了博物馆的实际掌握者，博物馆的理念不再受个性的影响，它要求展览和视觉文化信息传播的视觉设计必须符合大众审美和大众需求。然而，这个时候的共性化传播也是死板的、单向的、缺乏互动的，人们只能通过实际的"看"去获取视觉信息，去理解视觉符号背后的文化内涵，即使存在交流，也是小范围群体的口头交流讨论。

新媒体的应用促使文化范式发生转变，视觉超越其他因素成了影响文化传播的主因。新媒体依靠信息技术，创造了"以假乱真"的虚拟空间，打破了地理的局限和群体差别，以最快的速度传递信息、交流思想、传播文化，使全球文化和视觉样式变得越发丰富起来，视觉文化传播因而表现出强劲的发展势头。网络技术的发展和因特网的普及，将信息传播对象分众化界限消除，视觉文化传播也不例外。

新媒体的应用改变了传播对象大众和小众非此即彼的情况，并推动博物馆视觉文化传播进入了前所未有的多元时期。除了传统意义上大众感兴趣的视觉文化外，博物馆还设置了独特的内容——新媒体上的内容。观众在接收了适合大众的视觉信息和符号后，还可以在新媒体上自主选择接收其他的视觉信息和符号，这些选择可以贴合不同层次的个性需求，加深个人对展品内涵的理解。

线上新媒体的应用更是为博物馆创造了一种全新的视觉文化传播方式。网络自有的共性化传输特点模糊了地域和空间的概念，削弱并消解了人为的权力中心，屏蔽并消除了等级的障碍和身份的差别，在纵横浩渺、无限交错的网络文化世界，人们可以自由平等地出入，进行各种类型的思想交流和文化探讨。与此同时，文化参与和信息获取的成本大大降低，人们在获取更多信息的同时又可以自如地表达自己的意见和思想，这同样也是共性与个性界限突破的表现。视觉传播对象体现出大众和小众的融合的特性。

（二）视觉传播图像由仿真向拟像转变

视觉形式的历史贯穿于人类视觉文化的长河之中，认识其发展与演化的形态与特征，对从根本上探索博物馆视觉文化传播具有重要的意义。不同时期的人们有着不同的视觉审美理念，但无论哪种视觉范式都是既包含了视觉主体的观察与体验，又包含了视觉对象的图像类型。它旨在从文化形态的角度说明，不同的视觉范式是由不同的图像类型或视觉语法构成的，这些图像类型恰恰也是探讨不同的视觉文化形态的基础。

以人类文明与文化发展阶段为背景，根据视觉形式发展的总体特征，从大多数人所认同的文化分期原则和视觉与图像的关系，我们可以将视觉范式划分为四个阶段：（1）以图腾为代表的原始范式；（2）以仿像为代表的古典范式；（3）以纯视觉图像为代表的现代范式；（4）以拟像为代表的后现代范式。新媒体时代，视觉文化的后现代特征显现，与之相应，视觉文化传播也显现出"仿真—纯视觉—拟像"的转变，拟像成为视觉文化传播的主要视觉图像。拟像是后现代社会的独特产物，是一种虚拟的、超现实的数字化图像，其主要特征表现为虚拟性、时空性、复制性和快速性。后现代图像的嬗变使都市人越来越倾向于追求速度、追求视觉快感，尤其是数码技术出现以后，拟像的创造也更为便捷，拟像甚至使假象比真相更"真实"。人的眼光从来不是被动的、机械的和单纯的，博物馆观众所要观看的也并非只是简单展示的文物。随着博物馆开放性增强，拟像不仅作为后现代特征的代表成为博物馆视觉文化传播的新特征，更是因观众的需求而促生的新特征。4D、VR等展示技术是博物馆拟像的技术基础。这些技术在博物馆中的应用，改变了传统的陈列方式。博物馆采用多媒体技术，以影视资料加解说介绍的形式展开，不仅减少了陈列空间的需求，且效果上也使展示更加细致、解说更加全面、背景环境更加真实，在一定程度上增加了参观的趣味性。博物馆文物大都蕴藏着晦涩难懂的文化典故，只有结合相应的故事才能使文物中蕴含的内涵清晰易懂。拟像技术能构造出文物背后的故事，以一种老少皆宜的方式向人们展示出来，在真假难辨的场景中，让观众穿越到故事发生的年代，真实体验当时的情景，在充满互动性和趣味性的情况下，了解文物背后博大精深的文化。

### （三）视觉传达设计展现多维互动影像

人们越来越不满足于平面图片所展现的影像视觉效果，于是多维影像应运而生，机器与人类的互动性也随之展现。互动性是一种媒体特征，不同媒体的互动程度和互动形式不同。传统媒体是单向的互动，信息从媒体向受众单向流动，被称为"低互动类媒体"，而新媒体的信息流动是双向的，被称为"高互动类媒体"。与传统媒体相比，互动性是新媒体最重要的优势。

传统艺术是对社会生活的审美反映，人类社会是艺术得以产生的客观环境。一般艺术作品所展现的社会生活内容，其故事情节、人物命运虽然有不同的曲折和沉浮，但作者的构思一经完成，剧本情节和逻辑总是朝着既定的方向发展。在作者创作之前，首先要设定人物命运、故事情节、事情发展结果，而互动影像作品的设计者会预先设定几种场景或者情节变化，使参观者参与到故事情节、人物命运的选择中。因此，互动影像作品的情节变化及其画面镜头的组接是动态的、不确定的，存在着多种可能。面对不同参与者的不同选择和指令，整个作品会展现出迥然不同的面貌。

对于博物馆的展览来说，观众的体验效果在很大程度上反映着博物馆展览的质量。为了提高用户体验，博物馆影像作品的视觉传达表现出鲜明的从众性、交互性和娱乐性。从众性指博物馆互动影像作品的设计者迎合大众的欣赏需求，努力使作品的视觉表现更生动、更丰富、更富有变化、更富有吸引力。交互性带来的是内容的多选择性和图像的变换性，是互动影像作品得以吸引受众的关键。互动影像作品的交互性决定了其视觉语言设计必须直观，缺乏直观性的互动影像作品终将失去受众群体，被受众淘汰。娱乐性是互动影像作品在当下的传播阶段不可避免的一个属性，博物馆视觉新媒体加入了游戏形式，结合"看"与"动"的形式，增强了趣味性。

传统的博物馆展出中，观众只是一般的欣赏者，并没有亲自参与到活动中。当下，人们已不再满足于观看者这一身份，反而更加追求视觉冲击和视觉快感，从而达到精神共鸣。博物馆通过超完美的互动体验，使看似不可能发生的事情发生，对观众的身心体验产生巨大的冲击。这种完美的互动体验，吸引了大批观众，也成为博物馆视觉文化传播的重要特征之一。

### （四）视觉读取思维呈现符号消费导向

在商品经济社会，数字化艺术传播空间中浮现的丰富信息，逐渐转化为工业化的生产及其产业形态，构成了当今的产业化、规模化的体现，诸如"信息产业""文化工业""媒介产业"等产业形态迅猛发展，社会的文化诉求迫切地转化为大众的符号消费行为。

在信息高度发达的社会，信息的采集、选取、整合、传输、接受、消化成为整个社会活动的主轴，人们的生活方式、学习方式、工作方式、社交方式都因此发生了重大的变化。如果文博业继续用传统的方式进行文物收藏、展示、研究，以不变应万变，其社会认同度必然下滑，其进一步发展的空间也会受到压缩。博物馆在新的社会发展阶段从"实物导向"转变为"信息导向"，把现场服务拓展到超越时间、空间的虚拟服务已经成为大趋势。

博物馆在传播中注重设计与融入视觉符号，这一行为以消费为导向，由消费社会的符号消费趋势决定。为了更好地进行博物馆视觉文化传播，博物馆需要满足观众的喜好以及符合视觉消费习惯。例如，苏州博物馆的整体展示设计都体现了"园林文化"以及"江南柔情"。2016年，该博物馆与电商合作，推出了以"型走的历史"为主题的活动，从博物馆的藏品、建筑中提炼出能体现苏州特色文化的视觉元素，并以这些古典美元素融合受众的现代时尚追求，设计出独具苏州博物馆视觉文化特色的24款服饰。该设计一经上架，便备受消费者欢迎，在深度挖掘出博物馆IP价值的同时，也成为博物馆视觉文化传播的新典范。

# 第三节　新媒体视域下博物馆视觉文化传播的优化策略

新媒体背景下，如何让博物馆视觉文化更好地呈现在广大的群众面前，使大众更为广泛地接受博物馆的视觉文化，是值得深入思考的问题。著者从以下五个方面探讨新媒体背景下视觉文化传播的优化策略。

## 一、加强人才培养，巧用新媒体资源

客观环境因素和主体资源的利用不当是造成资源难以整合优化的原因。其中，主体资源利用不当主要体现在资金的利用率较低和新媒体资源整合不合理上。加大博物馆行业专业人才队伍建设力度，并处理好媒介及内容的相互关系，合理应用新媒体，是弥补不足的关键。

### （一）建设专业的管理运营和视觉设计人才队伍

行业人才缺失，尤其是管理运营和视觉设计人才缺失，是导致视觉文化传播相关资源难以优化的重要原因。人才缺失不仅使人力资源不足，还将严重影响资金的合理应用、视觉文化传播内容的合理安排以及视觉呈现效果的美感等多方面。因此在管理层面，博物馆应立足实际，放眼国际，在积极吸取欧美国家较好经验和做法的同时，创新人才机制，重视高素质人才引入和专业人才的长期培养。

人才引进分经验型人才引进和高素质高校毕业生引入两种渠道。经验型人才引进就是寻找有一定新媒体工作经验并取得良好业绩的人才，而引入高素质高校毕业生则需要与教育部门合作，特别是在专业人才培养方面加大力度，理论与实践相结合，从根本上提高学生媒介与视觉文化素养。与此同时，博物馆引入优秀高校毕业生也需要完善引入机制，吸引就业。

在内部人才培养上，首先，应营造博物馆行业良好成长氛围，整个行业的欣欣向荣和较好发展态势是留住人才的根本。应当在国家支持的大背景下重视博物馆行业的发展和综合能力的提高，改变人们对博物馆收入低、发展前景欠佳的刻板印象，使博物馆相关岗位成为较好的职业选择之一。其次，建立完善的人才培养机制。国际博物馆协会十分看重专业人才培养，协会的多次会议都针对现有人才培养现状提出了改善措施。参考相关会议记录，结合实际情况，著者提出如下建议：

（1）博物馆应根据自身实际情况建立人才培训体系。针对不同层次的人才设定资格培训和非资格培训[1]，课程需落到实处，避免"面子工程"。对于已拿到资格认证的职工进行资格管理，行业也应当不断完善资格认证制度。

（2）优化岗位设置，细化岗位职责，尤其是复合型岗位更需描述清楚，及时更新。视觉文化传播需要复合型人才，既要懂得策划展览，又要懂得运营和视觉设计，只有细化职责，并根据复合型岗位定向培养专业人才，才能更好地促进博物馆视觉文化传播。

（3）注重职业理论与应用技能的结合，尝试建立新模式。建议参考产业合作模式，尝试建立博物馆"产学研用金"的机制。"产"主要指博物馆视觉文化符号消费所促成的文创产业；"学"则指高校；"研"是学术理论研究；"用"指应用技能；"金"指国家支持文化产业拓展的专项财政资金。通过这种多方合作的模式，全方位地给博物馆从业人员提高自身技能创造途径。

### （二）注重新媒体资源的合理应用

1.线上正确看待互联网的作用

博物馆作为视觉文化的传播者，应看到互联网的优势与劣势，重视自身与互联网的合理结合，依托互联网宣传优势，为视觉文化在表达上增添活力。

博物馆借助互联网进行视觉文化传播，其目的在于摆脱以往博物馆在宣传方面过于沉闷和厚重的形象，将互联网的鲜活动力注入新时代的博物馆，使博物馆从沉闷变得生动有趣。如今直播与短视频等视觉平台不断涌现，凭借着

---

① 蒂莫西·阿姆布罗斯，克里斯平·佩恩.博物馆基础[M].郭卉，译.南京：译林出版社，2016：8.

几十秒的场景展示就可以在广大群众中迅速产生影响力，这也给博物馆视觉文化展示提供了新思路，即将部分珍贵的展品用短视频的方式进行展示，一方面可以满足大众的好奇心，另一方面又可以避免因为参展人数太多而产生风险。这种合理融合互联网优势，加强线上视觉文化传播效果是博物馆结合当今社会发展与自身发展应做出的选择。

首先，应该处理好互联网展示与视觉信息的关系，分清主次。博物馆管理人员应该明确互联网的本质是宣传和广播，博物馆在策划视觉文化传播活动时，需就视觉信息的本身来进行设计创意，互联网平台则负责博物馆的宣传事宜，通过覆盖面极广的网络，向广大网民实时展示博物馆风采。这就要求博物馆采取积极主动的合作机制，与互联网服务商明确各自的职责，认清彼此在专业领域的优点，互补共赢。

其次，注重视觉文化表达方式，促进博物馆与互联网有机融合。博物馆与互联网自身都有着鲜明的特点，博物馆重在精神层面的视觉文化展现，希望借助视觉符号的传达树立自身形象，这是一种逐步积累的过程。互联网则强调迅速，在视觉文化的表达上更注重画面的刺激与语言的感染力。因此在视觉传达层面，双方需要深入合作，加深彼此之间的理解，借助对方的长处来弥补自身不足。博物馆借助互联网迅捷传播的特性，将展品以影像方式进行传播，可以获得更多人的关注，而互联网则可以借用博物馆丰富的文化内涵，将内容饱满、教育意义深刻以及生动形象的视觉文化内容输出给广大群众，增强自身的正面影响。

2. 线下分清展品和新媒体的主次关系

与在线上使用互联网传播的广泛性相比，线下则需要集中体现博物馆对于视觉体验的重视。博物馆拥有数量众多的藏品，这是视觉设计的重要资源，是视觉新媒体展示的核心。新媒体只是手段，它是服务于展品的。

技术上的革新会使线下视觉的体验大大增强，一些年代久远、历史悠久的文物可以以一种动态化的方式展现在大众眼前，为参观者提供美好的艺术享受。此外，博物馆还应该尝试创新自身展览方式，增加吸引力。一是广泛地招纳视觉方面的专家作为博物馆的顾问，针对博物馆自身具体的情况，听取专家的建议，对博物馆的整体进行规划，着重增强视觉效果。二是针对部分场景布置采用平面的方式，在表现效果上缺乏张力的情况，建议对其进行重点改进。例如，可以通过三维空间搭建的方式，按照原图像的结构示意，将平面转换成带有视觉冲击力的 3D 场景，使观众在展品面前有一种"身临其境"之感，增强视觉冲击力和内心冲击力，摆脱冰冷的文字教育以及平面教育的传统方式。

## 二、把握设计要素，关注视觉传达系统

在消费社会的符号消费热潮之中，视觉文化可以通过视觉具象展示背后所隐含的文化内容，对于受众群体具有一定吸引力，这就需要博物馆在视觉文化传达系统上下功夫。博物馆视觉传达系统的主要设计要素分为视觉内容、视觉组合、视觉语言和视觉消费。

### （一）以主题为导向的视觉内容设计

在视觉内容的设计上，博物馆应该突出自身的发展定位，结合独特的文化特点进行主题设计。例如，美国华盛顿的非裔美国人历史文化国家博物馆，以主题为导向的设计无处不在。它不但使用了大量的高科技，使展品在视觉表现上十分有张力，而且将主题设计延伸到周边的商业中，以丰富的想象力延续了文创产品的二次开发。这些产品的设计理念来源都是博物馆自身所拥有的众多藏品，而从这些艺术本身可以感受到极其浓郁的、综合了非洲和美洲艺术的气息。创意丰富的文创产品辅之线上互动平台的交流与销售，以历史文化为主题的视觉文化传播效果得到了大众肯定。在史密森国家航空航天博物馆中，主题由历史文化转换成了航天发展史。整个博物馆的视觉设计紧紧围绕航天科技这一主题，馆内收藏了众多的飞机和太空飞船的模型。博物馆主题氛围极为浓厚，现代科技与主题相互影响和作用，再配合以逼真的仿真场景和拟像，具有强烈的时代感，吸引了青少年观众，带动了包括飞船模型等物品的销售份额，间接地给博物馆带来了收益。

除此之外，同样以主题闻名于世的是法国的卢浮宫。极具历史气息的卢浮宫是法国历史的一个见证，每一任法国的国王和总统都会为卢浮宫注入新鲜的历史意义。

结合自身发展的主题，在视觉效果上加以呈现，的确会增加博物馆的吸引力，但必须注意两个问题。首先，博物馆的视觉主题离不开社会背景、文化背景与历史背景的制约，博物馆作为具备社会教育功能的主体，主题设置应该客观。其次，利用新媒体传播的视觉内容需有取舍。我国博物馆的展示通常是分为几个场馆或者几个主题展厅进行，不同的展厅视觉内容的侧重点有所不同。与该部分符合的视觉内容便适合在展厅展示，与整个博物馆主题相关但与本部分相关度不大的便要适当舍去，避免冗重。此外，部分视觉内容适合以新媒体展示，但有些内容用图片或者文字配合展品表述更容易让人理解，强用新媒体反而会适得其反。

## （二）以技术为参考的视觉组合设计

与传统技术相比，使用新媒体可以让展品被观众所感受并进行交互沟通，使其从接触中感受历史文化，内心也可以得到充分的满足和愉悦。对于潜在观众而言，博物馆线上新媒体宣传手段的进步，使他们对博物馆的看法有所改观，乐于"拥抱"充满时代感的博物馆，但这不意味着粗枝大叶地使用新媒体进行博物馆视觉传播可以获得预期效果。新媒体技术分多个种类：从空间维度看，可以分为二维、三维、四维；从传播场域看，可以分为线上与线下；从互动性看，可以分为互动新媒体和非互动新媒体。诸如以上分类，都依托于技术的发展。如何合理组合这些类型的新媒体，在有限投入的基础上获得最好的效果，是优化视觉传达系统需要思考的问题。

以技术发展为参考进行视觉系统的设置，是行之有效的解决方法。第一，参考技术的表现效果。新技术的不断发展，给视觉组合的设计提供了更多的可能，但不同的新媒体展示的侧重点不同。例如，现代技术追求"人机互动"，即通过追踪动作，将观众与虚拟中的事物联系起来，通过 VR、投影仪或者大屏显示、数字电视等方式，使观众产生参与感；三维处理技术的发展也可以营造一种身临其境的氛围效果，观众与之交互，产生一种触碰历史的真实感。此类技术可以在需要深入体验文化背景的展厅中使用。反之，如一种工艺的形成与流程展示就没必要进行人机互动，通过平面动态图就能让观众更直观地理解。第二，参考技术的投入成本。目前博物馆使用新媒体进行视觉文化传播的一大瓶颈是投入与产出难达预期。某个博物馆的视觉传达系统的构建，不论是前期的设备购买或者平台开发，还是后期的维护与运营，都需要耗费大量资金，在有限资金内，技术成本成为视觉传达组合选择的重要因素。技术成本与产生时间、维度表现以及普及率等都有很大关系，如平面动态影像的放映远比4D 影院建设成本低得多，智能线上导览 App 要比微信、微博等成熟平台的应用开发成本高许多。

综上所述，在引入新媒体之前，应综合考虑其技术效果和技术成本，做好调研考察、询价对比等工作，避免不必要投入，形成合理的视觉新媒体组合。

## （三）以有效为原则的视觉语言设计

博物馆通过视觉设计体现差异性，而差异性也是博物馆的底蕴和吸引力所在。良好的博物馆视觉形象无疑会吸引更多观众前来支持，专业气息也会使博物馆具有深厚的人文气息和社会公信力。基于这些考虑，在进行视觉语言设计之时，不能盲目地追求视觉效果而忽略博物馆本质意义，视觉设计应注重有效性，而不是草草应对或者过分修饰。

视觉语言强调的是有传达意义的规范或者符号系统。博物馆自身的形象是复杂的，它不仅包括社会环境、藏品研究、社会公信力和道德规范等方面的因素，还包括教育文化属性和正确历史观属性等，是一个受多方面因素影响的综合体。当前，新技术的不断发展导致视觉展示方式发生变化，平面展示、静态展示逐渐演变成立体展示与动态展示，并与听觉、触觉等感官相互配合，交流平台也从传统的报纸、图书等较为沉闷的媒介变成了网络平台、App 等新媒体。毫无疑问，新媒体时代的变化会带来更多感官上的刺激，视觉文化传播需要适应新动态，全面地将视觉符号所隐含的信息以多元化的方式传递给受众。所以，博物馆的视觉语言这一符号系统需有的放矢，有效突出博物馆的特点和优势，而并非将视觉文化泛滥化。视觉设计的效用就是要将相应的信息高效地传达给观众。如果信息能被高效地传达给观众并使其理解其中隐含的文化信息，那么视觉设计就是有效的，否则，就应该在设计语言上下功夫，不应该白白浪费技术资源。

处理好科技与人的关系，坚持"以人为本"是保证传达有效的重要理念。2017 年 10 月，北京故宫的端门数字博物馆就对养心殿进行了一个数字科技主题的文化展示。展示包括两个部分，一部分是将养心殿的一些历史真迹展示在广大群众面前，另一部分是使用虚拟现实技术来构建虚拟养心殿。与平时相比，这次展览吸引了双倍的观众来欣赏，历史与科技的完美结合带给观众无与伦比的美好体验。这意味着，博物馆在新科技背景下进行的视觉文化传播，不应再以冷冰冰的物体为中心，而是应树立"以人为本，兼顾技术优势"的服务理念。只有处理好科技与人的关系，才能让视觉文化传播获得更大的效用空间。

### （四）以个性为追求的视觉消费设计

博物馆作为社会文化教育的重要场所，一直是组织青少年参观学习的首选地点之一。新一代的青少年在高速发展的信息时代成长起来，他们对于个性化的追求高于中老年人。倘若博物馆没有突出个性化视觉设计理念，就无法给他们留下深刻的印象，最终影响博物馆社会功能的实现。

体现个性指博物馆拒绝千篇一律的视觉传达设计，应突出差异化。观众愿意并且有能力去提取新媒体中的公共视觉元素，但同时每个观众愿意接触的新媒体装置又各有差异。因此，符号消费社会背景下，以个性为追求的博物馆视觉消费设计应从三个步骤实现：一是提取有消费价值的视觉符号；二是利用新媒体高效传达具有消费价值的视觉符号；三是具备可供选择的接收设计。

提取有消费价值的视觉符号取决于博物馆文化的开发程度和大众喜好的融合。大众喜欢的不是冷冰冰的博物馆藏品，而是藏品中有温度的文化。让藏品变得"鲜活"的办法之一就是提取其中的视觉元素，并将其转变为受大众喜爱的视觉符号，再通过适合的新媒体进行传播。例如，中秋佳节之际，国家博物院将藏品与传统节日元素交融在一起，提取近似的视觉元素，在官网发布了一幅唐代月宫铜镜的图片，并配之以具有古典韵味的文案——"中秋佳月最端圆"，不仅呼应了中秋相聚、团圆的节日主题，还将藏品中和传统佳节交相辉映的文化内涵表现了出来，获得网民的一致好评。

可供选择的接收设计是促进观众进行视觉符号消费的要求。视觉接收的方式有许多，可以是虚拟的，也可以是实体的。例如，利用新媒体展示视觉符号，但是需分栏目进行融入，侧重点各有不同。根据栏目所含信息量大小和深度、广度，可以设置免费和收费栏目，这样观众可以依据喜好选择不同栏目，但最终都可以接收到视觉符号并进行解读。至于实体视觉消费，文创产品无疑是最佳选择。同样的视觉符号可以用不同的文创产品传达，而观众则可以综合考虑实用性和适用性后再选择文创产品。这不仅传播了视觉文化，还引领了消费热潮，一举两得。

### 三、注重行业合作，积极拓展传播途径

博物馆是其视觉文化传播的主导者，但其自身也是文化传播的媒介之一，而文化则受到时间与空间的综合影响。从地域、历史和技术三个维度出发，著者认为应当整合行业资源，拓展传播途径。

#### （一）以地域文化为线索进行横向合作

地域文化指在特定的环境条件下，环境中的人和周边的事物的统称，它是文化在演变过程中根据不同地区所形成的概念。不同区域风格迥异的地域文化是人类悠久历史中的一个亮点，无论历史长短、演变交融方式如何，可以肯定的是每种地域文化都有着自己的独特韵味，具有十分重要的价值与意义。地域文化之所以存在差异，主要是因为人类的行为受到环境、社会条件等因素的综合影响，进而也形成了具有地域差异的艺术审美和文化。地域彼此的差异形成了文化表征的差异，博物馆中的物品和故事也随之有了很大的不同。

博物馆是地域文化的展示地，在这里，地域文化主要由各种藏品以及藏

品背后的历史叙事来体现，形式手段多样。利用新媒体进行视觉文化传播的主要内容也与地域差别有关，这一点在故宫博物院中得到体现。从国家的角度来看，故宫博物院是宫廷建筑遗址，依托这一优势，馆内不仅保留着许多清朝的珍贵文物，也珍藏着许许多多中国古代历史中各个朝代的艺术珍品等文物，如名扬中外的《清明上河图》。从全球视角来看，故宫博物院是中国区域的文化载体，与其他国家联合展出时，可利用横向对比来展示不同国度的文化。因此，将地域文化的差异与博物馆视觉展示相结合，使博物馆的视觉展示内容更具地域特色，也是目前大多数博物馆扩大视觉文化传播范围、建立特有视觉形象从而增强影响力的需求。

以地域文化为线索进行横向合作，首先要重视视觉展示的合作。国内以经济分区、文化分区、政治分区来进行不同地域博物馆的合作，如湖南省博物馆、苏州博物馆、金沙遗址博物馆等多家博物馆联合推出线上智能 AI 博物馆，并聘请郁可唯、汪涵、马思纯等明星作为明星讲解员。参与的博物馆除了在博物馆大厅放上自己的宣传海报，也会同时帮助合作单位进行宣传，共同扩大影响力，使更多的观众通过移动端享受博物馆的视觉文化盛宴。国外合作则可以是不同国家的博物馆之间进行合作，如 2018 年 10 月至 12 月，湖南省博物馆与都灵埃及博物馆合作进行主题展，并引入了 VR 技术，观众通过微信预约便可以在观展时体验一把"神秘埃及之旅"。

横向合作并非只有博物馆行业内的合作，也可以是不同行业或者不同领域的跨界合作。在博物馆新媒体展示内容上，博物馆应该与当地的文物保护机构进行深度的合作，借助文物保护单位在地域文化保护上的独特传统，使本地的优秀文化得到淋漓尽致的体现，提升博物馆自身的文化感染力，增强博物馆的竞争能力。在博物馆的建筑设计上，建筑外部面貌可以侧面反映出博物馆历史底蕴的深浅，这就需要协同资质较好的建筑单位进行研究，来突出本地区的历史建筑色彩和风格。

以地域文化为准则进行横向合作，能够在一定程度上激发观众的兴趣，且可以帮助观众形成对历史的认知和提升其艺术审美能力。这种跨界合作还可以弥补博物馆不能顾全所有细节的遗憾，通过与合作方的相互审视，发现博物馆视觉文化传播仍需进行补充的地方，进而完善在地域特色方面的艺术与文化视觉展示途径。

### （二）以历史叙事为线索进行纵向合作

横向合作注重拓展视觉文化广度，纵向深入挖掘则拓展视觉文化深度。

浅层次地停留在对文化历史的宣传显然不够，视觉展示融入文化内涵是帮助博物馆实现文化启迪和社会教育功能的重要途径。以历史为线索进行博物馆间或者博物馆与其他机构的纵向合作，是拓宽视觉文化传播的途径、增强影响力的有效方法。

　　从历史叙事的角度分析，博物馆视觉文化展示内容需要以馆内的藏品为基础，利用多维的展示手段传递这些内容，向参展观众讲述历史事实和历史变迁。这种讲解不是单纯的欣赏，而应引导观众了解与思考历史叙事的内在原因。这就启发博物馆在注重视觉画面丰满的同时，也应对叙事的科学性和严谨性进行监督。博物馆之间的纵向合作，基本的要求是两个或多个博物馆之间有历史关联，如四川成都的金沙遗址博物馆与四川广汉的三星堆博物馆，二者都属于古蜀文化遗址，历史上一脉相承。金沙遗址博物馆与三星堆博物馆的合作在线上线下都有体现，展示厅中展示二者历史线索的图片、宣传片里的互相提及以及微博上的亲密互动，都可以让观众在浏览的同时获取与对方有关的视觉信息，合作共赢。

　　博物馆与其他机构的合作主要是在历史的考究上。对于具有特殊意义的文物藏品，它所具备的历史意义以及背后的故事，如何通过一种趋于完美的方式展示在大众眼前，让大众通过它在历史中的独特作用来理解其蕴含的历史意义，需要博物馆与文物历史研究机构进行纵向的合作，利用文物历史研究机构在历史领域的权威性和公正性，对博物馆的历史叙述提供支持。

### （三）以技术发展为基础均衡传播能力

　　计算机的发展直接推动了第五次信息技术革命的发展潮流。通信技术不断进步，人们的生活方式也发生了巨大改变。在新时代的发展下，博物馆视觉文化传播也需紧跟技术发展的节奏，不断利用技术推陈出新，以其为基础均衡不同呈现途径的应用能力。

　　将文化进行数字化图像编辑后再进行传播是一种十分高效、方便的传播手段。虽然许多博物馆尽可能地在尝试使用各类传播平台，但各类视觉文化传播途径的传播能力并不均衡，其主要表现是部分传播平台技术明显具有优势，但应用情况和预期效果却都不尽如人意。以数字博物馆为例，不断革新的虚拟现实技术、立体仿真技术、网络通信技术、人机交互技术为数字化博物馆奠定了理论基础，将真实的博物馆转换成网络虚拟博物馆。博物馆数字化是博物馆发展的大趋势。一方面，数字博物馆可以通过网络快速地向大众传递视觉文化信息，这几乎是没有任何迟滞的；另一方面，博物馆也可以通过网络搜集大众的建议，并基于网络的双向性进行互动管理。这种设想打破了博物馆与受众之间的时空阻碍，且利用虚拟化藏品也间接地保护了部分脆弱的藏品。然而，尽管大多数博物馆将数字技术化落实到了博物馆的藏品管理和线上传播中，但调查数据证明，其效果未达到心理预期。

与数字博物馆相比，同样是在线上进行视觉文化传播，借助覆盖面极广的大众通信软件——微信却大受追捧。目前，使用微视频的方式，重点将博物馆的特色进行整理并放到网上，或者利用直播这种新兴传播平台进行视觉展示的方式也比数字博物馆受欢迎。山西博物馆出品的一系列科普短视频，以及为配合意大利流行的新风格——锡釉陶展上传的系列短视频十分火热。当然，除了线上案例，线下展陈也同样存在这样传播能力不均衡的情况。那么，如何在技术发展的基础上平衡新媒体传播能力？一是提升博物馆的视觉设计能力，二是采用以强带弱的方式来带动发展。前者不必赘述，后者是目前许多博物馆正在进行探索的改善方式。例如，湖南省博物馆设立 AI 体验屋，以传播能力相对较强的线上智能 AI 博物馆带动线下平面展示新媒体。

## 四、重视受众反馈，培养视觉文化素养

博物馆与受众的关系是相互的。一方面，博物馆应重视受众群体的反馈，吸纳有益建议，不断完善视觉文化传播的各个环节；另一方面，受众的反馈能力与其视觉文化素养紧密相关，视觉文化素养不是与生俱来的，而是需要培养的，因此博物馆作为文化机构，理所当然应承担起培养受众文化素养、提高受众反馈能力的责任。

### （一）重视受众群体的反馈

受众群体的感受是博物馆视觉文化传播最直观的反映，也是博物馆完善自身最直观的依据。国内大多数博物馆善于对自身问题进行审视，但不注重受众反馈，在获取受众反馈方面缺乏全面性和开放性。通过调查，博物馆在设计视觉内容时，没有对广大观众的需求进行广泛调查，在传播后也未对观众反馈的问题进行深入研究。长此以往，观众对于博物馆的兴趣将大为降低，博物馆客流量减少，收益也将受到影响。

受众群体的反馈与博物馆自身的发展是一个负反馈的闭环体系。这个问题的重要性在于，假如博物馆不重视受众群体的反馈，那么大众参观体验博物馆之后，对博物馆在视觉设计方面带有疑问或者是觉得需要改进，或者对某些设计带有不满情绪等，这些问题可能都无法被博物馆管理层所获知，博物馆也

就无法针对这些问题进行改进。这样一个恶性循环将导致大众对博物馆的印象越来越差，进而导致博物馆运营困难。因此，博物馆需及时聆听大众对博物馆提出的种种问题和意见。

博物馆应组织成立相应的机构，专职负责接收大众的反馈并进行分类。对于能及时解决的，应该满足大众要求及时解决；对于不能及时解决的，也应该向管理层报批，申报问题，组织力量加以解决。博物馆只有建设这样一个良性的负反馈的评价体系，即大众反映问题，博物馆加以解决，才能树立良好的形象，才会获得大众的青睐和认同，提升其视觉文化传播质量和影响力。

### （二）促进受众视觉文化素养提升

大众已经身处视觉媒介环境，所观看和感知的是经过数字化剪辑和处理的形象，只有懂得欣赏和评估视觉形象，才能进一步理解媒介信息和判断媒介信息的对错，所以对视觉形象进行分析的能力对个人和社会来说都尤为重要。通过新媒体传播博物馆视觉文化其实就是营造一个虚拟审美场合，这个场合利用信息化技术对博物馆的视觉信息进行网络延伸，将赋予互联网美学概念，但同时背负着向广大网络用户提供美与使其鉴别美的责任。受众在不同时代会表现出不同的审美水准，也会对博物馆和这些藏品带有主观感情色彩的评判，这些因素都会对预期的视觉文化传播效果造成影响。时代的审美倾向是个人倾向的集合，提高观众的视觉文化素养是实现预期传播效果的关键所在。

博物馆至少可以从两方面着手去帮助受众提高视觉文化素养。一方面，营造浓厚的文化氛围，通过文化熏陶的方式感染观众。对文化的解释，可以使观众进一步明晰历史发展脉络，而对藏品的展览则使文化以一种具体的方式展示在观众眼前，使观众在艺术审美方面的修养得到提升。当博物馆通过视觉技术与语音讲解将传递给观众的审美意识与观众在社会环境中受到文化熏陶产生的价值意识结合起来，就会形成一种层次较高的审美，而审美水平的提升进一步强化了文化价值意识，这一点是难能可贵的。另一方面，博物馆应该在改变刻板印象上做文章。传统博物馆给人的感觉很"高冷"，许多观众望而却步，借助网络力量，增加与观众亲切互动则是改变博物馆刻板印象的一个好办法。通过网络这一虚拟空间，从视觉角度设计宣传热点，采用精细的图像演示方法，配合详尽的讲解分析，向大众展示博物馆的另一面，给观众以独特的感官体验。此外，还应多举办各类讲座和交流活动，通过充满特色的宣传方式和精湛的视觉文化展示，来吸引观众的眼球，提升观众对博物馆的认可程度并提高其社会地位。设置反馈服务记录本或是参观后发放免费视觉文化欣赏知识扩充手册，也是陶冶受众的审美情操、提高观众自身的文化底蕴和视觉素养的方法之一。

## 五、遵循科学原则，建立效果评估体系

视觉文化传播是博物馆文化传播中的一种形式，其效果评估也对博物馆文化传播的整体评估有重要参考价值。建立科学的视觉文化传播效果评估体系，对博物馆完善视觉文化传播起着重要指导作用。科学的评估体系，有利于博物馆对自身的视觉文化形成和传播进行审视和考量，有利于博物馆在新媒介时代的再发展，同时也是对技术与艺术融合的一种新的推广。

### （一）重视效果呈现和内涵表达

视觉是认识世界的最直接的方式，而视觉文化之所以如此迅猛地发展，其内因仍是人类对于视觉的推崇。就博物馆的藏品而言，它是一个静态的文化产物，人们无法通过想象去发现文物内在的背景和文化内涵，视觉技术则可以使人直观地去理解事物的本身以及背后的发展过程。

在新媒体背景下，博物馆的社会身份需要视觉文化传播，其可产生以下效果：（1）综合效果。博物馆应当将艺术表现同技术发展相结合，科技作用于文化，文化赋予科技内涵，使二者相辅相成。（2）交互效果。博物馆视觉文化的直接接触者是受众群体，通过新媒体的交互性，使大众有一种触摸历史的真实感。（3）超媒体效果。将彼此分离的媒体方式通过某种关系进行结合，使观众有个人想象的空间。（4）沉浸效果。博物馆应充分考虑合理运用4D、VR等技术，搭建历史事件的环境，让受众群体体验真实的三维仿真虚拟世界，这种直接的感官冲击会使大众对历史的认识更为深刻，加强视觉传播效果。（5）叙事效果。博物馆在视觉文化方面，应结合历史发展线索，结合美学理论，将故事的表现形式与技术融合后传播给大众。

需要注意的是，每一个视觉展示都应该有其历史发展的背景和线索，而不是混乱的、无序的，这要求博物馆评估在展品整理以及其背景意义的发掘工作上下功夫。鉴于此，博物馆在建立视觉文化传播效果评估体系时应重视其传播的内涵表达，可以从以下几个问题着手进行体系建立：第一，构建关键视像；第二，视觉传达设计要充分表达文化内涵；第三，发挥图像软实力；第四，观众的反馈。

### （二）制定科学合理的评估指标

建立博物馆视觉文化传播评估体系的目的是发现自身不足，并据此完善

传播策略。在传播效果层面，一般以受众的认知、态度和行为的变化作为衡量标准，然而由于博物馆视觉文化传播本质是一种传播形态和文化现象，只根据受众反馈进行评估过于单薄。

因此，博物馆应依据评估重点，从传播各环节出发，以传播主体、传播内容、传播途径和传播受众为维度制定科学合理的博物馆视觉文化传播效果评估指标。传播者方面，评估指标可涉及视觉设计与管理人才队伍建设、资金投入产出比、博物馆综合排名等；传播内容方面，评估指标可涉及线下新媒体内容贴切度、线上新媒体展示界面美观度、影像资料制作精美度、关键视觉图像构建情况等；传播途径方面，评估指标可涉及线上线下新媒体应用组合合理度、不同新媒体官方评比名次以及行业内合作情况等；传播受众方面，评估指标可涉及实地参观的观众数量排名、新媒体体验人数占比、受众认知变化、受众态度变化以及受众情感变化等。

# 第四节　博物馆视觉文化传播的品牌化发展之路

## 一、现状及发展前景

### （一）博物馆行业发展现状

近年来，博物馆行业发展十分迅速，主要体现在国家政策大力扶持、博物馆数量和馆藏数量大幅增长、参观人次快速上升等方面。行业的迅猛发展推动博物馆呈现出形态多元及两极分化的态势。一些博物馆转型为超级品牌，遥遥领先；另一些博物馆被推向经营困难的边缘，生存维艰。因此，博物馆先后加快了功能演进和角色转化，成为"以观众为中心""让文物活起来"的公共文化服务机构，旨在为观众提供更好的服务体验。线上数字博物馆的涌现颠覆了博物馆线下空间的展示方式，掌上博物馆让公众足不出户即可逛遍全国博物馆和浏览高清晰度数字馆藏文物成为现实。同时，博物馆文创品牌成为博物馆自我造血的一大手段，带来了较高的经济效益，扩大了影响力。

1.博物馆行业发展迅猛

从国内的发展来看，博物馆在新建数量、馆藏文物数量、场所参观人次上的发展皆非常迅速。在1996年我国仅有博物馆1219个，而到2018年，全国已备案博物馆达5354家，中国博物馆事业呈现出良好发展态势；2018年，我国馆藏文物数量约为 4330 万件 / 套，呈现出增长趋势；2017 年我国博物馆参观人数已经达到了 9.72 亿人次，同比增长 14.2%，占 2017 年文物机构接待观众总数的 84.7%。从国际的视角来看，根据 TEA 和 AECOM 联合发布的数据，2017 年，全球游客量排名前二十的博物馆中，有 6 家来自美国，4 家来自中国，5 家来自英国，其他博物馆则来自法国、俄罗斯、韩国、梵蒂冈等国家。2017 年，排名前二十的亚太地区博物馆游客量合计达 6730 万。其中，中国国家博物馆高居首位，游客量为 806.3 万；上海科技馆排在第二，游客量为 642.1 万；台北故宫博物院位列第三，游客量为 443.6 万。虽然我国文博行业硬件优势突出，但是历史仍较短，进步空间较大，较为缺乏精神内涵和历史积淀。[①]通过数据足以窥见中国文博行业的飞跃式发展，但如何在大兴博物馆的浪潮中立于不败之地并可持续地发展成为新的议题。

2. 形态多元和两极分化

行业的迅猛发展推动了博物馆的多元化形态和两极分化。移动互联网带来多元化博物馆形态，打破了时间和空间的限制，观者可以随时随地进入数字博物馆，听到相关"云讲解"，并在手机上"把玩"数字博物馆中的高清晰度馆藏。同时，博物馆发展逐渐两极分化。其中，国有博物馆享受财政拨款，尚可维持生计，而地方中小博物馆和非国有博物馆生存较为艰辛：政策红利层层递减，缺钱少人是常态，藏品规范和有效管理难实施，更没有基础和能力打造文创品牌，需要依赖地方政府的支持。

3. 功能演进与角色转化

中国博物馆正面临"以藏品为中心"向"以观众为中心"的理念转型，这使博物馆的角色从国宝库藏转变为人文地标，更关注人的体验。从前，博物馆的主要功能为收藏、保护、研究、展览和教育；现在，服务成为关键词。随着博物馆逐渐转向以观众为中心，公众由被动接收信息转变为主动参与构建，而博物馆开始逐渐注重优化功能，为公众提供更好的公共文化服务，通过各种各样的手段融入人们的生活，用拟人化的形象与公众沟通，成为人们生活中的"一个博学多才的小伙伴"。不仅如此，博物馆还是"解决问题的小能手"。数字化转型带来的数字博物馆、数字化馆藏、3D 打印的展品、数字讲解服务等为博物馆文化爱好者带来了极大的便利，一定程度上消弭了资源的壁垒。同时，博物馆将助力城市品牌的发展，为城市的发展带来新文化势力。

---

① 赵君香.中华文化传承与国际传播研究 [M].济南：山东大学出版社，2018：31.

4. 文创周边增强造血

近年来，文创周边已然成为博物馆"自食其力"的主要造血手段之一，文创行业利好消息频频传出。2014 年，文创和设计服务与相关产业融合发展成为国家战略，促进了文创和经济实体融合，推动了转方式调结构和实体经济转型升级。2015 年，博物馆可以从事商业经营活动，挖掘藏品内涵，与文创、旅游等产业相结合，并可以多渠道筹措资金，促进自身发展。这无疑为文创事业的蓬勃发展奠定了坚实的基础。2016 年，故宫博物院借着"故宫淘宝"彻底点燃了公众的文创消费热情，故宫文创营收在 2017 高达 15 亿元。2017 年，国家文物局提出要打造 50 个博物馆文创产品品牌，建成 10 个博物馆文创产品研发基地，文创产品年销售额 1000 万元以上的文物单位和企业超过 50 家，其中年销售额 2000 万元以上的超过 20 家。2018 年，文化和旅游部、中央宣传部、国家发展改革委、财政部、人力资源社会保障部、市场监管总局、国家文物局、国家知识产权局联合印发《关于进一步推动文化文物单位文化创意产品开发的若干措施》。由此可见，文创行业的蓬勃而发是顺应时代背景和具有强有力政策支撑的。然而，当博物馆面对大众市场时，需要品牌传播战略的支撑，才能提升其文创产品品牌竞争力，获得进一步发展。

5. 掌上博物馆涌现

博物馆数字化由来已久，数字化的掌上博物馆是重头戏。2020 年 2 月 5 日，一篇题为《不能出门的第 13 天，我把全国的博物馆云逛了一遍》的帖子在微信朋友圈刷屏。一位博物馆文化爱好者将各大博物馆已经上线的数字博物馆名单整理成文，并贴出了二维码供读者扫描。故宫的"多宝阁"可以让观者在手机上以 360° 的全视角，零距离和文物"亲密接触"；故宫的"数字文物库"有高清大图的文物一共 52558 件（套），其中有盛名遐迩的《千里江山图》《五牛图》等，观者不仅可以左右滑动浏览文物全貌，还可以放大欣赏极小的细节；中国国家博物馆曾在 2018 年 9 月推出了一期"大唐风华"展览，通过 3D 技术还原当时的场景，让观者可以在手机上"身临其境"，点击展品还能看到详细介绍；莫高窟也开放了"数字敦煌"，搜索点击窟室，即可看到全景。可见，博物馆数字化基础建设已经完成，掌中博物馆普及了历史文化，消除了时空的障碍和馆藏资源的壁垒，使公众拥有了比以往更大的视觉权利。未来，博物馆结合虚拟现实、增强现实技术，打造足不出户便能身临其境的沉浸式数字博物馆或将会是一大趋势。

### （二）博物馆受众消费趋势

**1. 中小城市潜力大**

经济增速放缓和生活成本上涨并没有影响消费者的购买热情，他们对于支出增长的贡献超乎寻常。2019 年，中小城市年轻消费群体，即"小镇青年"突然大幅增长。他们都是"数字化原住民"，主要居住在生活成本较低的二、三、四线城市，对未来保持乐观、充满希望，极容易"种草"最新潮事物，爱看小红书和抖音。较之于大城市的年轻人，他们拥有更多的时间外出就餐、追逐最新潮流趋势、购买高档产品来提高生活品质和社会地位。

随着消费市场的不断下沉，部分品牌知名度较低、品牌建设水平一般的地方博物馆获得了较大的发展空间和机会。这些地方博物馆应把握住市场机遇，深度挖掘自身特色，形成博物馆品牌识别，针对当地消费者确立精准视觉定位，优化用户旅程设计，与消费者建立紧密的联系，融入其生活，最终形成用户忠诚度。

**2. 差异化消费市场出现**

整体而言，中国消费者依旧追求更高质量的生活水平，不同消费群体表现出多样化以及差异化的需求。多数消费者出现消费分级，有的更关注品质，有些更关注性价比。绝大多数中国消费者在支出方面都表现得更为谨慎，即便自己比较富有，也更希望把钱花在"刀刃上"。消费开始出现分层，有人在增加支出，也有人在努力省钱，"品位中产""精明买家"和"奋斗青年"开始集中出现。这意味着博物馆在品牌传播活动之前，需要根据市场细分制订传播策略，为有效传播奠定坚实基础。博物馆品牌传播需要针对不同圈层消费者展开，既不能一味地追求高端大气路线，也不能沉迷于幽默搞笑风格，而是要先确定传播目的，再调研受众的年龄、偏好、审美和品位等关键因素，随后根据调研结果开展传播活动。比如，品位中产型消费者未必喜好"发奋图强""坚持不懈"的传播调性，他们可能更偏好于"品质生活""享受人生"的传播风格。"奋斗青年"型消费者可能更需要传播带来科技感和新奇感，以体验到与众不同。

因此，博物馆品牌面对差异化消费市场时，要针对细分市场进行传播，降低破坏品牌形象的风险，尽可能确保能够获得目标消费者的认可和喜爱，有利于后续产品的推出。

**3. 旅游消费强化体验**

"小而美"的团队游和自助游逐渐取代大型旅行团。大多数人更偏爱自助游而非十几年前流行的大型团队游，即便是跟团游也会选择小型、高端的旅游团。品牌体验是消费者旅游时永恒的主题，各大博物馆有构建良好体验的天然优势——馆藏资源、场地空间、地方特色等。正如百度曾在2018年的暑假与中国十大博物馆联合推出"百度AI博物馆计划"：线上，用户通过搜索"湖南省博物馆""苏州博物馆"等博物馆关键词，在弹出的博物馆定制页面点击"博识君助你逛展"即可获得全方位的观展指南；线下，仅需打开百度App对准文物扫一扫，静态的文物就能动起来，甚至能"自己开口说话"。线上线下的整合，令博物馆的馆藏知识连带着百度的产品技术一同触动了每个用户。传统与现代、文化与科技的碰撞，极大地激发了用户的参与欲望。

### （三）博物馆品牌的发展前景

#### 1.构建生活方式

博物馆开始参与构建人们的生活方式。美食家们开始涌入博物馆，游客们期待着与他们的生活方式相匹配的食物选择，而聪明的博物馆人员也正在顺应这一趋势。博物馆聚会开始变得普遍起来，画廊或顶楼不仅仅是展览空间，还可以使人们聚集在一起聊天，与其他游客交流。

#### 2.应对社区挑战

博物馆开始发挥其社区功能，强化存在的意义。研究表明，博物馆被认为是少数几个能得到真实陈述和发现教育乐趣的地方之一。博物馆被寄希望于通过直面社区的挑战，来强化他们的使命。博物馆为人们提供值得信任和具有安全感的地方，如果知识是真正的力量，那么博物馆应该作为事实和准确性的中心介入人们的生活。对于聪明的博物馆从业人员来说，这是一个积极改变服务的机会，因为公众需要被提供"意义"。

## 二、创新路径

### （一）重拾创新基因，孕育文化生机

博物馆品牌应挣脱角色的束缚，重拾创新基因，从而提升品牌创新力。

首先，进行品牌个性上的创新。博物馆品牌可以参考博物馆品牌分类方法，即根据"品牌知名度辐射区域"和"品牌—消费者关系"两个维度进行分类，明确自己的品牌类型，为品牌传播战略和策略的选择奠定基础。博物馆品牌通过对自己"再分类"，不仅可以大致了解品牌知名度水平，还可以明晰自己给消费者带来的品牌个性价值。

其次，从品牌传播模式上进行创新。博物馆品牌可以整合视觉传播模式，先确定战略取向，明确传播方向，后采取传播策略，以横向和纵向整合的方式

规划传播路径。四种战略取向分别适用于不同传播实力的博物馆品牌：聚集视觉传播战略体现出强者风范，以单一品牌形象一以贯之；差异视觉传播战略以品牌延伸为手段，开发出品牌"偶像家族"，以性格迥异的个性品牌吸引"粉丝"；银弹视觉传播战略以强势产品为"精兵"，从市场中异军突起，为主品牌助攻；互动视觉传播战略以品牌互动合作为核心，通过合纵连横的方法，叠加品牌影响力的辐射面。

传播策略则在很大程度上为博物馆品牌设计了传播过程：第一，建立核心识别，以品牌标志、品牌色彩和品牌图形，将品牌内涵进行视觉转化；第二，建立延伸识别，将核心识别应用于各个接触点，形成视觉系统，加强视觉整合力，区别于竞争者；第三，确立视觉定位，运用视觉定位工具找出差异化定位，占据目标受众心智；第四，开展视觉交互，创造用户"需求引擎"，优化用户体验旅程。其中，核心识别与延伸识别所构成的"视觉系统"是博物馆品牌天然的"创意基因"。通过使用战略和策略的组合拳灵活出击，来实现博物馆品牌传播模式上的创新。

从博物馆品牌个性化和创新整合视觉传播模式出发，并将"创意基因"贯彻于品牌接触点，可以令博物馆品牌在信息化、知识碎片化的时代，以独特且整合的一元化形象出现于公众面前，触达公众并赢得注意力。这种将科学、文化、艺术、历史等精华内容，通过传播的方式进行当代价值转化的手段，让"创意基因"生长于文化大地，从而孕育出了蓬勃的文化生机，引领社会文化的发展。

### （二）精准视觉定位，赢得公众心智

为了应对同质化的现象，解决博物馆定位偏差的问题，博物馆应建立视觉定位，借鉴STP战略的思想，运用3W1H定位方法，挖掘出区别于竞争对手的竞争优势。3W1H视觉定位主要由四大要素组成：第一，为谁而做（Who），明确视觉定位所吸引的对象；第二，为什么吸引（Why），明确为什么该视觉定位可以吸引到受众；第三，是什么（What），明确博物馆对于受众而言意味着什么；第四，如何做（How），明确博物馆应如何传递建立视觉定位的体验。视觉定位可以帮助解决特定博物馆品牌范畴的定位问题，范围较小，也较为聚焦。

在确立视觉定位的过程中，目标受众起到了关键性的作用。博物馆品牌不仅要了解受众，也需要充分了解宏观消费趋势。根据前文提到的博物馆受众消费趋势可以得知，当前有几大趋势：其一，中小城市年轻消费者崛起，提供了较大发展空间和机遇；其二，消费开始升级与分级，呈现出多样化和差异

化的发展态势，"品位型""精明型""奋斗型"消费者出现，博物馆应分类进行传播；其三，体验成为旅游消费关键词，这对博物馆的用户体验构建和用户旅程设计提出了新要求；其四，本土高端品牌崛起，给博物馆品牌合作提供可能。消费趋势与视觉定位相比，较为宏观，也更为全面。将精准化的视觉定位结合消费者的消费趋势，不仅可以梳理出目标受众，还可以有的放矢地制定符合受众偏好的用户体验，最终赢得公众的心智。

### （三）品牌合理传播，推动多元延伸

博物馆的品牌传播是一个通过传递一元化形象，从而不断优化品牌资产的过程。为了避免博物馆品牌过度视觉营销、提前透支品牌资产、自我消费而损伤品牌整体形象，博物馆品牌应当进行合理、适度的传播。合理的博物馆品牌传播，将更有效地优化品牌资产组合，促进品牌线或是产品线的延伸，增强品牌多样性，使之顺应时代的发展。同样，品牌资产的优化，又会推动品牌传播的发展，使品牌传播效果深入人心。当博物馆品牌合理传播，注重品牌资产的良性发展，就可以在一定程度上规避"过度营销"的问题。

博物馆品牌延伸是对其无形资产的充分发掘和运用。品牌延伸有品牌线延伸与产品线延伸，可以向上延伸、向下延伸，或者是双向延伸。对于博物馆而言，基于其原有品牌识别和创新基因，进行博物馆文创品牌延伸和文创产品的延伸，以较低的成本推出新品牌和新产品，将会为博物馆品牌发展注入新活力。博物馆品牌的合理传播，推动了博物馆品牌延伸，而品牌延伸又反过来作用于品牌传播，这也将为未来的品牌传播提供新的可能。

### （四）整合视觉传播，传递一致形象

面对博物馆视觉传播中"词不达意"等诸多乱象，博物馆品牌应改变重建设轻经营的风气，回归建设博物馆品牌的初心，重新审视自己品牌传播中的传播要素和传播活动。当前，大部分博物馆的视觉传播还是相对分散且局部的，整合视觉传播模式受到了系统论中"整体大于局部之和"思想的影响。当博物馆作为整体形成品牌进行传播，其整体效果是大于局部之和的。整合视觉传播模式是进行横向及纵向的整合，即在横向空间发展上和纵向时间上进行整合，以一元化品牌形象贯彻所有接触点，向受众传播一致的信息。

品牌营销传播中的整合营销传播研究范式具有系统性和过程性，较能体现出博物馆品牌理性价值，让受众不得不记住博物馆品牌的名字，但不能直接用于解决博物馆的传播问题；视觉传播是博物馆向观众叙事沟通的主要方法，

具有艺术性和教育性，虽然能够引起受众的美感和想象，体现出感性价值，但相对局部和零散，不能从整体上出发解决博物馆的传播问题。

因此，将二者相结合，采用整合视觉传播的思想及模式，将会大大减少在传播过程中传达与理解的偏差，构建形象一致的、适合博物馆品牌的整合视觉传播模式。

### （五）传播构建意义，养成文化公众

如今，消费主义下的公众囿于消费文化的控制，已然习惯于为符号系统中的幻象买单。公众的生活中充斥着品牌符号，看似有极多的选择，但其实公众都是"被选中"的人。品牌作为企业、组织甚至个人的无形资产，借着移动互联网的东风和精准的营销科技，触到海量用户，筛选出细分受众并进行忠诚度的养成。在这个过程中，品牌的附加价值传递给了个人，个人的感知附加在品牌上回馈给了品牌，表面是互动过程，却暗含了"权力的游戏"。公众的选择权看似达到了前所未有的高点，其实是更宏观层面上的"控制"。公众的消费催生了品牌，却也被品牌构建着。所以，道德将成为数字时代中品牌传播的主题。正如 Deepfake 或更平民的 Cheapfake 技术，成就了有趣的品牌使用场景，但这也让我们真假难辨；营销自动化科技比较实用，能更好地了解公众的偏好、尺寸、口味等，但也可能威胁社会的稳定。因此，博物馆品牌在积极寻求数字化发展时，除了关注数字的增长、数据的运用、流量的增加，更应承担起社会责任，引导消费者回归理性的消费。

然而，消费的背后其实是文化。著名社会学家马克斯·韦伯曾言："人是悬挂在由他自己所编织的意义之网上的动物。"美国学者克利福德·格尔茨曾引用韦伯这句话，并指出文化就是这样一些由人自己编织的意义之网。因此，人不仅是"意义型"动物，更是"文化型"动物。文化是可以为公众所获得的象征（符号）形态，人们通过这些象征（符号）形态来体验和表达意义。不论是《我在故宫修文物》纪录片展现出的修复专家之工匠精神，还是《国家宝藏》解读"大国重器"的前世今生和中华文化的基因密码，又或者是敦煌研究院出品的丝巾和"诗巾"带来的文化和科技消费的双重体验，都丰富了公众的文化生活，提升了公众的文化素养，更帮助公众构建了"意义"。

博物馆行业的高速发展给博物馆品牌带来更多的话语权，却也带来了诸多考验。博物馆品牌应以正面引导、教育公众和文化传承为"道"，发展多样化的文化之网；以整合视觉传播模式为"法"和"术"，将公众纳入其中，养成文化公众。

# 第五章 新媒体视域下博物馆的文创产品开发

## 第一节 博物馆文创产业发展概述

### 一、博物馆文创产业相关概念阐释

#### （一）文创产业的含义

"文化产业"这个称谓早在 20 世纪 80 年代就在英国被提出。"文化产业"一词被定义之后，文化领域的生产、消费、投入和分配等活动开始正式适用于文化产业的政策，随后文化产业进入高速发展阶段，在短短二三十年内迅速发展成为一种新兴的繁荣产业。文化产业在随时代演变和发展的过程中，与其他产业相互渗透、相互融合，随着互联网力量的加入与糅合，其产业形态与设计创意的关联性增强，一类新兴交叉性的文创产业应运而生。

2006 年发布的《国家"十一五"时期文化发展规划纲要》提出了"文创产业"概念："文创产业"是源于文化元素的创意和创新，经过高科技和智力的加工产生出高附加值产品，形成具有规模化生产和市场潜力的产业。也有学者认为"文创产业"是"文化产业"的一个子分类，也是"创意产业"的子分类，兼有文化和创意的特性，这三个概念在外延上有重叠，相互间也存在差异。"文创产业"的概念和属性与国际上通用的"创意产业"的内涵基本重合，兼有文化和创意的双重特性，其产业价值的实现构成了"创意经济"形态的一个重要部分。随着互联网时代的来临，其凭借融合性高、经济报偿比大等优势，在全球经济社会中得到了大力扶持且迅猛发展，许多国家和地区也都开始重视这一行业。由于当前各国对文创产业内涵的理解和定义有所不同，在学术领域对于文创产业的定义暂时还没有一个统一的表述。当前我国对于文创产业的概念界定为"为社会公众提供文化、娱乐产品和服务的活动，以及与这些活动有关联的活动的集合"。①

不可否认的是，文创产业的繁荣发展，给我国文化、商业、艺术、技术等领域带来了巨变。文创产业带动了社会各个行业和领域的诸多发展和变化，多领域之间的相互融合与促进创造出了巨大的社会经济价值。在文创产业迅猛发展的大环境下，博物馆界也不可避免地与文创产业发生碰撞和交融。目前，西方国家的博物馆行业已成为国家文创产业链中的重要环节。我国博物馆在学习西方先进博物馆发展建设经验的同时，如何顺利地将博物馆与文创产业更好地融合，充分挖掘和利用文创产业红利来发展我国博物馆文创产业显得尤为关键，尤其是国家经费拨款不足的小型博物馆，需要妥善利用好这一波涌动的创新浪潮，转向依靠自身馆藏资源开展文创实践活动，积极发展博物馆文创产业，以保障自身的良性自主运营，这也是博物馆未来发展的必然趋势。

### （二）博物馆文创产品阐释

#### 1.博物馆文创产品的定义

博物馆文创产品是在"文创产品"前加了"博物馆"这个范围限定词，指"在地域文化背景与博物馆体系下，对博物馆地域文化及馆藏文化进行研究，通过文创手段，将创造性思维与博物馆馆藏文化进行结合，开发的能传达博物馆社会教育功能、经营理念和传播博物馆馆藏历史文化、满足消费者精神文化需求的创意产品，是具有文化属性、市场属性和教育属性的博物馆馆藏历史与文化的载体"。②博物馆文创产品是符号化后的博物馆文化资源。

博物馆文创产品是基于博物馆特色文化而进行开发设计的。博物馆文创产品自身的文化性与创意性是区别于普通纪念品的所在。如果一个产品不附加创意设计，它仅能代表博物馆的某种文化，那么该产品就回到了普通的纪念品行列。正因为通过合理的精心设计，将博物馆文化藏品与现代创意元素相结合，以时尚和潮流引领博物馆商品进行创新的文化设计，所生产的博物馆文创产品才能让消费者耳目一新，增强购买、收藏的欲望。

创意与文化的融合是博物馆文创产品的精髓所在。优秀的博物馆文创产品设计，不但要注重设计品质和创意，更需要关注其文化内涵与情感价值。赋

---

① 张晓楠，王颖.现代文化旅游产业的突破与趋势[J].经济导刊，2011（1）：94-96.

② 江小凤.基于地域文化的博物馆系统文创产品设计研究[D].合肥：合肥工业大学，2017.

予博物馆文创产品丰富的精神内涵，才能创造有价值的博物馆文创产品。博物馆文创产品作为博物馆藏品与展品的衍生，亦是博物馆文化宣传的高效传播方式之一。因此，博物馆文创产业的创新发展就成为博物馆领域的必然发展方向，也是继承和传播自然和人类文化遗产实物和文化的有效手段，更是博物馆与民众面对面交流最直接的途径。

2. 博物馆文创产品的功能

（1）教育功能。教育功能是博物馆文创产品的首要职能。博物馆文创产品作为馆藏文物的文化载体，具有丰富的文化积淀。经过设计师的精心创作加工后，将博物馆文化资源物化成创意产品，使观众能够更加直观地认识与了解藏品背后的文化内涵，感受到博物馆所拥有的个性文化，是博物馆文创产品承担其教育功能的具体表现。同时，能够成为博物馆文化知识科普的延伸与补充，也充分证明了博物馆文创产品的教育价值。

（2）宣传功能。从广义上来说，博物馆文创产品是博物馆精华的物质象征，文创产品来源于博物馆及博物馆馆藏文物，又因创意、设计、提炼而高于本源，一定程度上可以说是博物馆精神文化形象的宣传和表达。狭义上来看，博物馆文创产品是对博物馆展品和博物馆本身最好的宣传，这种可移动、可携带的实际物品，通过店铺展示、消费者购买、互联网传递、媒体传播等方式在无形之中形成了广告宣传效果。博物馆文创产品背后蕴含的丰富内涵和精神文化，是对文化价值观的传播和表达，是对信息和教育功能的继承，同样也是当前文化传播领域的一种创新，更能在未来长远的时间和空间里继续产生深远影响。

（3）使用功能。使用功能是所有产品的一项固有属性。作为产品中的一种特殊类别，博物馆文创产品的生产与设计，必然要把使用功能作为重要创作依据，以人本主义为重要参考，满足大众的产品使用功能需求，才能获取消费者的青睐。早期大多数博物馆销售的产品以造型简陋、做工粗糙的复制品为主，但实际上对于受众而言，他们更希望选购的是拥有实用性的"用品"。博物馆文创产品如果能够使审美功能和使用功能相结合，让博物馆文创产品能在日常生活中以功能性用品的角色给人以无形的文化熏陶和文化体验，也是更加合理的经济选择。挖掘文创产品的使用功能甚至是实用功能，也是当前经济实用型社会的需求。

（4）情感功能。从消费这一角度考虑，大部分的购买行为，特别是对于博物馆文创产品的购买行为，很多时候是以自身的情感活动为导向的。对博物馆文创产品的消费，一方面表达了个人对展览、展品的审美倾向，另一方面很多时候也是以一种物化的方式纪念观赏时精神上感受到的美好。

3.博物馆文创产品的价值

（1）经济价值。博物馆文创产品是一种劳动物品，在生产过程中要投入社会必要劳动时间。同时，博物馆文创产品也具有商品属性，在市场上流通，由顾客通过支付购买来完成交易行为，从而为博物馆带来经济收益。此外，博物馆文创产业是文创产业的一部分，对博物馆文创产品进行开发，能够拓宽销售市场，吸引更多的潜在客户，能够为博物馆与文创行业都带来更大的经济效应。博物馆作为非营利组织，经费主要来源于国家财政供给，还有少部分来源于自主经营，在自营收入中门票收入又占了绝大部分。随着越来越多的博物馆开始免费开放，在没有了门票收入后，文创产品的收入将成为博物馆自营收入中的重要组成部分，而文创产品的开发也被视为博物馆文化产业的核心战略之一。

（2）文化教育价值。博物馆文创产品的最基本文化属性决定了文创产品的文化教育价值，其承担了文化传承与文化传播的重要责任，从而能够对公众进行公共文化教育。博物馆文创产品开发的首要目的是能够将文创产品成功售出，但这不仅仅是为了实现文创产品的经济价值，当顾客购买产品并带回家中或其他场所，博物馆文创产品就能进行文化输出，实现博物馆文创产品的文化价值。自20世纪80年代"新博物馆学"理念被提出之后，博物馆的成立原则从"以藏品为中心"转变为"以观众为中心"。博物馆不再只是用于整理、保护、研究与展示一些珍贵藏品，而是要丰富博物馆的功能内涵，将其与公众教育相联系，用于满足社会大众的需求。因此，在现代社会中，博物馆成为承担公众艺术教育责任的重要主体。随着素质教育的普及，教育开始倡导人的全面发展，通过参与公共艺术教育来培养审美能力与创造能力则越来越受到百姓重视。而博物馆通过艺术展览、文化讲座、研讨论坛和导览活动等形式来提供公共艺术教育，并且收费标准较低，因而成为大众接受公共艺术教育的最佳选择。

博物馆文创产品是以文化为根基的商品，用更加现代的方式将博物馆藏品所蕴含的文化内涵进行展示，使文创产品所表现的文化能够比馆内藏品更加通俗易懂。博物馆文创产品一般都具有贴合现代生活的特点，能够让消费者产生文化共鸣，而消费者通过购买文创产品，就能够拥有"将博物馆带回家"的消费体验。更为重要的是，消费者将博物馆文创产品中蕴含的文化记忆，从博物馆传播到了家庭、公司、学校等更为广阔的空间。因此，博物馆文创产品成为博物馆开展公共艺术教育的新形式。

（3）审美价值。博物馆文创产品正是将审美融入日常生活用品之中，并且由消费者带回日常生活场所，其审美属性正好能够满足消费者的审美需求，因此具有一定的审美价值。博物馆文创产品的审美价值主要体现在两个方面：一是文创产品的开发原型自身所拥有的文物审美意蕴；二是通过艺术化设计方式所展现的文创产品的美学内涵。博物馆文创产品的制作应充分利用文化艺术元素来美化产品的外观造型设计，在保障文创产品实用价值的前提下，提升文创产品的审美附加值。

（4）情感价值。博物馆文创产品的情感价值与一般的经济、审美及文化教育价值存在一定程度上的差异，它强调一种因个人的情感活动而产生的审美倾向，或者是因拥有文创产品而获取的特殊身份认同感。博物馆文创产品的情感价值主要体现在个人愿景与消费心理两个方面，其满足消费者的精神需求大于物质需求，属于马斯洛需求层次中的高层"自我实现需求"。博物馆文创产品是一种集文化性、艺术性、实用性为一体的特殊文化商品，所以其附加值高于同样功能的一般商品，消费者购买文创产品的出发点不单纯因为物质需求，满足自身的情感需求也成为消费的主动力。

## 二、博物馆文创产业发展的意义

### （一）对文化产业发展的意义

如今，文化产业已逐渐成为国民经济的支柱性产业。依托博物馆馆藏资源，进行文化价值的深度挖掘和创意产品的研发，对弘扬和传播中华民族优秀传统文化有着不可忽略的作用。相对于其他文创产品，博物馆有着得天独厚的优势，它拥有别的机构无法比拟的深厚文化底蕴，而其丰富的馆藏资源也是其他文化机构无法拥有的。针对馆藏资源进行文创产品的研发，其发挥的文化价值势必更加强大，而它拥有的文化影响力也能够抵御不良文化对中国传统文化的侵袭，增强中华民族的凝聚力，提升中国文化的软实力。

### （二）对经济发展的意义

目前，传统博物馆藏品和展览已经无法完全满足人民群众日益增长的精神文化需求，而博物馆文创产业的发展，在提升公众文化素养的同时也有利于培育新的经济增长点。近年来，文创商品逐渐成为消费性商品的主流之一，各级政府也开始重视并逐步推动落实办理有关文创产业发展事宜，市场充满了各具特色的文创商品。在竞争激烈且产品同质性大增的环境中，消费者购买的意愿多取决于文化产品的附加值和潜在值，特别是其美学、文化内涵以及商品的联结性，这就给博物馆文创产品提供了广阔的市场空间。

### （三）对博物馆自身发展的意义

目前，我国博物馆发展也遇到了一些瓶颈，而文创产业能给博物馆注入新的活力。一方面，文创产业使博物馆藏品的文化价值得到了进一步挖掘，这也在一定程度上强化了博物馆的文化教育功能，使博物馆能够以更加多元的方式履行社会责任；另一方面，文创产业还能在一定程度上解决博物馆资金困难的问题。我国国有博物馆属事业单位，资金来源大多为财政拨款，而文创产业则能给其带来一个新的资金来源渠道，让博物馆能够有更多的资金来促进文物事业的发展。对于非国有博物馆来说，文创产业的良性发展更是影响深远。

## 三、博物馆文化产业发展的途径

### （一）转变观念，实现跨界融合

首先，政府要明确博物馆文创产业发展的重点和目标，进一步确立文创产业的经营主体和经营规范，让博物馆的文创产业经营活动有法可依、有政策可循。博物馆自身也要勇于转变观念，积极地进行文创产品的研发和经营，融入市场化思维理念，基于馆藏和当地文化特色，深度挖掘藏品的附加文化价值。其次，跨界融合多种优质资源，积极与文化企业合作，尝试文化产品授权等合作形式，以推动博物馆与企业共同进行文创产品的设计和开发。最后，着力构建博物馆文化产业链，进一步激活藏品的生命力，形成创意—设计—合作—营销的完整产业链，提升博物馆的文化品牌影响力，促进文创产业持续健康发展。

### （二）创新机制，增强内生动力

首先，要从思想上提高对博物馆文创产业的重视，将文创产业作为博物馆文化事业的重要组成部分，提高文创产业在博物馆体制内的地位，如欧洲大多数博物馆都设有文创产业开发部门，以更好地推动博物馆发展。具体地说，要在博物馆内成立专门部门负责博物馆藏品的价值挖掘、创意设计、授权生产、营销推广等工作，以推进博物馆文创产业更加专业化、系统化的发展。其次，要健全产品创新激励体制，文博单位应该依据创新成果开发情况和市场情况建立新的收入分配机制和激励机制，以激发创新主体的积极性。最后，扩大文物资源开放，结合"互联网+"建设文物资源大数据平台，形成文创产品资源总库，给文创产品的研发和创新提供丰富的信息资源。

### （三）贯彻"文化事业"与"文化产业"协同发展理念

在文创产品的研发和创新方面，要对受众和市场进行深入调研，在调研的基础上细化用户的需求，有针对性地进行文创产品的开发，注重文创产品的实用功能，要贴近社会大众的生活、工作和学习，拉近人们与文创产品的距离，同时要满足新颖时尚性、馆藏文化性。例如，南京博物院采用情景式展览，推出"民国馆"，并以此为基础进行"民国风"的文创产品开发和销售，在让人们领略到民国文化的同时，也满足了游客的购买意愿。此外，在营销方面，博物馆应积极探索利用电子商务平台和新媒体进行文创产品的营销工作，积极运用线上和线下渠道，进一步拓宽受众群体，同时借助受众的反馈积极改进产品设计和服务水平。

在发展产业的同时，不能忽略博物馆发展文化事业的根本职能。因此，在进行文创产品的开发和营销时，不能仅注重其经济价值，不能仅仅以盈利为目的，在进行藏品的文化价值挖掘的同时，更要深入挖掘藏品的历史价值、文物价值、艺术价值等，要彰显文化品位，不一味地迎合市场而使产品媚俗化，让产品丧失基本的文化教育功能。

## 四、博物馆文创产业发展的趋势

博物馆文创产业发展至今，已经从简单粗糙的"贴图"生产旅游纪念品阶段，发展到利用馆内丰富的文创资源和平台转化为文创产品的阶段。博物馆文创产业发展呈现出一些新趋势。

（1）文创产品内涵和形式更加丰富多样。目前，许多博物馆立足本馆的文化内涵，以创新为中心，把有自身文化特色的元素融入新研发的文创产品之中。比如，敦煌研究院研发的"惜韶华"金属书签，就选择了敦煌壁画中最具代表性的九色鹿、飞天、宝相花等元素，体现了敦煌壁画图案纹样丰富、色彩绚丽等特点，并通过随书签所赠送的精美产品信息卡，对产品背后的壁画原型进行了生动精简的双语介绍。此外，部分博物馆开始根据时尚潮流创新产品形式。比如，结合近年来兴起的"盲盒文化"，河南博物院推出了考古盲盒，受到众多年轻人的喜爱，每次上新都供不应求。考古盲盒并不是简单地复制盲盒这种形式，而是加上"考古"这一元素，将仿制的"宝物"包裹起来，赠送"考古神器"洛阳铲供消费者"挖宝"，整个过程新颖有趣。

（2）线上线下相结合的创意营销。博物馆借助互联网提高文创产业和本馆的传播度和关注度，以相对轻松的方式讲好文创故事，并通过线下展览和演出与线上演播和推广相结合的方式，开展文创产业的创意营销。中国丝绸博物馆从 2019 年开始，每年举办的"国丝汉服节"都规定了明确的主题，从"明之华章"，到"宋之雅韵"，再到"唐之雍容"。围绕每年的主题，在线下开展专业导览、专家讲座、文物鉴赏、汉服之夜等一系列活动。同时利用微博、哔哩哔哩弹幕视频网、抖音等平台，吸引汉服文化爱好者深入参与，激发年轻人对汉服文化的热情。丝绸博物馆利用这一活动，在宣传传统文化的同时，也推动相关文创产品的营销推广，如汉服走秀活动，创造了许多"汉服爆款"，博物馆也适时推出了本馆的联名汉服。此外，除了博物馆自身发力，网络的力量也不可或缺。例如，三星堆博物馆因为三星堆出土新文物的消息引起众多人关注，趁着这股"东风"，推出了"青铜面具"雪糕等。

（3）文创产业逐渐走出文博机构，联合各方力量，构建新的产业形态。一方面，在文创产品的推广销售方面，文博机构也紧跟风口。2020 年"双 11"前，故宫淘宝、上海博物馆旗舰店等文创网店也开始尝试直播带货，参与到购物节营销之中。另一方面，目前博物馆的 IP 授权、跨界联名正在成为新的发展趋势。在 IP 授权方面，2019 年国家文物局发布的《博物馆馆藏资源著作权、商标权和品牌授权操作指引（试行）》，对博物馆资源授权内容做出了比较清晰的界定，在政策上实现了博物馆馆藏资源授权的"松绑"。同时跨界联名也发展得风生水起，大量文创产品以博物馆之名，渗透到多个消费领域，多个"跨圈文创产品"成为爆款。例如，敦煌博物馆旗舰店与运动品牌李宁联名，将敦煌元素与运动服饰相结合，很好地赶上了当前流行的"国风"浪潮。

（4）博物馆文创产业开始尝试走出国门。目前，我国博物馆文创产业主要还是聚焦于国内市场，尽管发展迅速，但与国内外发展均比较成熟的大英博物馆文创产业相比，还有一定的距离。现如今我国博物馆文创产品走出国门还是以参加大型国际展览为主，如 2017 年首次在海外集中展示中国的文博文创产品，2018 年在德国法兰克福国际文具及办公用品展上开展了"中国文博创意"主题展示活动，2019 年在泰国曼谷举行了"今日中国"中国博物馆文创产品展销等。

总体来说，博物馆文创产业发展迅速，在相关政策的支持下，博物馆联合多方力量，不断促进产业的提质升级。但是，博物馆文创产业在发展中仍然存在许多问题，如文创产品同质化仍然比较严重，部分产品质量需要完善，跨界联名形式还比较单一，成熟完整的文创产业链还未形成，文创产业"走出去"

战略还处于起步阶段等。这些不足在下一步的发展中需重点关注。

# 第二节　博物馆文创产品的开发模式

目前，在世界范围内形成了五种较为普遍的博物馆文创产品开发的基本模式，即自主研发、博物馆代销、合作研发、市场采购、艺术授权。

## 一、自主研发

一般来说，自主研发模式应当是博物馆进行文创产品开发的首选模式。博物馆拥有藏品的主导权，对藏品进行开发与研究的程度是其他机构远不能及的，在文创产品的开发设计方面有着天然的优势。博物馆内部可以聘用专职文物专家与设计师进行文物的文化内涵探索，自主开发设计文创产品，而后外包生产，制造出具有博物馆特色的产品，再经由博物馆自行线上及线下多渠道销售。上述一系列自主研发模式可以让博物馆掌握文创产品的开发主导权，根据及时的消费者反馈和市场需求，研发出兼具文化内涵与博物馆特色的文创产品，并将产品销售收入再用于维持博物馆经营与产品研发制作，形成良性循环。

## 二、博物馆代销

博物馆代销是指由博物馆之外的企业或厂商等提出开发文创产品的方案，提交博物馆审核，审核通过后由厂商自行出资投入生产，博物馆与厂商签订合同，产品可在博物馆的营销渠道出售。相对于独立研发模式，这种代销的方式可以为博物馆节省开支，规避部分营销风险。

## 三、合作研发

合作研发是指由博物馆发出创意招标，中标的设计企业或设计师负责研发和生产，成品在博物馆的渠道销售，收入在博物馆和企业之间进行分成的模式。博物馆无论规模大小，均可采用合作研发模式。在产品设计之初，企业就与博物馆密切合作，就博物馆想要研发的产品进行充分的沟通，确定并落实方案，由企业投资研发制造，博物馆提供营销渠道。这种方式与前述代销方式相似，不同之处在于，博物馆参与程度更高。同时，博物馆需要支付的费用和产品销售风险可得到更大程度的降低。在这种模式下，博物馆通常需要支付研发及其他费用，如铸模、打版制作和艺术品塑造费。如博物馆自己拥有铸模工具，则在研发费用上可取得适当的平衡，即当原初供给博物馆产品的厂商改变时，博物馆由于拥有模具的所有权，能够立即着手委托其他厂商另行制造产品，而不会因更换厂商而重复支出研发费用。通常这一类产品，博物馆会要求专卖权，即消费者无法从其他博物馆购得产品，因此更具特色和纪念性，以致有些博物馆专卖的产品已经成为博物馆特定品牌的重要营销工具。

## 四、公开市场采购

从公开市场（如贸易展、手工艺博览会等）采购产品也是博物馆文创产品的来源之一。博物馆根据其需要达成的教育和传播目标，选购市场上已有的文化产品。这种方式多用于短期特展纪念商品的采购，有利于把握时效、节省成本。同时，通过此渠道，博物馆可以广泛且仔细地搜寻与博物馆教育目标相符的商品，并进而与厂商接洽。此外，对于参与贸易展或手工艺博览会的博物馆而言，可以借此全面了解博物馆文创市场的概貌、流行趋势以及产品的相对售价等，获取博物馆开发文创产品的灵感，或与更多有潜力的主要制造商建立联系。

## 五、博物馆艺术授权

博物馆的艺术授权指博物馆将受到法律保护的藏品图像数据、设计、文物资源或博物馆商标等授权给厂商，用于开发文创产品，而厂商必须支付博物馆产品的版税或权利金。对博物馆而言，艺术授权的方式可以使其免于商品研发的财务负担，同时，博物馆也必须扮演管理者的角色，监督厂商并确保所生产的产品能够兼具高质量与实用性。通过授权的行为，附有博物馆标志的众多商品得以散布至全世界各角落，能远及那些不会或不曾到过博物馆的潜在观众。除了为博物馆开拓更多资金来源之外，借由商品的流通，也充分发挥了博物馆的广告宣传效益。博物馆文创产品授权开发通常包括以下几种授权模式。

### （一）设计授权

设计授权是由博物馆提供销售渠道，通过企业机构或委托设计师，依据博物馆所提供的产品的设计及品质要求等，设计出符合其要求的产品。国内外学者在对新产品开发的研究中指出，任何产品开发的创意或灵感都会在商品化的过程中被逐一筛选，剔除一些不契合实际或不成熟的想法。因此，在设计授权时应更加注意避免设计与产品的具体制作脱节。虽然有些产品的设计既符合博物馆的形象，又能够满足大众各方面的需求，但若是缺乏合适的制作材料、加工工艺，抑或是产品的制作成本过高，那么再好的设计也无法转化为产品。因此，博物馆文创产品的开发人员不仅要考虑设计因素，还应熟知产品的材料及加工工艺方面的相关知识，从而使好的创意和实际加工更好地配合，提升博物馆文创产品的转化率。设计授权中最重要的是设计过程管理，其通常分为三个阶段：首先是要设计授权方提供简报、研究及初步的设计概念；其次是设计开发阶段，这个阶段通常需要考虑首选设计理念并加以实行；最后是设计执行阶段，提供完整的作品，并附有创意来源等相关文字叙述。

随着文创产业的大力发展，博物馆对于设计授权商品的开发也提出了一定的要求。除了文物仿制品外，博物馆更多地希望厂商可以开发与原藏品资源相关联的"再创作"的产品，最终产生教育性、艺术性与实用性相结合的文创产品。

### （二）制作授权

制作授权主要是由博物馆提供销售渠道，厂商凭借技术、生产线、原材料、机械设备、量产成本等方面的优势来为博物馆代工。厂商依据博物馆对产品规格、制作规范及品质等方面的要求，制作出符合其要求的文创产品。制作授权模式的优势在于，可以实现博物馆与厂商的资源优势互补，同时也为博物馆文创产品的开发及生产创造了良好的条件，尤其是我国目前大部分博物馆都没有自己的研发团队，在文创产品的具体制作方面，更加需要借助专业的力量，共同开发优质的文化产品。因此，在对制作厂商的选择上，要严加把关，以确保产品的品质。

### （三）图像授权

相对来说，图像授权的模式在博物馆的文创产品开发中较为普遍。依据使用的目的，图像授权大致可以分为商业性图像授权和非商业性图像授权两种。商业性用途是指用于营利，将图片应用于产品包装、广告宣传、出版书籍、展览布置等方面，创造一定的商业价值。此类图片授权主要依据产品的发行数量及产品的最终售价等条件来收取相对应的权利金；非商业性用途则主要是运用博物馆相关的图片来完成发表论文、出版学术研究成果等非商业目的的事项，它的具体收费标准是依据图片的使用方式来收取权利金。以上海博物馆为例，其对自己拍摄的文物图片享有知识产权，提供给外界有偿授权使用，依据用途的不同，每张图片所收取的权利金也有所不同。图像的授权也为企业或个人提供了共享博物馆资源的途径，但必须保证在授权的范围内进行图片的使用。

### （四）出版品授权

出版品授权是博物馆与外界从业人员合作，由从业者提供合作企划书，经由博物馆审核通过之后，针对大众读者开发的多元化知识性读物。在此过程中，博物馆需要提供给合作厂商所需的相关图像（包括馆藏品图像、数字图像等）供其制作所用。另外，在版权页上必须明确注有"博物馆授权监制"，并在上面附上激光标贴，如北京故宫博物院出版品授权则标明是由"北京故宫博物院授权监制"。费用的收取则根据相关规定，主要以出版品发行的单价和数量为依据来计算权利金，相关的制作费用全部由厂商来负担。出版品授权模式的优势在于，不仅起到宣传博物馆教育功能的作用，也为今后的学者及研究人员提供一定的内容参考。

### （五）品牌授权

品牌授权的过程相对来说比较复杂，授权是针对所有具备基本资格的企业开放的，但是要取得博物馆最终的品牌授权，首先得通过博物馆严格的"关卡"，通过资格审查的制造商，才有机会参与承包产品生产的审查（包括初审、复审等）。

对营运能力强的大型博物馆而言，灵活采用这五种文创产品开发模式，可以应对不同的状况。公开市场采购模式更适用于特展和合作办展；当博物馆缺少经费与人力，但又需开发文创产品时，多采用第二种或第三种模式；当博物馆外企业对博物馆藏品的商业运用表示高度兴趣时，可采用艺术授权模式。而就产品开发活动的形式来看，从第一种至第四种方式，博物馆皆是为了供应博物馆商店而为之，唯有第五种品牌授权方式，是厂商主动、博物馆采取配合的情形。

# 第三节　博物馆文创产品的设计策略

## 一、设计原则

### （一）文化地域性原则

每个城市和地域都具有属于自己的文化符号，每个文化符号的背后都蕴涵着这个城市的兴衰荣辱。文化虽然是世界的，但其首先应当是民族的以及一定地域范围内的。博物馆是一座城市、一个地域历史的缩影，见证着城市的发展与改变，承载着保存与传承城市地域文化的使命与价值。又因为观者总会从其所熟知的自身的文化背景出发来进行参观、学习与购买，这种主观性倾向总会影响公众对于文创产品的认知。因此，作为博物馆文化传承的重要载体的文创产品，其在设计开发过程之中应当注入具有地域性特色的文化内涵。

具体而言，博物馆中的藏品基本上都是能够体现地域特色的物品，这就需要有专业的文物人员对藏品文物进行文化内涵的探索与挖掘，发挥好博物馆文物的文创产品源头作用，进而由设计师深入理解这些文化特色，体悟文化符号与文化思维和当地特色之间的有机联系，在深度理解的条件下进行创造性转化与创新性发展，这样才能够设计开发出最能够体现地域特色和博物馆核心内涵的文创产品，并能够使文创产品得以价值升华。[①]

### （二）体系与生态化原则

体系与生态化原则是指博物馆在发展其自身的文创产品时，应当注重产品的体系性与生态性。体系性是指一个主题下的文创产品应当自成体系，紧紧围绕一个主题或系列进行设计。生态性是指一个主题下的文创产品之间应当互相具有内在联系，如可以都是家居用品，也可以都是装饰摆件等。具体而言，就是设计师应当先根据文物特质或是展览的主题确定一个创作主题，找到这一系列创作的核心元素与内涵，进而将其以多种形态创造性地运用于多个体系化与具有生态性的文创产品之中。这种设计原则有利于节约设计资源、提高设计

① 金青梅，张鑫.博物馆文创产品开发研究[J].西安建筑科技大学学报（社会科学版），2016，35（6）：42-46.

效率，在提高产品辨识度与认知度的同时形成更为丰富的系列产品。

### （三）互动体验性原则

观众在参观博物馆与浏览文创产品时的体验和感知度在很大程度上决定了其是否购买产品，而且现今博物馆在传统展示和教育功能之上又延伸出娱乐功能，因此更应当关注公众的实际体验。今天的博物馆都在强调体验式学习，博物馆的观众早已不再被视为被动的知识接收者，而是具有主观能动性的积极学习者，从操作、互动等体验中构建自己的理解及意义。[①] 因此，博物馆在文创产品的创新设计中应当注重观者与文创产品的互动性，增强其参与度，做到将不可触摸的经历用可感知的方式加以保留。在参与互动体验中，激发观众的兴趣，从而促进其对博物馆文物和历史文化有更深层次的了解。同时，更多的产品互动体验方式，让观众能够获得情感上的愉悦和收获，丰富其"博物馆体验与经历"，这也是观众在感受博物馆内涵的同时塑造自我的过程。

互动体验性原则还体现在设计文创产品时，应当时刻注重挖掘文物背后的文化内涵，尽可能将其原有效用加以延续，这样可以使公众在体悟文化的同时，也能体验到该物品穿越时空的意义与原有效用，使其能够通过此物品获得深刻的体验，既能激发其购买欲望，也能提升文创产品的意义。以故宫文创北极恒星图·怀表为例，该产品以二十八星宿、黄道十二宫、二十四节气、十二时辰等极具时间代表性的元素为核心，表盘中置有北极恒星图，这些元素相结合，产生出一幅时间与空间有机结合的画面，大有"心怀满天星辰，便知未来可期"之境。消费者使用此怀表时，不但能知晓当下时间，亦能够体悟到人类发展至今所使用的时间查看方式，能够使消费者切实感受到一种从古至今的时间转变，也能借此发挥出其所具有的文化教育与传承的功能。

## 二、设计方法

博物馆文创产品设计的关键在于，萃取蕴含于文物文化元素中的象征意义，将之转换成视觉消费符号，再将这些消费符号设计成创意产品。综合已有的研究成果，本研究认为，博物馆文创产品的主要设计方法有五种：元素提取式、功能融合式、意境传达式、情景复原式、互动体验式。

---

① 许捷，胡凯云，毛若寒，等.激活博物馆藏品——从博物馆工作流的视角 [J].博物院，2018，（2）：76-86.

## （一）元素提取式

元素提取是博物馆文创产品设计中使用最普遍，也是最容易采用的一种设计方法。通过提取原型文物具有辨识度的特色纹饰、图案、色彩和造型特征，用平面设计的方式刻印、绘制在文创产品之上，创造出具有较高文化附加值和艺术审美价值的产品。元素提取式设计主要分为整体运用、局部截取和解构重组三种方式。

整体运用是将文物的整体造型纹饰进行微缩化处理后，改变材质，应用于创意产品的外形塑造的手法。占据博物馆文创产品一定比例的文物复制品就采用了这种设计方式，另外，通过这种方式还可以开发许多在外形上可以直接应用文物原型的产品。比如，根据罗塞塔石碑开发的拼图、明信片、首饰盒、书立、镇纸等，外形均为石碑形状且印有石碑的完整图案。

相对于整体运用，局部截取文物的纹饰图案并应用于产品装饰的做法更为灵活和常见。衣物首饰和生活用品类文创产品的设计多采用局部截取文物元素的手法。在文物信息的保留和传达上，局部截取不如整体运用完整且一目了然，这就要求设计师对文物的背景信息和文化价值有较深的了解，同时自身具备较高的审美能力，能够从众多文化元素中选择和提取特色最为鲜明、最有辨识度、最具美观性的元素用于产品装饰，以画龙点睛的方式实现产品的文化增值。例如，卢浮宫围绕馆藏展品《蒙娜丽莎》开发系列文创产品，多采用截取部分图案并绘制于产品表面的方式。由于人们对馆藏的明星展品如《蒙娜丽莎》的印象深刻，以之为纹饰来源的产品可以省却说明。但是，对于并不那么出名的展品，截取图案后容易让人迷惑，最好附上设计说明让消费者了解产品背后的文物信息。

对文物元素的解构重组是设计要求更高的装饰手法。某件展品可能有两处以上的标志性外观特征，而产品限于造型和大小无法展现全貌，仅截取部分图案亦不足以诠释展品的独特文化艺术价值。在这种情形下，充分解读文物内涵，提取其中多处特色纹样并结合产品功能和外观设计予以重组是一种比较好的设计方法。该种设计方法还适用于根据两件以上彼此间有密切联系的展品设计的文创产品。比如，上海博物馆以馆藏书法名作作为模本设计的服装、环保袋、文具等文创产品，许多都通过对若干件同一作者或者同一时代书法作品进行元素解构，提取标志性书体，合理重组并绘制于产品表面，充分展现中国书法或凝重浑厚，或洒脱俊逸的独特风情。

元素提取式设计方法虽然运用简单、可操作性强，但在实际设计过程中要特别注意文物原型和产品契合度的问题。一般来说，这种设计方法更适用于装饰性较强的衣物首饰、生活用具等产品的设计，以平面化的设计方法为主。对文物的选择和对元素的提取要经过仔细考虑：一是围绕馆藏明星展品设计，易于辨识，可以更多展现博物馆独有特色；二是选择有较强艺术美感和视觉辨识性的展品，如主题和色彩鲜明、纹饰独特或给人以较大视觉冲击力的绘画和工艺美术作品等；三是选择展品原型要和设计产品本身的功能特点相契合，产品本身的材质、颜色和风格与文物原型接近或者一致为佳，如风格厚重而带有神秘气息的罗塞塔石碑，更适合开发硬盘、杯子、手机壳、镇纸等质地比较坚硬的产品，或是黑色的巧克力、拼图等衍生品。

### （二）功能融合式

功能融合式设计是指根据产品的功能需要，将文物的文化元素或者造型形态予以简化、变形、夸张化处理，与产品的使用功能融为一体。成品符合人体工程学理论和消费者的身心需求，既可以使人自然联想到原型文物，又不会有强行拼接、生搬硬凑的斧凿之感。功能融合式设计其实也可以视为元素提取式设计的一种，属于元素的解构和重组，不同的是，一般的元素解构重组偏重于平面化设计，功能融合式设计偏重于立体形塑和整体框架结构的重新组合，且这种元素符码的转化基于产品功能的要求，类似于有些研究者提出的"骨架式设计"方法。

根据台湾学者林荣泰提出的文创产品设计三层次框架，功能融合式设计旨在满足消费者行为层面的需求，设计功能合理、操作便利、安全的产品，同时又能使人联想起原型文物，体味其中的意涵。这种设计方法对设计师的创意思维有较高的要求，产品往往表现得新奇而不落俗套。例如，台北故宫博物院2012年国宝衍生商品设计竞赛金奖作品"泡茶趣"茶器，造型轮廓源自清乾隆年间文物"黄釉粉彩八卦如意转心套瓶"，简化轮廓曲线，滤水孔以如意云纹和八卦纹雕镂，器型简洁有雅趣，融合古今风味，且使用便利。

### （三）意境传达式

"意境"是东方传统美学和艺术的重要审美范畴，用以形容书法绘画等艺术作品所传达的一种能使欣赏者产生感动和共鸣，却难以言表的独特韵味和境界。意境开启了审美想象空间，虚实交融、形与神会，使观者驻足，低吟徘徊于审美想象中不能自己。西方的艺术作品风格虽偏于直白显露，然亦有包含深邃悠远意蕴的作品。此外，现代艺术也多以简洁造型和线条传达言外之意。因此，意境传达式设计方法可通用于中西方博物馆文创产品的设计，要求设计师深入感受、把握、解读文物和艺术作品的审美意蕴、文化内涵，通过创意设计将之有机融入产品，使产品有效传达同样的文化意蕴，使消费者感受到类似的艺术美感。

意境传达式设计通常运用明喻、暗喻、隐喻等方式表达原作和产品的联系，含义比较隐晦。对于设计师来说，运用意境传达式方法设计产品是难度较高的挑战，如果对原作只有走马观花式的浅层次了解，是远远不够的，容易设计出让观众看不懂、不知所云的产品。因此，设计师必须具有较高的文化素养和艺术品位，必须经常"到博物馆里上上课"，在博物馆策展人、释展人和教育项目策划人等的帮助下深入学习、掌握文物背景知识和文化内涵，并具有扎实的设计功底和较强的设计技巧，方能设计出成功传达原作神韵的高品质文创产品。

### （四）情景复原式

博物馆文创产品设计的一个关键之处是将古代文化元素融入现代生活，让今人在不断的使用中体味古风雅韵，代入古人的生活场景，从而获得对文物更深层次的理解和认知。情景复原式设计方式正是基于这样的目标，选择能够有效衔接古今生活的文物，通过复制、微缩、放大或是改变功能、将平面文物立体化等方式，延续古老文物在现代的使用功能，使之有机融入当代时尚生活，令其在当下焕发出勃勃生机。

情景复原式设计主要有两种方式。第一种是在不改变文物原有功能的基础上，以仿制的形式设计创意产品，产品有着和原型文物一样的外观与使用功能。消费者在实际使用产品的过程中仿佛步入了古人的生活场景，如根据古代首饰同比例复刻原型开发的，珠宝饰品，或仅在材质及色彩上稍稍融入现代设计，保留文物的整体风貌。另外，博物馆文创产品中占比很高的生活用品一类，有许多是采用这种方式开发的尤其是各种纹饰精美、质地精良的瓷器，特别适合开发成现代食器、茶具，延续或扩展原有的使用功能。

情景复原式设计的第二种方式，即保留文物的场景原貌，改变使用功能，使之更好地融入和适应现代生活。例如，根据《清明上河图》开发的纸本游戏，以绘画中出现的人物和场景为基本游戏元素，融入任务设置、完成奖赏和失败惩罚等现代游戏设计元素，以生动有趣的形式，让玩家在游戏过程中通过沉浸式体验了解北宋时期的民俗风情。

### （五）互动体验式

互动体验式设计主要应用于无形文创产品，即各类博物馆开发的应用类和游戏类 App。互动体验式学习是博物馆学习的一贯优势，相比于单向灌输式的书本教育，博物馆以实物的形式为观众提供了多种多样的参与互动的机会。研究表明，互动体验式的学习效果远优于仅动用视觉和听觉的学习方式，对于以感性思维为主、好奇心旺盛的青少年来说尤其如此。因此，除了开发的各类教育项目强调互动体验性之外，博物馆开发文创产品也应充分利用这一优势。博物馆开发的实体文创产品中，大部分须通过消费者的亲自使用和亲身感受来发挥其教育传播作用，达到愉悦消费者身心之目的。大数据、云计算、虚拟现实等互联网技术的兴起，为博物馆开发能够提供更为生动的互动体验的无形文创产品带来了契机，而对这类产品的开发，主要应用的就是互动体验式的设计方法。

目前，博物馆研发的无形文创产品主要有两类：一是各类导览性质的服务型应用程序，如大英博物馆、大都会艺术博物馆、卢浮宫等都拥有多个导览App，实时提供精选展品和参观路线推荐；二是大量出现的旨在传播博物馆和展品文化，以生动趣味的形式展现的游戏类、互动类应用程序，如北京故宫博物院开发的"韩熙载夜宴图""皇帝的一天""胤禛美人图"App 等，均收获广泛好评和高下载量。这类 App 的设计初衷是通过让使用者在充满乐趣的互动体验中了解和体会传统文化知识。

## 三、设计流程

从具体的设计步骤来看，博物馆文创产品的设计流程可以分为需求分析、设计实施和产品评估三个阶段。需求分析是研发设计的前期工作，分别开展消费者需求分析和博物馆需求分析；设计实施是主要的设计步骤，设计人员确定设计目标后，将设计构想付诸实践，形成设计图稿或者模型，通过博物馆评估后，反复修改形成定稿并投入生产制造；产品评估是研发设计的后期阶段，博物馆试生产少量样品投入市场销售一段时期，市场部门负责监督销售情况并组织调查，反馈销售调查情况后，做出是否推广生产，或是修改设计，抑或是终止生产的决定。

### （一）需求分析

需求分析虽然是整个研发设计流程的前期阶段，但却发挥着至关重要的作用，是设计师灵感涌现、创意产生、构思成形的重要阶段，也是设计师、博物馆和消费者彼此沟通、弥合认知差异，从而为之后的设计展开与实施打下坚实基础的阶段。需求分析分为两个层面，一是消费者需求分析，二是博物馆需求分析，二者互相联系、互为补充。博物馆文创产品的消费群体包括博物馆的参观人群和潜在的消费人群，即有可能通过电商渠道或者馆外分店购买文创产品的群体。不同类型、不同规模、不同地域的博物馆能够吸引到的观众和潜在消费群体是不一样的，其年龄构成、知识背景、经济能力、消费理念、审美偏好呈现差异化和多样化的特点。博物馆研发文创产品如欲取得较佳效果，需要对目标消费群体进行明确定位，有针对性地研发设计产品。市场分析可以采用调查问卷的方式，了解博物馆日常访客的各项数据信息，同时需要博物馆市场营销部门提供利用大数据技术得出的观众分析结果，并深度分析以往博物馆各类文创产品的销售情况，精准把握目标市场、消费偏好和设计需求，体现博物馆文创产品研发的分众原则。举例来说，针对艺术类博物馆观展人群综合素质较高、经济实力较强且女性占比偏高的情况，主要研发外观审美性强、展现高雅生活情趣、价位偏高的衣物首饰、生活用具类产品和名家画作复制品，产品设计重点在于充分把握精品原则、审美原则、情感原则、特色原则；针对自然科技类博物馆以少年儿童和亲子参观者为主的情况，主要研发知识性和趣味性较强的互动体验式展品模型、文具用品、玩具和教学用具，设计注重亲民原则、新奇原则和教育效果；针对以历史文化类展览为主的综合性博物馆，由于参观人群多样化，产品设计应注意深度原则、分众原则和系列原则，研发具有文化深度、老少皆宜、凸显博物馆品牌文化的产品。

需求分析的第二步是分析博物馆的需求，包括博物馆研发文创产品希望达到的目的，是创造可观的经济效益，还是延伸博物馆的教育功能，或是博物馆的主要品牌策略。在实践中往往三者兼有，亦可有所侧重。如经济效益是主要考虑因素，则侧重于开发设计新颖有趣、价位适中、易于销售的生活风格产品；如主要目的是延伸博物馆和展品的文化价值与教育意义，则产品传达的文化意蕴和内涵深度是设计的重要方面；如为品牌策略的实现途径，则印有博物馆商标的设计方式和围绕明星产品进行系列化开发为首选方案。对博物馆品牌特色的识别和解读也需要在这一步进行。

往往博物馆中的"明星展品"和大众认知会存在差异，因此具有很高历史文化价值的"镇馆之宝"和受关注度高的"网红展品"都可以作为研发设计的重要原型。另外，一些并不那么"出名"却具有较大开发潜力的展品，如图案、造型、纹饰辨识度和特征性强，色彩明艳、造型新颖、装饰别具一格的展品，也可作为开发的主要对象，有时它们甚至会因为衍生品的畅销而成为知名展品。除博物馆拥有的文物资源外，也要分析博物馆的渠道资源。博物馆文物商店的规模、选址、经营年份和经营策略往往对产品销售有重要影响，而电商平台的建设状况也决定了产品面对的潜在消费者的规模和经济能力。

需求分析是由设计师、博物馆工作人员和消费者共同参与的阶段。设计师到博物馆不断"上课"，与博物馆人员和消费者充分沟通，通过观察、分析、思考、归纳，寻找创意灵感，形成初步的设计构思框架；博物馆市场、教育部门提供观众调查和销售数据，组织受众问卷调查，向设计人员阐释展品文化价值；消费者配合问卷调查，主动提供个人信息、消费偏好和对博物馆文创产品的心理期望。建立设计者、博物馆和消费者三方参与沟通的良性互动机制，可为之后的设计实施阶段提供良好保障。

### （二）确定设计目标并开展博物馆评估

设计的展开和实施是研发设计整个流程中最主要的阶段，是设计师经过前期需求分析工作后，对头脑中捕捉到的创意灵感和设计构想加以具体化，形成并交付设计图稿模型的阶段。按照一般的流程顺序，这个阶段可以分为确定设计目标、形成设计初稿、博物馆评估和修改设计并定稿四个步骤。

首先，设计师和博物馆应在掌握需求分析资料并充分沟通的基础上，确定设计的基本目标，或称设计方案。其主要内容一是明确需要开发的原型文物，通常包括具有较高文化价值和知名度的"镇馆之宝"、关注度高的"明星展品"、博物馆和地域特色鲜明的展品、大型特展的主题展品以及具有较强开发潜力的展品。原型文物的确定，除了要考虑符合博物馆和展览主题之外，也要考虑开发的难度和设计团队的开发能力，寻找到最合适的一组展品。二是确定研发产品的种类和数量。根据博物馆拥有的渠道资源和以往的市场反馈，并结合原型文物的特点，选择市场认同度高、销量好、容易开发的文创产品种类。一般来说，首次生产数量不宜过多，经过市场实销和反馈后，再决定是否扩大生产。三是确定主要的设计原则和设计方法。原型文物特点不同、待开发产品类型不同、设计团队能力不同，都会影响对主要设计原则和设计方法的选择。如以罗塞塔石碑、《蒙娜丽莎》、翠玉白菜摆饰等"明星展品"为原型开发产品，可充分运用系列原则，并采取辨识度高的元素提取式、功能融合式设计方法。四是由设计师和博物馆市场部门共同确定开发产品的目标市场、消费人群、主要营销渠道和定价，如开发以年轻人为主要消费者的时尚创意流行风格类生活用品和服饰，可以充分利用线上电商渠道，定价亲民、适中为妥。

其次，确定设计目标后，设计师应根据设计目标，将头脑中的创意、构想具体化，绘制详细的设计图稿，或利用 CAD 等电脑技术设计模型。博物馆文创产品设计和一般创意产品的不同之处在于，设计师应花更多时间与精力思考文物元素到视觉符号的转化如何顺利实现。将文物的特殊造型、特色纹饰和特有意蕴巧妙融合于产品设计并传达给消费者准确的文物信息是博物馆文创产品成败的关键，也是对设计师设计能力水平和综合素质的挑战。因此，在这一阶段，设计师除了要充分运用联想思维、发散思维、创造思维等多种设计思维，专注于设计工作之外，更要反复研读原型文物背景资料，反复涵泳文物所传达的历史文化价值，确保准确提取文物最有价值和最具特色的特征，并融合于产品设计之中。同时，设计师应坚持"以人为中心"的体验设计和人性设计原则，站在使用者的立场，力求将设计产品的便利性、可操作性和审美性臻于完善。

再次，完成设计初稿后，接受博物馆评估是必不可少的环节。博物馆应组织由市场部门、教育部门和研究部门组成的评估小组，对设计师提交的设计初稿进行评估审核。其中，教育部门人员主要从设计原则、设计风格、信息传达等方面审核产品设计是否符合博物馆的教育宗旨和开发产品的根本目标，是否有利于传播博物馆品牌和延伸博物馆教育功能；研究部门人员主要从产品的元素提取、内涵解读、符码转化、视觉含义是否到位与合理，来判断产品是否有助于深化消费者对原型展品的理解，是否准确、有效传达文物信息且不至于引起歧义，产品设计是否符合深度与精品原则，是否能够揭示博物馆和藏品特色；市场部门人员主要从观众调查和既往产品营销状况等大数据信息，来初步判断产品设计的目标消费群体定位是否准确，定价是否合理。博物馆根据评估结果，提出设计修改建议。

最后，设计师根据博物馆的修改建议，对产品设计稿进行修改和进一步的打磨完善，并再次提交博物馆相关部门审核，反复进行修改直至设计图稿通过博物馆评估，确定首批试生产数量，交付制造商生产。

### （三）市场评估

产品市场评估是博物馆文创产品研发流程的后期阶段，也是评判产品设计是否合理，是否推广生产或调整设计方案的过程。产品设计定稿后，博物馆或设计相关方确定首批生产数量，并联系厂家投入生产，将产品进行试销。首批生产数量不宜过多，应根据消费者数据调查确定产品数量和销售周期。不过，考虑到博物馆文创产品的特殊性和有别于快销产品周期短、市场大的特点，试销周期不宜过短，以半年到一年为宜，预留充分的时间接受市场检验。产品试销过程中，应由博物馆市场部门主导反馈和评估。一是组织产品市场调查，主动通过问卷调查的方式了解消费者对产品的视觉效果、使用功能、操作便利和价格等因素满意与否，并请消费者留下教育背景等信息，便于分析目标群体。问卷调查可以在购买时进行，予以一定的价格优惠或赠品，用这种方式征求意见，也可以在商品售出一段时间后，进行电话或者邮件跟踪调查，取得消费者的使用反馈。二是综合产品销售的各项数据后进行分析，撰写市场评估报告，提出对产品下一步的生产建议。

最后，根据市场反馈和评估情况，博物馆市场部门做出产品是否推广生产的决定。如果市场反响佳、产品口碑好、销量高、消费者反馈良好，则扩大生产销售，将产品打造为博物馆的品牌文创品；如果市场评估具有两面性，消费者反馈尚可但存在较集中的意见和建议，博物馆可联系设计师，根据市场反馈调整设计方案后，再投放市场销售，并接受再评估；如果市场反馈产品存在明显缺陷，销量呈总体滑坡趋势，则考虑终止生产。

## 第四节　博物馆文创产品的营销策略

### 一、特色品牌的有机构建

博物馆文创品牌与消费者研究相同，不囿于阶段或局部，而是贯穿于博物馆文创的整个循环，渗透在博物馆文创的方方面面。博物馆文创得有品牌定位，即在博物馆文创市场细分、博物馆文创目标市场选择和博物馆文创市场定位的基础上，对不同的消费群体进行调研，以确定目标消费者，并以满足其产品和品牌形象需求的方式，使其在心理上认同本馆文创；博物馆文创需要有品牌塑造，拥有品牌名称甚至品牌标语，拥有形象识别系统，以故事让公众的情感得以触动，以服务让公众的体验得到提升；博物馆文创亦需有品牌推广，利用媒体、交通、活动、社交等将其渗入公众的生活。

#### （一）自主品牌的影响

博物馆品牌是一座博物馆在公众心目中的印象、感受和看法之总和，它体现出博物馆被认识、理解和支持的程度。当代博物馆发展迅速、数量激增，其职能和服务对象不断扩大，与其他公共文化机构形成竞争。为了继续生存和谋求优势，大多数博物馆都将提升品牌形象作为建设发展的首要目标，以期争取更多的观众和支持。除以上广义的定义外，博物馆品牌还有商标等狭义的定义，而现阶段博物馆与博物馆文创的品牌相一致，也是较为常见的做法。博物馆与博物馆文创的关联度大，博物馆借其文创扩大影响、传播文化，博物馆文创借其馆获取声望、提升价值。例如，2009年苏州博物馆于国家工商行政管理总局商标局完成集英文名称、郭沫若手写中文名称、类似篆刻纹样的苏州博物馆建筑标志于一体的商标注册，并续展注册，将之运用于本馆有所保障的文创，使本馆与本馆文创均能从彼此的作用中受益。

### （二）联盟化品牌的推动

博物馆文创联盟化品牌是博物馆发展的阶段性产物。现阶段博物馆文创联盟化品牌多依托于博物馆商店联盟。博物馆商店联盟为其成员提供统一的设计包装，联通成员之间的信息，增添彼此的消费者研究与销售渠道，为更加符合需求的开发与营销创造条件。

其中，较为重要的示例当属江苏省博物馆商店联盟——博苏堂。南京博物院素来注重博物馆文创知识产权的保护，故在完成自有品牌"博雅汇"的建设后，以南京博物院经营的江苏省长江文物艺术发展公司为市场运作的核心和指导者，以南京博物院的文化创意部为具体事宜的承担者和实施者，以江苏省博物馆学会为交流沟通的桥梁和纽带，带领江苏省多家博物馆完成"博苏堂"这一联盟化品牌的建构，进而取得一定成效。

## 二、不同媒体的辅助宣传

### （一）主流媒体的利用

近年来，主流媒体加大对博物馆公共文化服务的关注，博物馆亦可在确保公共文化服务基本任务完成的同时，借助主流媒体的主动报道、与主流媒体的深入合作，达成大范围、大幅度、大成效的博物馆文创推广，为公众提供一项文化融入生活的新选择。

例如，2017年由中共中央宣传部、中央电视台联合制作的《辉煌中国》在第5集《共享小康》中，北京故宫博物院的博物馆文创——故宫娃娃出现在文化产业的成果展示中；2018年由中央电视台纪录频道制作的《如果国宝会说话》在第12集《鸮尊：一只猫头鹰的待遇》介绍鸮尊时，展现了河南博物院的博物馆文创——泥咕咕版妇好鸮尊及大宋官瓷版妇好鸮尊；2018年中央电视台少儿频道制作的《赢在博物馆》在第 7 集苏州博物馆主场对阵宁夏回族自治区固原博物馆时，播放了苏州博物馆的参赛选手为尽地主之谊，向对方的参赛选手赠送带有苏州博物馆名称、馆徽及建筑空间——片石假山的山水园苏绣扇。

### （二）新媒体的扩展

博物馆新媒体覆盖面较广、影响较大、权威较高，发布文创信息可做相关宣传。博物馆文创新媒体针对性强，公众可以根据自身对文创的需求选择是否对其进行关注，而不是被动地接收信息的推送致使对博物馆的好感度降低。以故宫博物院为例，该馆同时拥有故宫博物院官方旗舰店和故宫淘宝的新媒体。在新浪微博当中，以故宫博物院官方旗舰店的新媒体为参照物，故宫淘宝的新媒体更为"俏皮""接地气"，但二者皆是贴合本店产品风格与迎合目标消费者喜好的新媒体营销。中国国家博物馆的博物馆文创新媒体——"国博衍艺"以直播为切入口，在传播知识的同时邀请观众作答，重复强调挑选答对观众赠送礼品的行为，加强观众对"国博衍艺"及其文创的记忆。此外，"国博衍艺"也在新浪微博主持"潮流文创季"的话题，阅读量达上千万。

## 三、博物馆另一个"展馆"的营造

### （一）固定的"展馆"——实体商店

博物馆另一个固定的展馆是稳定性强的实体商店。小型博物馆若有需求通常设置一处固定的实体商店，大型博物馆博物根据需求设置多处固定的实体商店，且多位于展厅出入口和其他人流量较大的区域，方便观展、旅游及其他目的的各类公众。

实体商店按管辖范围划分有馆内商店和馆外商店，但它们皆应位于人流量密集的区域。例如，台北故宫博物院除在展厅出入口设置商店外，也因参观展览收取费用的缘故在展厅外部的地下楼层设置大型商店，在 101 大厦和桃园机场另设商店；南京博物院除在展厅出入口设置多处"博雅汇"商店外，亦在展厅外部但同属于其管辖范围的"博苏堂"设置自身的销售点，在禄口机场另设商店。博物馆亦可利用其优势，为实体商店提供以研究为基础的装饰元素，为公众营造适宜的氛围；利用灯光、空间布局、展柜样式及材质等为公众提供舒适的浏览和购物环境；通过附有说明的博物馆文创在实体商店的展示销售延伸博物馆展示和教育的功能，并在醒目位置设立主打商品和折扣商品的区域，方便公众选购。除采取刷卡、电子支付、移动支付的支付方式外，南京博物院等博物馆还使用适当减免文创税收的方式增加公众的购买欲。

此外，博物馆亦可利用固定馆内实体商店为本馆的优势进行各类营销。

1. 赠"礼"做营销

南京博物院日常参观的人流量大，而中小学组织学生参观和节庆假日等时期旅客游览更使展厅出入口的往来观众数量增多，位于展厅出入口的固定馆内实体商店自然可以吸引大量观众浏览、驻足和询问，而店内放置在桌面的印章需购其笔记本、手账本等产品才可自行加盖，自然在一定程度上以"赠"品带动"正"品的销量。

2. 金额抵扣做营销

文物建筑及遗址类博物馆与非国有博物馆也为公益性的非营利公共文化服务组织，但此类博物馆为持续运营暂不免费开放。中国的非国有博物馆——观复博物馆在门票上加大智力因素的投入，使用技术等手段，使馆内藏品图像或馆内藏品与观复猫结合的漫画图像形成厚度适中、表面微凸的样貌，打孔检票后穿入绦带即为书签，而观众持有该门票也可在固定馆内实体商店购买文创等产品时按规则抵扣一定金额。

3. 新奇活动做营销

第五代移动通信技术即 5G 现已融入中国人的日常生活，占据大额市场的智能手机也在 5G 的影响下，使手机支付成为一种便捷的付费方式。互联网本是虚拟的世界，AR 技术却将现实与虚拟拉近了一步。例如，2017 年 9 月 29 日—10 月 7 日，苏州博物馆与"云观博"联合主办"国庆新玩法，来苏博 AR 寻宝"。据统计，活动期间参与此次国庆 AR 寻宝活动的参观者占总参观人数的三分之一。参加活动的观众利用支付宝提供的 AR 技术扫描苏州博物馆展览文物，浏览和聆听解说，与 AR 技术构建的唐伯虎合影，在遇到特定藏品时，还有机会获赠固定馆内商店的代金券或价值 888 元的文创福袋。观众在完成个人观展和活动的参与后，即可自行前往该店凭代金券按规则抵扣相关产品的支付金额或以留有的凭证领取文创福袋。

### （二）移动的"展馆"——展销商店

博物馆另一个移动的展馆是展销商店，它虽为实体形式，但固定性较弱，时效性与话题性相对较强。

文创展商店指以与传统意义上正式展览相近却又不同的形式搭建场景的商店，多有延伸展览和鼓励公众参与的意味，并不侵占正式展览的基本展示区域。例如，2017年7月由北京故宫博物院、南京博物院和重庆中国三峡博物馆联合主办的"金刚坡下——傅抱石抗战时期绘画作品展"在重庆中国三峡博物馆举行，此次展览在观展将要结束的区域，别出心裁地利用一隅搭设场景，设置小型的"坡脚商店"，观众使用智能手机等移动电子设备扫描二维码购买文创后，即可前往一楼的实体商店领取。2018年2月，北京故宫博物院践行"走出博物馆"的新思路，在北京时尚地标三里屯搭建太和殿等场景，以开设快闪店——"朕的心意"，除传统的商品展销外亦有"乾隆朋友圈"等互动活动，使现场氛围异常活跃、购买人数持续增加，甚至一度出现补货的状况。

作为参与者的展销商店指借助版权、博物馆、文化创意产业等博览会在外展销的商店。广州国际文物博物馆版权博览会、中国博物馆及相关产品与技术博览会、中国北京国际文化创意产业博览会、德国法兰克福国际文具及办公用品博览会等展会均由博物馆携其文创参展。博物馆以留下联系方式、填写调查问卷、关注公众账号、参与现场活动即可获赠奖品的方式吸引公众，主办方及当地媒体造势，区域大跨度的展销也使其影响扩大，但仅有少数博物馆能够完成特色展示区域的构建，多数博物馆展示区域仍是狭小且紧邻。故较文创展商店来说，作为参与者的展销商店将更多地服从大会的统一安排，客观的展示条件和主观能动性的施展相对受限。

### （三）虚拟的"展馆"——网络商店

博物馆另一个虚拟的展馆是网络商店。相较于固定的实体商店和移动的展销商店，网络商店虽不能使公众即时观览和提取实物，但在时效性强、话题性高的基础上，拥有覆盖面广、成本低等众多优势。除自行造势外，网络商店对节庆、潮流和热点也是事先筹备、触感敏锐、反应迅速，因产品信息的详解、各类促销的宣传、支付安全的提升、快递便捷的送达优势明显，跨过距离的障碍，间接推动博物馆在城际乃至国际的影响。随着"互联网＋中华文明"的进一步深入，博物馆文创这一文化与创意结合的产物，在利用网络商店进行电子商务时也拥有更多支撑，可以吸引更多公众，创造和传播更高价值。

自主类型的网络商店指博物馆自有平台的网络商店，通常在官网等地开辟文创板块，发布相关讯息或链接进行营销。例如，台北故宫博物院由官网链接的网络商店，原型信息详尽，产品分类合理，活动主动促销，方便公众购买。合作类型的网络商店，可细分为借助其他平台的网络商店和深入合作的网络商店。其中，借助其他平台的网络商店指博物馆入驻阿里巴巴淘宝、天猫、京东等平台而拥有的网络商店，可于店内根据展览、节庆、潮流、趋势等营销相关产品。例如，台北故宫博物院推出"朕知道了"胶带，在《甄嬛传》等中国古装大剧持续发酵的热度中，于中国博物馆文创领域掀起轩然大波。此后各大博物馆以自身藏品为题对此进行效仿，难逃产品同质化和抄袭的舆论。而北京故宫博物院经过长期探索，最终以自身藏品为题并提升设计，推出了更加精致的胶带，同时辅以限量和价格基本持平的方法于故宫淘宝营销。胶带一经推出很快就能告罄，且短期内也不再补货，部分胶带一旦被纳入绝版便仅供公众对其进行信息的查看，使得公众对上架胶带抱有期待并争相购买。北京故宫博物院胶带营销的这一做法，与奢侈品营销相近却未触及自身的底线，亦可解决博物馆担心的开模昂贵却又滞销的问题。深入合作的网络商店指博物馆已在该平台拥有自主的网络商店，但仍与细化的平台、其他品牌企业就博物馆文创共同进行开发与营销。例如，2016 年苏州博物馆联手淘宝聚划算，为汇美集团旗下品牌"生活在左""茵曼""初语"的苏州博物馆定制服饰举办"型走的历史"服装发布会，而后又将完成批量生产的服饰在淘宝网页客户端及手机 App客户端，以"把博物馆穿上身，美翻了""文艺女装博物馆篇""当女装遇上博物馆，美翻了"进行"型走的历史"营销，以新的方法连接新的公众，继而创造更高的社会价值与经济价值。

# 第五节　新媒体为博物馆文创产业发展开辟新路径

## 一、新媒体在文创产品中的应用方法

### （一）产品媒体化概念方法

产品的概念是指能够供给市场，被人们使用和消费，以满足人们任意需求的任意东西，有形的物品或无形的服务都是产品的一种形态。媒体是指传播信息的媒介，是一种传递和获取信息的工具、桥梁或是技术手段等。一般而言，普通人在认知上习惯性地认为产品多指有形的商品，而媒体一般是无形的介质。

产品媒体化从字面上理解，就是像设计媒体一样设计产品。近年来热门的自媒体概念就是新媒体的一个很好的代表。目前，最常见的自媒体平台有新浪微博、博客、微信公众号以及各个视频直播平台等。自媒体又称为"个人媒体"，强调以普通人的视角为主，打破了以往官方媒体的"点到面"的传播方式，转化为"个人到个人"，即"点对点"的对等式传播，这也符合产品到消费者，即文创产品到消费者之间的关系模式。

产品本身不会说话，很难给自己做宣传，一般只能通过外包装、外部广告等手段推销自己。在网络时代，网络平台越来越多地成为广告的承载体，借助互联网迅速发展的自媒体行业也成为广告的重要渠道之一。例如，北京故宫博物院开设了两家定位不同的网店，也为两家网店开设了不同的微博账号进行宣传，这就是在互联网时代利用自媒体的手段做广告。然而，广告和产品并不是同一个概念，脱离广告的产品依然很难进行自我宣传。

因此不妨做出这样的设想：让文创产品本身变成媒体，让其自身能够通过与消费者的互动产生效果、传递信息、达成反馈等。在网络时代的大环境下，将文创产品接入网络就是实现产品媒体化的最佳手段之一。在传统形式的消费过程中，人们购买到一件产品就是购买了其全部的属性和功能，除了保修、维护等特殊情况外，很少需要额外的服务。如果在产品设计的过程中，将其某些功能进行隐藏，或是将部分属性隐蔽，把这部分转移到网络中去，而消费者想要获取产品全部的功能必须通过个人行为进行触发，自发地获取正向反馈，则能大大增加产品的互动性，丰富用户体验。表面上看，这部分功能是消费者自主触发获取的，但引导其行为的"开关"却是在产品本身。这就是将新媒体技术与文创产品结合的手段，以此促成互动行为的完成，进而引发更深入的新媒体形式的体验。

### （二）媒体产品化概念方法

媒体产品化是从相反的角度探讨产品与媒体的关系。在大众普遍的认知中，媒体是一种开放的、公共的、用以传播的媒介，而产品则是为了满足用户某些特定的需求，专门被开发和设计出来的商品或服务。从概念上理解，二者显然是有一定的差异性的。然而，媒体产品化则指出，人们可以像开发产品一样去开发媒体，以满足用户需求为主旨，有目的性、有针对性地设计，同时利用好媒体的可持续性，持续引发关注和互动。

文创产品有别于传统的纪念品、文化用品，它是以创意为核心的新时代产物。因此，与新媒体形式结合对于文创产品而言是极为有利的，且更有优势。例如，根据特定受众群体定制内容，通过文字、图片、视频、音效等媒体形式，应用品牌化的产品运营模式实现媒体向产品的转化，这也是目前自媒体发展的一个趋势。媒体产品化后将会形成一种新的产品形式，媒体转化为一种可被消费、可被独占的产品。由于其传播的主要内容与文化的相关性最大，很显然是一种新的文创产品模式。试想，将产品的主体部分放在网络上，利用一些如智能手机这样的终端设备来实现用户与产品功能的互动，用户消费后就能获得一对一的专属服务和功能，同时也可以便捷地通过网络进行共享和互动，产品的丰富程度将得到更大的拓展。

### （三）新媒体形式与文创产品的融合

如今，人们越来越喜欢自己动手参与或自己动手组装，因此"私人订制"成为各个行业都重点开发的对象。例如，在全世界都深受大人孩子喜爱的乐高积木玩具就一直是需要极强的动手能力才能完成，而近年来大热的宜家家居，大多数家具用品也都需要消费者买回家自己安装。动手参与的乐趣和完成后的成就感都是消费者选择这种 DIY 式产品的主要原因，这也是含有 DIY 元素的文创产品更具有吸引力的原因。在消费者自己动手的过程中加入一些新媒体的元素也是一种好的方法，并更富有挑战性和趣味性。然而，许多产品都带有一定的独占性，消费者购买了某件产品后，该产品就属于其个人或是特定的群体，仅在小范围内进行分享和共用。这种完全的独占虽然满足了消费者的占有欲，却限制了产品更进一步的发展。比如，消费者购买了一件精美的装饰品，在买回家的初期可能会十分喜爱倍加呵护，但时间一长难免审美疲劳。这样的情况甚至会导致消费者拒绝下次购买同类型的产品，这对于促进消费显然是很不利的。但引入媒体概念后，产品自身将可以通过网络等渠道进行线上更新，只需要简单的互动操作就可以得到一件能持续发展的产品，对于消费者而言其优势不言而喻。特别是在互动操作上，如果增加更符合消费群体的特殊互动行为，既能提升产品本身的价值，又能给消费者带来持续的新鲜感，将极大地增加用户黏性。

## 二、新媒体为博物馆文创产品带来的机遇

### （一）创新博物馆文创产品的营销方式

依托博物馆自身文化开发出的文创产品，往往面临着营销困难的局面。一是博物馆传统的营销模式较为被动，主要在博物馆中设置展厅展示博物馆的文创产品。二是能接触到博物馆文创产品的人群较少，主要为来访游客。三是受限于展厅面积，博物馆所能展示的文创产品种类较少。四是在博物馆文创产品的推广上，缺乏对博物馆文创产品的必要宣传。虽通过报纸、期刊、电视、广播等方式进行推广，但推广力度较小，不能有效覆盖大众，时效性较低。然

而，新媒体时代的到来为博物馆文创产品的营销带来了新的机遇。借助新媒体平台，博物馆可随时随地推广文创产品。线上平台的大力推广使博物馆文创产品深入人心，带动了线下文创产品的销售。在新媒体时代，博物馆文创产品在营销模式上要进行深刻改革，大力推广博物馆的文创产品。

### （二）丰富博物馆文创产品的层次

在新媒体出现之前，博物馆开发文创产品主要根据博物馆自身文化。所开发的文创产品成本较高，多为高雅艺术品，在博物馆内的展厅展示时，虽能吸引广大来访者，但购买者寥寥无几。究其原因在于博物馆文创产品的艺术性较高，实用性不佳，不能满足广大消费者的消费需求。而在新媒体时代，通过新媒体平台，如微信公众号、微博等，与来访者进行互动，博物馆可以清晰地了解来访者对于博物馆文创产品的需求，从而更有针对性地开发文创产品，丰富博物馆文创产品的层次，使博物馆文创产品走近大众，为人们所接受，真正推动文创产品的发展。例如，故宫博物院依托故宫文化，投入巨大人力、物力，开发出众多与故宫相关的文创产品，并借助故宫博物院的新媒体平台进行大力推广宣传，推出了一些优秀的节目，如《每日故宫》。《每日故宫》向人们介绍故宫中的宫殿、古董及相关历史知识等，让人们在观看节目的同时，也了解到故宫文创产品背后的文化知识，大大增加了故宫文创产品的文化附加值。

## 三、新媒体背景下博物馆文创产品的发展措施

### （一）依托新媒体创新文创产品营销方式

博物馆在文创产品的营销方式上，要积极地运用新媒体技术，依托各大新媒体平台，创新文创产品的营销模式。首先，博物馆要创建新媒体平台账号，选择热门的新媒体平台，创建微信公众号、微博账号、抖音短视频账号等。在此基础上，要聘请专业的技术人员运营和维护新媒体平台账号。其次，在新媒体平台的账号内容上，除发布一些常规信息外，要依托博物馆内丰富的藏品，将其数字化处理，制作成各类富有创意的短视频进行发布，如故宫博物院推出的"文创"、雍和宫推出的"数字雍和"等。依托新媒体平台众多热门IP，多渠道宣传博物馆的文创产品。最后，在营销的内容上，要全方位、多层次地展示文创产品背后的文化、设计等内容，将博物馆文创产品所蕴含的文化性凸显出来，让受众能够感受到每一件文创产品都是大师精心制作的杰作，都

有其独特的艺术性和实用性，具有深厚的文化底蕴，是值得购买和收藏的。

### （二）挖掘博物馆文创产品的特色

博物馆要将自身的文化特色融入文创产品之中，使其具有极为个性的文化特色，以解决文创产品同质化的问题。博物馆要组织专业人员对馆藏文物进行研究，挖掘其中蕴含的文化、历史知识，并寻找馆藏文物的艺术特点，将其提炼出来，然后再运用现代设计技术，对其加工处理，以形成具有文化特色的文创产品。在这一过程中，要注意挖掘消费者的消费意向，使开发出来的文创产品能符合消费者的消费需求。为此更要凸显文创产品的文化性，增强文创产品的特色，达到打动消费者的目的。

### （三）完善博物馆文创产业链

博物馆文创产品的可持续发展，必然要构建完善的产业链，政府部门与博物馆必然要形成合力。首先，政府部门要给予博物馆相关保护，使博物馆开发的文创产品的知识产权能够得到足够保护，最大限度地保护博物馆的利益。其次，博物馆要做好文创产品设计、生产、销售、售后等环节的服务工作，提升服务的人性化水平，为消费者带来更高质量的文创产品，并借助新媒体平台，与消费者开展互动，及时了解消费者的反馈，为消费者提供线上与线下的全方位服务。

## 四、基于博物馆 IP 的文创设计开发

### （一）博物馆文化阐释

#### 1. 博物馆文化 IP 的资源范围和内容

博物馆可运营的文化 IP 资源不限于文物藏品，同样可以运用博物馆工作人员在工作中所产生的工作成果。博物馆对于文化 IP 的打造需要在馆藏资源上进行再创作，进而开发出各式各样的文创衍生产品。目前，国内博物馆在对文化 IP 的利用中版权问题频发，这是因为相关意识不到位、法律保护力度不足，因此博物馆在打造文化 IP 的过程中需要强化版权意识，明确文化 IP 的资源范围与内容。在更好地开发文化 IP 的同时，保护自身知识版权，这对于博物馆实际运营起着至关重要的作用。

#### 2. 博物馆文化 IP 的价值构成

博物馆文化 IP 价值由文化价值与经济价值构成。博物馆属于公益组织，

具有公益性质，国家文物局发布的《博物馆条例》中明确博物馆是"以教育、研究和欣赏为目的，收藏、保护并向公众展示人类活动和自然环境的见证物，经登记管理机关依法登记的非营利组织"。基于博物馆的公益属性，博物馆打造文化 IP 的目的在于传播博物馆文化，满足大众的文化需求，所以博物馆文化 IP 的首要价值体现在其文化价值，博物馆文化 IP 的挖掘需要紧扣文化。文化价值作为其第一价值，决定了文化 IP 需要尊重文化并深化文化。从价值链的视角来看，文化内涵是文化 IP 的最基本价值层，基于文化价值之上才能进行其他价值的增值，当文化价值与其他价值出现矛盾时应保全文化价值，如果忽视文化 IP 的文化价值，文化 IP 的打造会因失去最基本的价值属性而失败。

博物馆文化 IP 的文化价值涉及诸多领域，如历史、艺术、科技、自然等，其文化价值分为表层、中层、深层三个层级。表层文化价值是最为直接的外观表现，是广泛吸引大众的外表载体，包括造型、纹样、色彩、工艺等，是文化价值的"皮"，高文化价值的文化 IP 在外观上一般具有高辨识度；中层文化价值充斥着文化价值的内容，满足用户消费需求，包括艺术特色、情景表达、功能性等，是文化价值的"肉"，高文化价值的文化 IP 内容上个性鲜明、新奇有趣；深层文化价值则是文化价值的核心，满足用户的精神需求，包括文化内涵、价值观等，是文化价值的"骨"，高文化价值的文化 IP 强调态度与观点，引发人们思考。文化价值的三个层级相互支撑互相依存，是实现文化 IP 文化价值的重要构成要素。目前，我国文化 IP 产业中的一大弊端在于文化 IP 缺少文化内容，流于表层，难以吸引用户，昙花一现后再无动作，而博物馆文化 IP 的文化价值完美填补了这一缺陷。博物馆文化 IP 与其他文化 IP 相比，其优势正是其超高的文化价值。博物馆馆内的文物藏品背后存在着无尽的故事内容与深厚的文化内涵，可以说博物馆俨然是一座巨大的文化 IP 宝藏。

博物馆虽然作为非营利组织，但还是需要一定的经济收入确保博物馆正常经营。在打造文化 IP 的过程中获取收益，用以维持文化 IP 运营，完成对文物藏品的维护、研究与开发，实现资源反哺，这就确定了文化 IP 的经济价值。传统价值链视角下，经济价值是通过不断增值实现的，需要与文化价值共同实现。文化 IP 开发的实际目标是实现其经济价值，消费者认同博物馆文化 IP 的文化价值，愿意为文化 IP 买单，才是实现了文化 IP 的经济价值。打造文化 IP 所获得的收入需要用于提高博物馆的公众文化服务水平。在实现文化 IP 的经济效益同时保证博物馆的社会效益，才能确保博物馆的非营利性质。目前，国内大部分博物馆面临资金不足的问题，资金来源依靠门票和政府拨款，只能在一定程度上缓解博物馆资金短缺的问题，无法根本解决当前困境。在这种情况下，打造文化IP，充分实现其经济价值更具有实际意义，即让博物馆自身拥有完整产业链，通过文化IP变现获取收益，保证博物馆的正常运行。

综上，博物馆文化IP的这两种价值决定了文化IP的开发方向：通过对文化IP的经营实现文化IP的文化价值与经济价值，挖掘博物馆内的文化内涵与创意；通过IP变现补充博物馆经营资金，处理好文化IP的社会效益与经济效益的关系，保证博物馆自身良好的运营与发展。这逐渐成为当今新媒体视域下博物馆的重要发展战略。

### （二）博物馆IP视觉形象设计

1.博物馆文化IP设计特征分析

（1）IP形象功能化。按照博物馆文化IP功能划分，可将博物馆IP开发方向分为博物馆品牌代言方向和博物馆原创商业IP方向。明确两种文化IP的功能定位，可准确找准文化IP开发方向，按照核心发展轴线逐步展开运营，保持持续发展动力，才能在博物馆文创经济里永葆青春。博物馆品牌代言方向多为根据博物馆整体文化设计文化IP形象，通常称其为博物馆的"吉祥物"，设计理念取自博物馆文化，重点在于塑造和推广博物馆品牌，具有隐喻和象征的特征，是除了博物馆标志外体现个性化识别和表现强烈亲和力的重要视觉形象。例如，北京故宫博物院的"壮壮"和"美美"，其设计集北京故宫建筑艺术与文化内涵于一体，"壮壮"形容皇家建筑群给大众心理上的震撼感受，"美美"形容故宫所藏180多万件古代艺术珍品所传达的中国传统美学内涵，以此表达中华民族的文化传承，体现"龙的精神，凤的内容"。

（2）卡通造型人格化。文化IP最常见的视觉形象是进行了鲜明人格化的卡通形象，由于人格感染力能极大程度地影响文化IP，因此打造文化IP的核心在于创作出自带感染力的形象，并以此卡通形象作为核心驱动力。卡通作为独特的艺术形式，属于图像艺术，具备图像艺术的特质。卡通明确具象的造型风格，使它拥有更直观的视觉感受，识别性比普通图像更强，且更具有亲和力，容易从感情上获得大众的好感与偏爱。主视觉展示出的具有亲和力的卡通IP形象通过多元媒介的传播，能够打破文化与语言障碍，展示出普通视觉形象无法比拟的趣味性和生命力。不仅要对卡通形象的外观进行人格化设计，还需要针对性地进行角色人格化设定以及背后故事的挖掘和拓展，如设计添加各类情绪表情、姿态动作，或是延展设计家族角色等，让角色形象更为丰富生动，创造外层表皮的内在灵魂，充实文化IP体量以持续发展。如今，诸多商业品牌也开始打造自己的卡通IP形象，让消费者把对生动的卡通角色的喜爱转移到品牌上。作为博物馆的文化IP形象，形象内容的延展需要以博物馆文化为基础，如何挖掘并提炼出埋藏在博物馆里的文化符号是文创开发的根本，这些文化符号是馆内的核心资源，IP形象的设计也需要围绕核心文化进行。

（3）文化内涵叙事化。在文化IP中，人格化角色与内容的加入伴随着故事的产生，即有了叙事性。博物馆传统文创模式以产品为驱动，文创首先有产品，并以产品为基础。以文化IP为核心的博物馆文创则先有文化IP，以IP形象的独特生命力强调叙事性，营造能产生特殊情感共鸣的氛围。博物馆文化IP的叙事化基于博物馆文化内涵，博物馆文化以IP形象为载体，向大众讲述有趣的故事内容，潜移默化地输出文化知识，避免单纯枯燥的概念性灌输，这样文化IP衍生产品将会围绕IP所叙述的情感与文化，投射出文化IP特有的情感故事与文化内涵。

（4）博物馆品牌延展化。博物馆文化IP的成功运作会大大增强博物馆自身品牌的延展性，博物馆通过文化IP联名进行品牌跨界发展，同时也反哺IP价值。当今时代的消费者渴望进行拥有更多附加价值的消费，收获更丰富的内涵、更贴心的服务、更独特的情感触动，不再仅因品质或美观而买单。博物馆文化IP的文创产品的独到之处正是在于不会限于某种特定的物品或功能，而是以文化内涵作为附加价值备受瞩目。文化IP的衍生发展需要考虑它能否体现博物馆的文化和情感元素，符合整体调性，而不是简单的图案印刷。例如，北京故宫博物院使用旗下多个文化IP进行品牌联名开发商品，合作品牌横跨食品、电子产品、服装服饰等多个领域，全方位打造博物馆品牌。

2.文化IP形象的设计要点

（1）细分IP受众定位。在开发博物馆文化IP前期准确定位目标人群，明确定位目标用户，对消费者需求进行准确的分析，进而进行文化IP形象设计，同时积极尝试不同种类设计风格，扩大消费人群。国外博物馆十分重视儿童群体，设计开发针对儿童游客的文化IP，如大英博物馆的"彼得兔"、美国纽约大都会博物馆的"William"等，其中大英博物馆的"彼得兔"IP系列更衍生出多款文创产品，涵盖儿童书籍、儿童服装、儿童玩具等。国内博物馆可参考国外博物馆的受众定位寻找自己的文化IP形象设计之道。博物馆作为社会公益组织，面向社会所有群体开放，但目前国内多数博物馆文创却多定位于年轻女性群体，其游客人群与文创定位的不对等产生了矛盾，没有形成差异化。实际上国内博物馆数量众多，国宝级藏品众多，风格与文化各异，因此，博物馆可以从古代艺术珍品中汲取灵感，扩大目标人群，设计开发不同风格的文化IP形象。如从剑、弩等古代兵器类藏品中提取其造型、纹样等力量感元素，设计开发面向男性群体的 IP 形象；或定位白领女性群体，从瓷器类藏品中提取釉彩瓷器的造型、颜色等元素设计 IP 形象。博物馆也可以结合自身调性，参考商业 IP 品牌的用户定位与设计风格，丰富自身 IP 资源，扩展粉丝人群，与大众建立更多的联系，展现丰富多彩的博物馆形象。

（2）适应动态表演传达。信息技术的发展带动了数字介质的普及，使视觉传达形式从平面趋于动态表现。如今，数字产品成为日常生活的必需品，数字化的信息传播成为主要的传播方式，以数字媒体为载体在互联网平台上对外传播成为获得"流量"的必要途径。相较于传统媒体，新媒体的信息传播具有即时性、广泛性、丰富性、互动性的特点。数字新媒体具有强大潜力、以适应当今不断变化的信息时代，因此博物馆文化 IP 的设计开发应顺应数字时代的发展，创造出符合时代需求、适应新传达方式的 IP 形象。用新媒体语言向大众传播，这就意味着文化 IP 的形象设计需要考虑其动态表演制作的难易度。

文化 IP 的形象常被用于动态表情、网络动画等动态化载体中。使用数字媒体技术把传统媒体的静态平面设计动态化，可在视觉上营造动感与张力，增强视觉冲击力，加深用户印象，同时传达出更多信息，生动地表现角色 IP 形象。借助肢体语言与表情语言实现角色的动态表演性，通过角色的肢体动作与表情体现情感，增强动态化表现的同时赋予 IP 形象人格化特征，塑造其性格特点。因此，在 IP 形象设计中，需要留意角色的表情与肢体是否适合在动态设计中传达情感信息，在平面设计过程中初步加入角色的表情变化、肢体动作等设计，观察其是否具有适应动态表演的张力。此外还需考虑角色的形象是否便于后续制作动态形式，角色形象中的服饰、装饰等设计应以简明扼要为主。

（3）适应多维视觉转换。在文化 IP 视觉形象的设计中，还需要提前考虑形象是否能适应视觉的多维化转换，一方面是为了符合数字媒体多维化视觉体验的特点，另一方面是为了简化后续实体产品开发的三维模型的建模过程。数字媒体的非线性结构使数字产品呈现多维化视觉结构形式，可以由传统媒介二维平面的视觉效果转化为数字媒体三维立体效果，其在全面展示 IP 形象的同时，便于后续实体化延展，因此文化 IP 形象在平面设计的同时就需要为之后的三维建模做准备。然而，国内部分博物馆的 IP 形象为了突出传统文化风格，在文化 IP 形象设计中采用了水墨风格，设计师在创作初期没有考虑到后续衍生的多元形式转换，导致在平面转换三维过程中遇到了困难，因为平面设计与三维模型存在较大差异，需要后期花费更多时间进行设计风格的转化。总之，在 IP 形象设计初期，重点在于全方位展示设计构造以及细节结构，协同三维建模保证平面设计到三维立体的无缝转化，相应的角色 IP 形象的风格化视觉表现则是次要考虑的内容。

实体衍生品中文化IP形象的立体实体化开发同样需要依靠三维建模。除平面向三维的转化外，还需注意产品生产的生产效率、精细程度、成本预算等实际生产问题。简洁的形象设计能提高生产效率、降低生产成本，而IP形象设计中烦琐的装饰会阻碍三维建模与实体化产品的生产，工艺水平达不到设计中的精细程度，且过高的开模成本会导致定价上涨，消费者并不会为此买单，有可能导致产品最终被市场淘汰。

3.文化IP形象的设计延展

（1）丰富形象情感表现。当文化IP的视觉形象基本确定时，需要对其延展的情感表现进行设计。人格化的IP形象利用亲和力赢得大众的喜爱，情绪表达则是人格化设计的基础表现，喜怒哀乐显露于形，使文化IP形象具有感染力。因此，当文化IP形象设计完成后，需要增加其在不同环境中的不同表情，以充分表达情绪状态，赋予其生命力，使IP形象更易与受众产生情感共鸣。充满生命张力的鲜活形象更容易成为一个大体量的IP，未来可以衍生多类型产品。在IP形象的表情设计中，提炼最有特点的表情能让形象的情感表现更生动更出彩。例如，将IP形象的基本情绪分为开心、悲伤、生气、惊讶等，再对基本情绪细分表情，如开心的笑可分为微笑、大笑、坏笑、咧嘴笑等。优秀的文化IP形象往往情感充沛，以著名IP"LINE FRIENDS"为例，其本是由通信软件LINE表情包衍生出的IP形象，丰富的情绪表达借助移动社交网格广为传播。情感表现方面会根据不同的角色性格设计出不同类型的表情，简单的表情符号能迅速表达特定的情绪，适应互联网的快捷交流，用户可以借表情的输出树立个性风格。

（2）补充动作造型与构建场景。博物馆的文化IP需要加入博物馆的文化特色，但是光凭IP形象的平面视图无法完整体现出其文化，这就需要一些动作造型与场景的辅助，在表情的情绪表达之上树立风格和特色。博物馆的文化IP形象需要将博物馆的文化特色与角色的动作、造型、场景绑定，设计师应积极与博物馆专业人员进行沟通，借助博物馆的知识协助充分提炼馆内文化，准确挖掘馆内的核心文化，让IP形象与博物馆的文化符号融合，让博物馆拥有独一无二的文化IP形象。

在体现博物馆特色时，文化IP形象可以通过补充动作造型和构建场景来表现。在动作上，通过运用不同道具展现不同动作，展示角色形象的日常生活状态；在造型上，可以通过变装让形象穿上不同的衣服，以此表现不同的职业特性或节日气氛；在场景上，将形象放入简单的场景中，营造角色生活氛围。

例如，"LINE FRIENDS"等IP形象存在不同专题系列，让形象穿着与平时不同的特殊服装，在特定场景中进行相应活动，在丰富角色造型的同时，完善角色性格，也为文化IP形象的运营方式提供了更多可能性，为品牌提供了更多延展空间。

（3）融入博物馆视觉识别。在充分完善文化IP形象后，可以考虑将IP元素应用在博物馆视觉识别中，以博物馆整体风格的协调为要，统一在博物馆的CIS（Corporate Identity System）系统之下，方可强化文化IP与博物馆的关联性，加深大众对IP形象的印象，也使博物馆摆脱沉闷的刻板印象，体现博物馆风格与个性，吸引更多人的兴趣。例如，将文化IP元素加入博物馆的导视标识系统中，打造出幽默有趣的游览体验。上海玻璃博物馆园区内儿童玻璃博物馆的文化IP形象——"玻玻"和"璃璃"，创作原型来自玻璃制造工序中的玻璃原液及烧制玻璃的高温火苗，造型简洁鲜明，辨识度高，具有博物馆主题特色。馆内的宣传物料、导视标识和装饰均采用IP形象元素，营造出满含童真童趣的学习娱乐氛围，整体视觉设计具有极强的完整性与系统性，让博物馆拥有了独一无二的视觉识别系统，也让"玻玻"和"璃璃"在博物馆文化IP形象中脱颖而出，衍生了大量的实体产品，包括玻璃工艺品、布偶玩具等，深受儿童游客的喜爱。

### （三）围绕文化IP的博物馆文创产品发展策略

1.在内容层丰富文化内容吸引粉丝

（1）深入挖掘文创内容的文化内涵。文化IP需要有强大的文化内容支撑才有持续开发的价值，如果没有丰富的内容进行挖掘，只会导致先天"营养不良"，无法做到长期输出。前IP时代，IP价值所侧重的是流量变现，市场推崇能够快速锁定大IP、大流量的"精准捕手"。如今，IP2.0时代已经到来，深厚的文化基础、丰富的故事性才是IP更长久的生命力所在，而故事内容是文化IP吸引粉丝与流量的关键，能有效满足人们的精神文化消费需求，产生更高的用户黏度。此外，更可以通过内容输出纵向展示历史性文化文脉，横向展示区域性文化传承，激起大众内心的文化认同感，引起文化共鸣，充分发挥博物馆的社会效益。博物馆文化IP背后的故事内容可以针对文物藏品背后的名人趣事、地域文化、民俗风情、特殊工艺等，凭借对文化内容不断地创新设计，让博物馆文创摆脱肤浅空洞，以内容夯实基础、充实底蕴，以此延续博物馆文化IP的生命周期，做到可持续发展。这要求在文创设计初期，需要设计师与博物馆专业学者合作，充分调研并整理文化内容，深入挖掘博物馆文化符号，将文化贯穿于设计创意的各个环节，灵活运用设计语言，确保文化内涵最终成功输出，再通过互联网新媒体传递给受众，从而实现博物馆文创产品的教育功能，在提升受众整体文化生活水平的同时，让受众与博物馆文化产生共鸣，从而有效传承并延续博物馆文化。

例如，观复博物馆旗下原创文创内容"观复猫"，原型来自观复博物馆馆长马未都先生收养的流浪猫，观复猫凭借其可爱的外表、丰富有趣的内容获得了大量粉丝，新浪微博平台显示"观复猫"同名账号的粉丝数量高达 26.6 万。"观复猫"充实的内容是吸引粉丝的关键，每一位"猫馆长"都有自己的卡通形象与爱称以及一套完整的设定信息。博物馆官网也专门开辟了"观复猫"专栏，定期更新观复猫漫画或科普文章，同时出版同名主题图书，以生动有趣的"猫"视角讲解历史与文物，降低大众对专业知识的理解难度，激起其学习兴趣。

（2）正确选择文创内容的载体媒介。主流文化 IP 中，内容多源自文学作品、漫画与表情包等，博物馆文化 IP 在内容层上也可采用文学、漫画等形式，在互联网社交平台上投放，通过生动有趣的文化内容吸引粉丝、获取流量，逐渐提升知名度。以"LINE FRIENDS"为例，"LINE FRIENDS"的内容业务包含动画、游戏、图书出版等，动画作品均以其通信软件中的卡通角色为主人公，用简单温暖的故事和轻松搞笑的情节来吸引观众。除了推出动画作品，LINE 还出版了以备受欢迎的卡通角色布朗熊为主人公的图书制品，并积极开拓国际市场，发行英文、中文、日文、韩文等多个版本，旗下游戏产品也推出多款，类型涵盖农场经营、消除游戏、宠物养成等。结合主流文化 IP 反观博物馆文化 IP 内容载体，可以将其归纳为以下几个类型：①图书出版类。它以文字、绘本、漫画等形式展示的出版物为载体，包括实体出版物与电子出版物，通过实体书市场或网络渠道流通销售，是最传统的载体类型，能简单直观地传达内容。例如，观复博物馆出版的"观复猫"系列丛书等。②影视动画类。它以影视剧、动画、短视频、综艺等影像作品为载体，通过电视频道、视频网站、短视频网站等平台播放，通过视听双重体验生动地传递信息。例如，北京故宫博物院出品的综艺《上新啦，故宫》、纪录片《我在故宫修文物》等。③数码游戏类。它以手机游戏、微信小游戏、网页游戏等形式为载体，可在博物馆官网、微信小程序、App Store、Google Play 等平台下载游玩，强调互动性与体验感，通过用户沉浸游玩展现故事内容。④音乐类。它以音乐形式为载体，通过音乐专辑、数字专辑、音乐磁带、音乐唱片等媒介发行，通过节奏、旋律、歌词等音乐元素从听觉上传达内容。例如，北京故宫博物院与 QQ 音乐联合出品的"古画会唱歌"系列音乐作品。⑤数字传播类。它以插画、条漫、表情包、H5 等为载体，主要在微信、微博等社交媒体平台或博物馆官网传播，以传播获取流量为目的，在互联网平台迅速传播。例如，北京故宫博物院出品的电子漫画《故宫回声》等。

五种类型的载体间内容可以相互转化，互相提供内容素材，以彼内容充实己内容。博物馆可根据自身文化 IP 的特质选择不同的内容载体和媒介，进行文创内容的设计创作、开发与传播，为文化 IP 铺垫内容基础，积累粉丝。随着时代与科技的发展，还会出现更多类型的内容载体，让博物馆文化 IP 以更多的形式为人所知。博物馆应充分了解每种内容载体的类型与特点，根据自身需求选择恰当的载体媒介，让文创内容层创作完整展现在大众面前。

（3）合理使用文创内容的传达方式。根据文创内容载体媒介的不同，其传达方式也不尽相同。在内容创作时应该把握好每种载体的特性，选择合适的视觉表现方式进行传达与演绎，充分展示故事内容，展现角色形象的风采。以文创内容的载体媒介分类为基础，可以将其传达方式分为以下几种形式：①文字叙述型。它是以书面文字娓娓道来，逐步讲述故事内容的方式。这种方式要求创作者具有一定的文字写作水平，在设计层面没有过多要求，视觉创作壁垒较低。文学、网络文学在我国发展较为成熟，积累了数量庞大的读者群体，其作为主流文化 IP 产业的最主要源头，在改编电影、电视剧、游戏和动画等方面取得了良好的成绩。②图像展示型。它是以平面图像如插画、漫画等展示故事内容的方式。在视觉设计上，图像展示型作品多运用构图、图形与色彩语言来组织画面，因此能直观形象地将信息呈现给大众。插画通过一些主体图形和辅助图形的结合，让画面信息在短时间内被受众接受，并留有想象空间；漫画则有更强的叙事性，其加入文字、气泡与镜头语言，目的在于展示角色个性与讲述完整故事，唤醒读者的感官或感情反应。③动态表演型。它是以动态影像对故事内容进行表演演绎的方式。与静态的视觉传达方式相比，动态传达在信息传递上更有优越性，不仅需要处理平面视觉元素，更需要合理安排每个元素的造型形态，考虑图形元素在画面中的时间线、运动轨迹以及镜头语言。图形元素的运动会牵引人们视线，融合信息传达，唤起观众情感，观众更加容易理解和把握信息且更加容易记忆。动态表演型传达方式是基于媒体载体的设计形式，由于互联网媒体传播速度快、覆盖面广、效率高的特点，动态表演型传达在发布与传播中具有先天优势，可满足人们在高效快捷的生活节奏中对信息接收的需求。④游戏交互型。它是以用户交互推进故事内容发展的方式。随着计算机交互技术的出现，游戏交互设计依托于技术平台被广泛应用。交互设计指人通过界面与系统的交流互动获取信息的全新方式,其依靠用户的自我探索,更加注重体验感受以及用户与设计师间双向沟通的信息传播,体现了游戏交互型传达方式的人性化,让用户在信息传播中自主选择信息接收。因此,在交互设计之初,不仅要关注视觉艺术形式与信息传达,还需要考虑用户的接受方式,使其符合常规视觉流程和使用方式,保证获取信息的方式人性化。⑤音乐播放型。它是以音乐内旋律或歌词展现故事内容的方式。音乐作为最能打动人心的艺术形式,更易传达情感情绪。目前,主流音乐文化 IP 通过数字音乐、音乐综艺等逐渐摆脱传统音乐产业的桎梏,获得了全新的发展方式,成为文化IP 产业又一个潜力股。

这五种文创内容的传达方式在实际设计创作中往往不是单独出现的,而是相辅相成,共同组成文创内容的信息传达形式,以充分调动受众视觉、听觉、触觉等感官体验,使其全方位接收内容信息。博物馆在确定内容载体后,应结合文创内容合理选择传达方式,充分发挥不同传达方式的优点,在内容层设计创作优秀的文创作品,以此吸引不同的人群成为粉丝,为后续文化 IP 开发奠定基础。

2. 在变现层开发衍生产品获取利益

(1)完整归纳文创衍生品多元类型。博物馆在内容层上通过扎实的内容基础吸引粉丝后,在变现层中可以根据自身需求针对文化 IP 进行衍生开发,一般以衍生文创产品为主。衍生产品多种多样,但目前国内博物馆文创的衍生产品形式却较为单一,可以将其大致分为实体衍生产品与数字衍生产品。实体衍生产品顾名思义,指具有实体的文创衍生产品,具有一定的功能实用性。如今大部分博物馆的文创商店中所贩售的商品都可称为实体衍生产品,但各博物馆间的实体衍生品大同小异,钥匙扣、马克杯、冰箱贴、明信片等几乎成为衍生产品的万能载体。博物馆的实体衍生品的开发可以借鉴商业文化 IP,将产品按照用途分类,分为印刷品类、文具类、服饰类、首饰配饰类、家具陈设类、装饰品类、玩具类、数码产品类等。数字衍生产品是以数字媒体为载体的衍生产品形式。以北京故宫博物院为首,越来越多的博物馆尝试将文创产品与数字媒介结合,形成全新的数字衍生产品形式。整体来看,目前国内博物馆数字衍生产品开发还处于起步阶段,其中北京故宫博物院作为国内最先开展数字文创产品研发设计的博物馆,开发过多款数字衍生产品,最具有代表性。

(2)充分融合文化 IP 与文创衍生品。博物馆在进行文创衍生品创作时,应让文创衍生品与文化 IP 形象充分融合,避免出现以文化 IP 为噱头,文创衍生品华而不实的现象。博物馆的文化 IP 形象与其他文化 IP 相比,更具有历史文化的传递性，是对博物馆文化的凝练与转译，文化 IP 的文创衍生品也需要突出其文化符号意义，从形态、材质、色彩、图案等方面考量设计与生产方式。文化 IP 形象本身就是博物馆文化的具象表现，从中提炼文化符号作为基本设计元素，运用解构、重构、混搭等设计手法开发系列文创衍生品，扩展产品品类与族群，构成丰富的衍生产品序列。如何将文化 IP 形象与文创衍生产品进行融合，可以在具体设计中采用以下手法：①典型图形提炼组合。对文化 IP 形象进行再提炼，提取标志性和代表性图形展开重组，从而获得全新图案元素，其适用范围非常广泛，可以方便地运用于印刷品、纺织品、包装等简单印刷产品，或是运用于数字衍生品 UI 设计中。例如，迪士尼从米奇的经典形象提炼出的三个圆，简单直白，具有强烈的符号性与代表性，被广泛应用于衍生产品中。②平面形象二次设计。以已经完成的文化 IP 平面形象为基础，展开延展设计，如通过变换着装、更换场景等方式形成特定主题的系列形象。经过二次设计出的角色造型图像可通过平面印刷普遍用于不同功能、材料和形态的实体衍生产品，或作为图像素材运用于数字衍生产品中，易于将产品主题化、系列化。凡在统一的品牌识别特征控制下，可形成强烈的博物馆文化 IP 形象特征。例如，LINE FRIENDS 每在节日期间会二次设计角色造型，推出具有节日氛围的衍生产品。③三维造型实体复刻。文化 IP 形象的三维造型可通过 3D 打印等技术手段进行立体复刻，制作装饰品、工艺摆件、玩具等，或将 IP 形象与实用产品结合，设计成造型独特且可使用的产品。同时其三维造型也能灵活运用在数字衍生品中，具有普遍适用性。此方法目前被广泛使用在主流文化 IP 衍生品与博物馆文创中，如北京故宫博物院的"故宫猫"系列文创产品。④ IP 产品系列化拓展。博物馆文化 IP 形象十分利于产品系列化的拓展。从设计开发的角度看，系列化创作投入小、见效快，是经济、有效、实惠的设计方法。在系列化设计时，可采用"产品系列矩阵"的拓展方法：横向代表由同一文化符号所设计，使用不同产品载体所形成的衍生产品，形成产品"系"；竖向代表同一产品载体，由不同文化符号所设计的衍生产品，形成产品"列"。系列化产品的特征鲜明，具有强烈的视觉冲击感，且随着系列化程度提升，视觉印象会越来越深刻，对博物馆文化 IP 的形象塑造也会越来越明晰。

3. 在延伸层拓展线下活动扩大影响

（1）主动拓展文创活动的线下形式。在下游延伸层中，博物馆可以通过开展线下活动推广文化 IP 来扩大社会影响力。线下活动是一种综合性的 IP 延伸方式，囊括上游内容层的文化内容展示与变现层的商品贩售，博物馆需要充分扩展线下活动的形式，为游客提供丰富多样的体验环境。对于主流文化 IP，线下活动包含移动商店、咖啡吧、限时体验店、主题公园等，博物馆文化 IP 线下活动可以依靠博物馆得天独厚的场地条件，展开专题展览，活动场地中可设有实体商店，展示文化 IP 的同时引导消费。线下活动能够营造妙趣横生的体验氛围，同时提供消费环境，为游客带来更高品质的产品和服务。游客会在社交网络上拍照分享，自发为博物馆活动提供热度，吸引更多人群前来参观。

按照活动内容的不同，可将博物馆文化 IP 的线下活动分为休闲餐饮类、内容展览类、购物消费类、综合类。不同类型的活动经常结伴出现，共同组成完整文化 IP 产业链，博物馆应根据自身情况积极丰富线下活动的类型，为博物馆构建可以流转、增值的生态版图。

（2）积极丰富文创活动的互动体验。新媒体时代人们往往不满足于单一的视觉信息，线下文创活动需要摒弃单一的视觉信息传达，结合视觉、听觉、触觉等多元感官感受，丰富游客的互动体验，让文创的文化感知过程变成生动有趣的独特体验。例如，在活动中，博物馆工作人员可以身穿 IP 形象的人偶服装与游客互动，强化输出文化 IP 形象，同时调节活动气氛，增加亲和感；或是设置数位化新媒介技术的数字交互装置，数位化技术包括 VR、AR等，通过声、光、电等多种技术，将普通信息转化为视、听、触、嗅、味等多元信息。基于数位化技术的新媒体多以互动装置的形式出现在博物馆线下活动中，可增强游客的反馈性与互动性，与游客进行游戏交互，让博物馆活动寓教于乐。

4. 在支撑层完善各项工作维持 IP

（1）完善版权保护，维护品牌。在博物馆打造文化 IP 的同时，应巩固支撑层的各项服务，如设计制作、供应链管理等，其中至关重要的是版权确权、授权交易等版权保护服务，对馆藏文物资源产权、设计成果、使用商标等进行注册。随着博物馆文创产业的不断发展、影响力的不断加强，博物馆行业遇到无形资产保护及知识产权问题逐渐增多的问题，版权侵犯、品牌攀附、商标抢注、文创产品仿制等现象屡有发生。因此，博物馆需要知识产权保护以保障文创产品的高效开发，维护博物馆利益与品牌形象。

北京故宫博物院是国内第一家拥有注册商标的博物馆，早在 1996 年北京故宫便开始申请注册"故宫""紫禁城"等商标。2012 年在北京举办了"博物馆与法律学术研讨会"，研讨会围绕博物馆著作权、博物馆名称权和博物馆商标权的使用与保护等问题进行研讨，对博物馆无形资产保护和利用进行了积极的探索。总之，博物馆应该提前树立版权保护意识，完善相关 IP 保护条例，让博物馆在设计开发文化 IP 过程中减少不必要的损失。

（2）多渠道运营增加粉丝数量。目前，博物馆文创产品销售多依靠门店和电商平台，缺乏文化 IP 的推广传播，推广面狭窄，推广渠道单一，没有充分利用互联网传播优势以及多元媒体平台，导致博物馆 IP 鲜有人知，无法积攒粉丝群体。在信息爆炸的当代社会，IP 开发依靠粉丝经济，多渠道营销能够有效获得流量、增加粉丝。博物馆文化 IP 运营中，需要灵活使用多平台、多渠道进行营销，从不同平台吸引粉丝、赚取流量，扩展博物馆的社会影响力。例如，观复博物馆的"观复猫"线上线下多方传播，开设了微博、抖音、微信公众号等社交网络平台账号，同时线下出版主题书籍。博物馆借力当下互联网热门"云吸猫"文化，通过"猫"视角讲解历史与文物，并日常更新猫咪相关动态，吸引年轻粉丝，单平台粉丝数量超过 26 万。

# 第六章　基于物联网技术的智慧博物馆建设

## 第一节　物联网技术概述

### 一、物联网的定义

物联网的定义目前争议很大，还没有被各界广泛接受的定义。各个地区或组织对物联网都有自己的定义。以下是一些地区或组织关于物联网的定义。

中国物联网校企联盟关于物联网的定义：当下几乎所有技术与计算机、互联网技术的结合，实现物体与物体之间、环境以及状态信息的实时共享以及智能化的收集、传递、处理、执行均属物联网范畴，即从广义的角度而言，当下涉及信息技术的应用，都可以纳入物联网的范畴。

国际电信联盟（ITU）发布的《ITU互联网报告2005：物联网》，对物联网做了如下定义：通过二维码识读设备、射频识别（RFID）装置、红外感应器、全球定位系统和激光扫描器等信息传感设备，按约定的协议，把任何物品与互联网相连接，进行信息交换和通信，以实现智能化识别、定位、跟踪、监控和管理的一种网络。

欧洲专利同盟（EPC）基于"RFID"的物联网定义：物联网是在计算机互联网的基础上，利用RFID、无线数据通信等技术，构造一个覆盖世界上万事万物的"Internet of Things"。在这个网络中，物品（商品）能够彼此进行"交流"，而无需人的干预。其实质是利用RFID技术，通过计算机互联网实现物品（商品）的自动识别和信息的互联与共享。

中国科学院基于传感网的物联网定义：随机分布的集成有传感器、数据处理单元和通信单元的微小节点，通过一定的组织和通信方式构成的网络是传感网，又叫物联网。

按照上述定义，目前比较流行，能够被各方所接受的物联网定义如下：通过 RFID、红外感应器、全球定位系统、激光扫描器等信息传感设备，按约定的协议，把任何物品与互联网连接起来，进行信息交换和通信，以实现智能化识别、定位、跟踪、监控和管理的一种网络。其目的是让所有的物品都与网络连接在一起，方便识别和管理。其核心是将互联网扩展应用于我们所生活的各个领域。

关于物联网的定义，我们可以从技术和应用两个方面来对它进行理解。一是技术方面。物联网是物体通过感应装置，将数据 / 信息经过传输网络，传输到指定的信息处理中心，最终实现物与物、人与物的自动化信息交互与处理的智能网络。二是应用方面。物联网把世界上所有的物体都连接到一个网络中，形成"物联网"，然后又与现有的互联网相连，实现人类社会与物体系统的整合，通过更加精细和动态的方式进行管理。

从物联网产生的背景及物联网的定义中可以大概地总结出物联网的几个特征：第一，全面感知——利用 RFID、二维码、传感器等随时随地获取物体的信息；第二，可靠传递——通过无线网络与互联网的融合将物体信息实时准确地传递给用户；第三，智能处理——利用云计算、数据挖掘以及模糊识别等人工智能技术，对海量的数据和信息进行分析和处理，对物体实施智能化控制。

## 二、物联网技术的应用领域

### （一）智能家居

智能家居产品融合自动化控制系统、计算机网络系统和网络通信技术于一体，将各种家庭设备（如音视频设备、照明系统、窗帘控制、空调控制、安防系统、数字影院系统、网络家电等）通过智能家庭网络联网实现自动化，通过中国电信的宽带、固话和无线网络，可以实现对家庭设备的远程操控。与普通家居相比，智能家居不仅提供舒适宜人且高品位的家庭生活空间，提供更智能的家庭安防系统，还将家居环境由原来的被动静止结构转变为具有能动智慧的工具，提供全方位的信息交互功能。

### （二）智能医疗

智能医疗系统借助简易实用的家庭医疗传感设备，对家中病人或老人的生理指标进行自测，并将生成的生理指标数据通过 GPRS（通用分组无线业务）等无线网络传送到护理人或有关医疗单位，还可以根据客户需求提供增值服务，如紧急呼叫救助服务、专家咨询服务、终生健康档案管理服务等。智能医疗系统真正解决了现代社会子女因工作忙碌无暇照顾家中老人的无奈。

### （三）智能城市

智能城市产品包括对城市的数字化管理和对城市安全的统一监控。前者利用"数字城市"理论，基于"3S"（GIS、GPS、RS）等关键技术，深入开发和应用空间信息资源，建设服务于城市规划、城市建设和管理，服务于政府、企业、公众，服务于人口、资源、环境、经济、社会的可持续发展的信息基础设施和信息系统。后者基于宽带互联网的实时远程监控、传输、存储、管理的业务，利用中国电信无处不达的宽带和网络，将分散、独立的图像采集点进行联网，实现对城市安全信息的统一监控、统一存储和统一管理，为城市管理和建设者提供一种全新、直观、视听觉范围延伸的管理工具。

### （四）智能环保

智能环保是数字环保概念的延伸和拓展。它借助物联网技术，把感应器和装备嵌入各种环境监控对象（物体）中，通过超级计算机和云计算将环保领域物联网整合起来，实现人类社会与环境业务系统的整合，以更加精细和动态的方式实现环境管理和决策的智慧。智能环保的总体架构包括：感知层、传输层、智慧层和服务层。感知层：利用任何可以随时随地感知、测量、捕获和传递信息的设备、系统或流程，实现对环境质量、污染源、生态、辐射等环境因素的"更透彻的感知"。传输层：利用环保专网、运营商网络，结合 5G、卫星通信等技术，将个人电子设备、组织和政府信息系统中存储的环境信息进行交互和共享，实现"更全面的互联互通"。智慧层：以云计算、虚拟化和高性能计算等技术手段，整合和分析海量的跨地域、跨行业的环境信息，实现海量存储、实时处理、深度挖掘和模型分析，实现"更深入的智能化"。服务层：利用云服务模式，建立面向对象的业务应用系统和信息服务门户，为环境质量、污染防治、生态保护、辐射管理等业务提供"更智慧的决策"。

### （五）智能交通

智能交通系统（ITS）是未来交通系统的发展方向，它是将先进的信息技术、数据通信传输技术、电子传感技术、控制技术及计算机技术等有效地集成并运用于整个地面交通管理系统而建立的一种在大范围内全方位发挥作用的，实时、准确、高效的综合交通运输管理系统。智能交通系统可以有效地利用现有交通设施，减少交通负荷和环境污染，保证交通安全，提高运输效率，因而越来越受到各国的重视。中国物联网校企联盟认为，智能交通的发展跟物联网的发展是分不开的，只有物联网技术不断发展，智能交通系统才能越来越完善。智能交通是交通的物联化体现。21世纪将是公路交通智能化的时代，人们将要采用的智能交通系统是一种先进的一体化交通综合管理系统。在该系统中，车辆靠自身的智能在道路上自由行驶，公路靠自身的智能将交通流量调整至最佳状态。借助这个系统，管理人员对道路、车辆的行踪将掌握得一清二楚。

### （六）智能农业

智能农业产品通过实时采集温室内温度、湿度信号以及光照、土壤温度、叶面湿度等环境参数，自动开启或者关闭指定设备，也可以根据用户需求，随时进行处理，为实施农业综合生态信息自动监测、对环境进行自动控制和智能化管理提供科学依据。其通过温度传感器等模块采集信号，经由无线信号收发模块传输数据，实现对大棚温湿度的远程控制。智能农业产品还包括智能粮库系统，该系统通过将粮库内温湿度变化的感知与计算机或手机相连接来进行实时观察，记录现场情况，以保证粮库内的温湿度平衡。

### （七）智能物流

智能物流打造了集信息展现、电子商务、物流配载、仓储管理、金融质押、园区安保、海关保税等功能于一体的物流园区综合信息服务平台。信息服务平台以功能集成、效能综合为主要开发理念，以电子商务、网上交易为主要交易形式，建设了高标准、高品位的综合信息服务平台，并为金融质押、园区安保、海关保税等功能预留了接口，可以为园区客户及管理人员提供一站式综合信息服务。

### （八）智能校园

智能校园是通过信息化手段，实现对各种资源的有效集成、整合与优化，实现资源的有效配置和充分利用，实现教育和校务管理过程的优化、协调，实现数字化教学、数字化学习、数字化科研和数字化管理。目前，智能校园系统基于物联网技术，主要由弱电和教学两大子系统组成，从而提高各项工作效率、效果和效益，实现教育的信息化和现代化，满足时代教育的需要。

## 三、物联网应用的关键技术

### （一）传感技术

传感技术又被称为感知技术或信息采集技术，它是计算机应用中的关键技术之一，也是实现全面物联网技术的前提，与计算机技术和通信技术并称为信息技术的三大支柱，因此说传感技术在物联网的应用中是不可小觑的一部分。传感器是物联网技术信息采集的入口，是整个信息数据的源头，可以感知到热、力、光、电、声等信号，这些信息全部可作为物联网系统的最原始信息。传感器在物联网当中的作用就是将采集到的模拟信号转换成为数字信号，而模拟信号只有转化成为数字信号后，才能被计算机进行处理。可以说传感技术是物联网最前端的排头兵，如果没有传感器获取到的信息，就没有办法完成后续的信息分析与处理，更不能有准确的结果来进行反馈与输出。目前，传感技术也在逐步由传统走向智能化，向更先进的领域不断发展。

### （二）RFID 标签

RFID 标签也是传感器技术中的一种，这项技术是将无线射频技术和嵌入式技术融为一体的综合性技术。RFID 标签主要用于对采集到的数据信息进行统一化，通过无线网络信号来辨别某一既定的目标并读写出相关的信息（通过射频识别技术、二维码等形式实现）。RFID 技术在工作中省去了识别系统与物之间的机械性或是光学接触。物联网中的传感器技术与 RFID 技术良好的配合，可以构成完整的感知与识别系统体系。RFID 标签由标签、阅读器、天线三部分组成。

1. 标　签

标签是一种作用于物的唯一可识别的标志，其功能就好比身份证对于人类所起到的作用，其中每一个标签都对应一个独一无二的电子编码。标签由耦合元件和芯片组合而成，除识别功能外，还具有存储与计算的功能。标签的类别可按照其能量的来源分为被动式标签、半被动式标签和主动式标签三种。不同的标签拥有不同的工作频率。

2. 阅读器

阅读器通常由耦合模块、收发模块、控制模块和接口单元组成。在 RFID 技术的工作流中，阅读器处于其核心处理的环节，可以根据不同的结构与技术读取或写入信息。阅读器与应答器之间通常采用半双工通信方式进行信息交换，在实际应用中，阅读器所读取到的信息及数据可通过无线网络或移动互联网等来进行管理和传输。

3. 天　线

天线是一座坚固的桥梁，它的主要作用是在标签和阅读器之间传递射频识别信号，它是一种具有可靠性的媒介。RFID 技术的基本工作原理如下：RFID 标签进入磁场后，接收阅读器发出的射频信号，凭借感应电流将所获得的能量发送出存储在芯片中的产品信息（Passive Tag，无源标签或被动标签），或者由标签主动发送某一频率的信号（Active Tag，有源标签或主动标签）。阅读器读取信息并解码后，送至中央信息系统进行有关数据处理。

## （三）嵌入式系统

嵌入式系统集成了计算机软硬件技术、传感技术等多种复杂的技术，在整个物联网体系中可以称得上是最复杂的一部分，在整个物联网体系中占据着关键的地位。由传感器采集到的模拟信号，需要通过嵌入式系统对其进行分类与整合，才能够反馈给设备终端进行处理并输出。嵌入式系统相当于人体大脑的部分，可以说是起到核心作用的一项技术。

## 四、物联网的应用模式

从服务的职能来看，物联网具有其特定的一套服务的流程及方式，其中，物联网的应用模式大致可以划分为三个类别：智能标签、智能监控、智能控制。

## （一）智能标签

智能标签是针对每一个对象的身份识别标志，用于区分不同的智能对象，其身份具有唯一的特性。智能标签可以通过 RFID、二维码等技术对特定的对象进行标志和感知，以发挥辨别每一个对象的作用。我们生活中所用到的各种智能卡、条形码等的作用就是用来识别对象中所包含的信息，这项应用在我们的生活中是非常普遍的一种。手机中的近场通信（NFC）技术就是智能标签这项应用的典型案例，拥有 NFC 功能的手机设备可以很好地利用智能标签来识别银行卡、公交卡等卡片中的信息，并将卡片中的信息写入手机中，既可以有效地区分与管理不同的对象，又可以提高整体付款操作的效率，使操作更加便捷。

## （二）智能监控

环境监控与智能跟踪这一应用模式需要通过传感器来实现，实现的过程需要通过不同类型的传感器对其周围空间（在一定范围内）的所有物做出监控与管理，并进行数据的处理与反馈。这一技术是针对某些特定对象进行实时状态的监测，目前也已广泛运用到了人们的日常生活中，尤其是气象领域。其可以通过将各种探测器进行分散式的分布，对探测器所在区域进行数据的采集并且做出分析与判断，由此可以得出不同区域范围的空气质量指数、噪声指数、气象状态等数据。

## （三）智能控制

智能控制可以算是物联网中的最高等级的应用服务。智能控制的实现是以大数据云平台与互联网为基础的，将通过传感器所采集到的信息数据做出正确的分析并能准确地给出完整的解决方案，以控制对象的行为与操作。这项应用服务最典型的案例就体现在无人驾驶汽车的研发上。这项技术是通过在无人车中安装的传感器来收集车辆周围的环境信息以及周边的车辆及行人的运动轨迹，将数据传输到智能服务平台中进行分析，来判断车辆行驶中应当进行的下一步操作。这样不仅能够保证车辆的正常行驶，还能够确保在行驶中的交通安全。

物联网是一个巨大的工程，是一个非常复杂的网络系统，其中涵盖了丰富的传感器节点，以网状式结构、散点形式来收集信息数据。由于网络的信息量庞大，因此要真正实现物联网，就需要多种复杂技术的相互配合与支持，传感技术、智能服务技术、控制与监控技术等缺一不可。物联网的研究对未来的信息时代非常重要，将能够带动整个信息产业实现同步的发展，打造真正造福于人类社会的智能技术。因为有物联网的支持，实现智慧地球概念的愿望将变得不再遥不可及。

## 第二节　智慧博物馆的概念及特点

### 一、智慧博物馆的概念

智慧博物馆是基于物联网和移动互联网条件，运用 RFID、无线数据通信等多种传感技术，通过博物馆云平台的整理与汇总，形成的基于传感数据和智能过滤处理的，覆盖世界成千上万建筑（物）的网络，其实质就是通过信息技术实现物的自动识别和信息的互联与共享，从而形成全方位、系统性的博物馆服务模式。智慧博物馆在其内部能够形成全面的感知以及泛在的互联，通过智能形式相互沟通、相互融合，这就使智慧博物馆的交互感知能力日益提升，使博物馆文化能够得到更好的传播。我们可以将其简单地理解为智慧博物馆可以通过智能化的手段将馆中的文物、设备、环境等进行互联，形成一个共享的网络，并感知人的行为，从而为参观者提供最佳的服务。

智慧博物馆的实现需要依托于物联网及云平台计算技术，并且通过云平台进行数据分析、汇总及输出，它的实现不是通过单一的技术，而是需要多个平台和系统相互配合，因此需要多维度协同考虑，才能最大化地发挥其职能。智慧博物馆是传统的实体博物馆非常重要的有机组成部分，如果缺少了这一部分，博物馆传达的感知信息将变得空洞、毫无生气。与传统的实体博物馆相比，智慧博物馆拥有更多的优势。实体博物馆中的信息交互有着很大的局限性，这种信息交互仅仅存在于物与人之间，只有通过现实的视觉与感官才能够触发观众对博物馆文化的认识。智慧博物馆则可以利用信息交互对馆内的展品及文物进行知识共享，将馆内所有的物转化为信息，并通过互联网传播，不仅能起到文化传播的作用，还可以促进人们对馆藏文化的深入探究。智慧博物馆通过物联网与互联网技术的支撑，有效地将人与物有机地关联起来，与实体博物馆相比，它具有更好的开放性和协同性，能高效地利用信息技术、三维技术、多媒体技术等信息时代的产物，增添更多的互动形式，增强观众的互动体验感与参与感，兼具互联网广泛延伸的优势，又能带给人们实体博物馆真实体验的感受。

智慧博物馆的核心理念是"以人为本"，用"以人为本"的理念作用于人、服务于人，从而实现教育与启发的意义。在信息时代的背景下，博物馆已进入发展的高级阶段。随着物联网与移动互联网技术的全面发展与普及，越来越多的数字技术被应用到了博物馆的各个领域中，使博物馆的展陈、文物的保护与管理、环境的监控和观众的体验充分串联，借助这些技术所产生的有效信息和数据来进行智能化的分析与反馈，反作用于博物馆各个元素之中。但大量科技的引入并不是简单的机械化结合，而是巧妙地运用好大数据、云计算、物联网等技术来作为互联沟通的媒介。博物馆的发展从实体博物馆到数字博物馆，再从数字博物馆上升到智慧博物馆，实现了人与物、物与物之间的互联。利用物联网大数据以及云存储等技术可随时随地为人们提供智能化的信息服务。

## 二、智慧博物馆的特点

智慧博物馆系统最典型的特点就是具有非常透彻的感知力、非常广泛的互联沟通力以及非常智能化的洞察力。

### （一）透彻的感知力

智能终端可以充分运用其感知技术来捕捉人或物发出的讯号，并通过智能传感技术在载体设备中进行信息的传递和反馈，以此来为智慧服务做引导性工作。其中，获取信息将不再是系统的主要任务，而是通过采集信息的形式来搭建一个资源数据库，并根据人的需求自动采集与筛选数据信息，拥有了这样透彻的感知力，人与物之间的对话也将变得不再冰冷。

### （二）广泛的互联沟通力

互联沟通借助互联网、卫星网络、WiFi、蓝牙等诸多形式来实现，其广泛性不仅仅是指传播人群以及覆盖区域的广泛，还指互联对象的广泛，远远超出了人们对于沟通根深蒂固的认识，使网络中的物像人类一样具有生命力，人与物之间能够沟通，物与物之间也更广泛地联结在一起。

### （三）智能化的洞察力

智能化的洞察力即依托智能化的感知技术与互联技术的融合，构建出大数据网络平台，再通过大数据的运算分析，准确地测量出人类的需求和实现的最佳模式，使所有的智能化设备可以自动洞察出一套完善并合理的解决方案。简而言之，智慧博物馆系统是以强调物与物之间和人与物之间的信息交互为核心，通过系列化的信息技术分析而得到的自动适配方案。

# 第三节 物联化与智慧化融合下的博物馆互动设计

## 一、博物馆中的物联化与智能化

### （一）博物馆的物联化

由于信息技术的日益发展，许多新兴概念不断被引入博物馆，数字化、虚拟化、大数据、云计算平台等技术应用逐步被引进博物馆的各个领域之中，这些技术可以有效地增强博物馆文化传播的展示性与互动性，不断扩大博物馆的社会职能。

我们可以将"物联网"理解为一个"物与物之间相连的网络"。从博物馆的构成角度来看，物联网的应用就是将馆中的藏品、展品、环境、服务设备、非物质文化以及观众等包含在网络中的每一个对象进行信息的集成与信息交互，以虚拟的形式将真实的存在紧密地结合在一起。以故宫博物院为例，其馆内拥有 180 多万件藏品，对于如此庞大的数据信息与文化资源，需要对资料进行管理与传播，加强数据间的交互，这可以说是一件十分艰巨的任务。博物馆的物联化就是在博物馆整体范围内的全部对象之间，建立起一个信息交互一体化的密集动态网络交互中心，真正实现"大博物馆"的核心理念。从博物馆的展示功能方面来看，博物馆通过物联网建立整体网络空间，将人与物、物与物之间的信息交互做了全面的、智能化的结合，因此物联网环境下的智慧博物馆可以在其泛在的信息化公共空间内给予人们随时随地的信息化智能服务，以最大限度来满足公众需求及社会发展的需要。智慧博物馆的形成过程如图 6-1 所示。

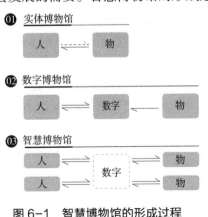

图 6-1 智慧博物馆的形成过程

### （二）博物馆的智能化

智能化的技术服务是建立博物馆全面的物联化环境所必需的一项基础性需求。所谓智能化，即通过对由传感器收集起来的数据进行样本的分析合成，并进行智能的判断，从而识别出能够充分被人类所利用的行为与知识，形成一种可以进行独立思考的智能大脑，针对性地服务于大众。无论是传统的实体博物馆还是信息化时代的智慧博物馆，其核心理念都是"以人为本"，因此为让公众更好地接受与传递社会历史文化，博物馆必须遵循"以用户体验为中心"的原则。当今社会是一个多元化发展的社会，因此信息交互的模式与智能化服务也将逐步转向个性化，对每一个独立对象都可以感知到其自然的心理因素与行为因素，做出一一对应的智能反馈，从而提高大众对于文化的自主学习积极性，有效地提高文化传播的质量和效率。

### （三）博物馆的信息智能交互

物联化与智能化的结合将智慧博物馆的发展推向了信息化的新高度。"大博物馆"概念的形成需要从多角度来进行分析和判断，无论是时间上还是空间上，无论是人还是物，都需要建立起一个紧密结合的网络共通平台。现阶段，我国博物馆对于信息的交互方式还停留在技术层面，而用户体验方面才是信息交互的核心，未来的发展仍需在需求与行为上进行转向，从技术的角度继续创新与研发，探索如何能够通过物联化与智能化的形式完善更具人性化的博物馆的各项职能，使博物馆文化对于用户来说更具有吸引力。

## 二、互动设计对博物馆文化传播的推动作用

在科技迅速发展的今天，博物馆智能的实现离不开信息技术的应用，通过信息技术可以有效提高博物馆的运行效率，从而降低运行成本。对于历史文化展示体验方面，计算机多媒体技术、虚拟现实技术等与互联网技术相互融合，丰富了博物馆信息交互的模式。

目前，博物馆在展示方面大体有两种信息交互形式，即平面（图片与文字）展示和多媒体展示（音频、视频等相结合）。在大多数博物馆中仍然以文字与图片的静态展示形式为主要展示手法，同时观众也可以通过各种触摸操作系统、数字投影技术等，在特定的交互展示界面中了解到最新、最全面的展示与服务信息。两种展示手法让观众与信息技术更好地融合，拥有更直观的观看展览的方式。随着虚拟现实技术的不断提高，观众的体验将会朝着更加直观、

更加立体化的方向发展。此外，随着时代的进步，手机和平板电脑等将在信息技术发展的大背景下成为重要的宣传载体，也将拥有更加明显的宣传优势。博物馆之间可以搭建网络信息共享平台，使之相互借鉴与相互分享。通过各种移动终端设备，观众在文化传播的途中可以享有更好的视觉等感官体验，更深层次地融入社会文化历史的长河之中，不断在私有化与共享化的形式中自由转变，这可以直接影响到观众在参观过程中的参与度和体验感。

信息的交互行为，在博物馆空间范围内的各个领域都是普遍存在的，因此说互动设计是一个十分重要的设计范畴。随着社会整体发展水平的提高，传统的信息交互方式已远远满足不了大众的需求，越来越多的信息技术被运用到了信息交互的领域，为博物馆的互动体验带来了生机与活力。博物馆中的互动设计并不是单一的交互设计，还涵盖了基于数字交互的多种科技领域，需要各方进行全面的配合才能更好地实现。

## （一）自觉融入

博物馆内的互动设计应当自觉融入观众参观的整个体验过程中，不应出现不自觉的生硬感，从而避免打断观众在参观过程中的整体性感受，有效提高信息传播的效率。互动的过程应尽量渗入观众的自然感受中，打造一种信息融合的模式，使观众在无意识的状态下即可参与到互动体验中来。

## （二）交互过程的个性化

智能化的互动形式将会触发观众的参与。为观众定制全面的个性化服务，使观众在整个体验过程中的操作行为可以根据自身的意愿来进行，虽然在交互中可对其进行一定的心理暗示，但不应强行限定观众的行为，为观众预留出足够自由发挥和想象的空间，尽量避免参与过程中产生不良的排斥感。交互设计领域要全面关注各种可能性，并针对不同状态进行不同的方案定制。

## （三）信息传达的高效性

在整个交互过程中，信息的传达要尽量保持传递的高效性和准确性，应多采用简单易懂的视觉与感知，尽量不要使观众产生误解与歧义，从而达到正确引导观众操作行为的效果，使信息数据能够顺利并且高效地在"人"与"物"及"物"与"物"之间进行传递。

## （四）交互过程的专一性

所谓专一性，就是要尽量使观众在交互体验的过程中保持一定的专注，不会因为某一可视化信息或感知信息而引发一些不必要的思考行为，从而影响到体验感。在互动设计中应尽量减少需要观众自行判断的功能性体验。

### （五）简单化

交互的过程以及其视觉感知应做到功能优先，对于一些不必要的功能以及视觉元素可以进行适当的简化，着重突出交互体验的目的，突出重点细节，来提高观众的认知性，增加观众的积极性与体验感。

## 三、物联化与智慧化融合下的互动设计

智能化的互动形式是包括了图形学、心理学、社会学、计算机科学等多门学科在内的交叉性设计形式，其中最重要的就在于信息技术的引进，而智能化信息交互形式的产生就是信息技术进步的产物之一。有了科技的依托，物联网环境下的智能交互才能得以实现。

### （一）在物联网环境下的智慧化互动设计

科技的应用使更多的实体博物馆中的展品及文物得以体现出它们应有的文化价值。随着物联网以及大数据平台在博物馆领域的深入研究，智慧博物馆成为一项具有深刻意义的伟大工程，各种科学技术的引进带领人们走向更加智慧化、科技化、个性化的互动交流及展示形式，而新的视觉体验使博物馆的文化传播形态变得丰富多彩，对于世界各国也都有着深远的影响。

智慧化的展馆形式为博物馆的展示增加了许多便利性。参观者可以不用再担心因为拥挤的人群而不能靠近展示区域，更不用担心会被各种警示牌（如"禁止拍照"）影响到参观的整体流畅性。与传统的实体博物馆相比，智慧博物馆可以很好地将博物馆的教育职能与艺术气息融合，并且增加参观的娱乐性互动体验，让参观者身临其境地感受场馆中的智慧，使博物馆文化间的交流变得更加自主。

1. 自动传感设备与识别技术下的信息感知互动

智能感知技术是建立在物联网技术之上的，在人与物、物与物相连的庞大网络中，自动识别技术将给馆内各个"物"添加独一无二的可识别智能标签，参观者可以利用这些智能标签在海量而庞杂的信息中搜索出所需的资源及解决方案。当今，博物馆中应用最为广泛的就是二维码识别技术以及射频标签技术，这些方式的特点就是在识别上更加高效和便捷，并且能够通过动态交互的方式向大众提供具有针对性的分析和可操作行为来进行参考与应用。当前，

博物馆中的自动识别技术可实现对于馆内文物的定位分析、展厅的环境监测、人流走向监测等，在观众的参观过程中发挥智慧化的引导作用。智能感知的优势在于在人与物、物与物之间建立起了一个紧密相连的、动态化的信息网络平台，其中通过对信息数据的感知行为与交互行为可以为广大观众提供实时的信息资源，省去了传统的人力资源工作所需的时间以及劳动成本，无论是对观众还是馆方都是一个具有优势的措施。从参观职能上来看，大众在参观过程中，仅仅需要通过自身所携带的移动设备来进行人机交互，便可实时地对馆内的展陈信息和空间环境进行了解，因此智能感知与识别技术在观众的行为引导上起到了极大的作用。对馆内信息传播进行全面感知，在一定程度上提高了信息交互的传播效率。

2. 信息技术下的隐形互动

计算机技术的高度运用是当今博物馆文化传播的重要途径之一，可以说展示信息的传播已经离不开信息技术。信息技术通常在博物馆智能化管理平台起到后台支撑及服务的作用，呈现出隐性存在的状态，在无形中对参观者的参观行为提供各种数据上的支持和有效的帮助而不引起大众的感知，以最大限度地减少机械化的设备介入和传统的人工化服务方式，从而使观众更好地与空间展示环境和馆中藏品文化交互融合在一起，融入博物馆的展示环境中，以确保观众参观体验的完整性与流畅性，使观众在馆中的各种交互行为发生于无形之间，让观众在无意识下以最自由的形式完成各种隐性互动的行为。完成这些隐性交互行为需要在馆内各种信息交互所需的行为背后加入计算机技术进行分析，从传感技术中将所获得的观众信息，如语言、位移、手势、视觉等反馈信息，在管理后台进行智能化的逐步分析，最终才能实现完整的信息交互与信息共享，使馆内所有的交互行为变得更加和谐与稳定，建立起一个智能化的管理空间。

3. 云平台环境中的庞大信息分享互动

在物联网环境的运行下，云平台是一个必不可少的数据分析平台。云平台的作用就是将博物馆内的海量信息进行汇总和分析，再通过交互的形式进行数据的输出，有效地释放原有空间内的存储空间，从而提高信息传播的效率，云平台的服务空间对于信息交互的实时同步与分享是十分重要的。在云平台的服务支持下，观众的需求信号发出之后便可以最快速的分析与计算在庞大数据库中搜取有效的动态信息，并将信息进行重组与整合，通过智能终端反馈给观众，从而实现信息的共享，形成一个馆间文化的社交群体，创造一个资源共享的文化交流平台，使观众通过最简单、最通俗易懂的方式进行深刻意义上的文化交流。

4.可穿戴设备叠加的微互动

随着可穿戴系统技术的快速发展，一些新兴的交互形式也在逐渐被运用到博物馆的展示交互形式之中。在物联网技术的服务支持下，观众已经可以在一定程度上摆脱传统操作行为认知的束缚。而随着微交互信息时代的到来，博物馆展示平台的载体形式也会随之发生巨大的改变。可穿戴设备的应用，加强了观众在互动体验中的自主性感知行为，观众在这种新的互动形式中成为互动的承载方，在整个信息交互过程中成为交互中心，且各种交互的操作可随观众的主体变化而进行自适应的变化，实时进行增强现实互动，人机合一的互动概念在增强现实技术的引用中得以进一步实现，而这一方向将在未来的智能化互动形式发展中发挥重要的推动作用。

### （二）以视觉要素为核心的创新互动

博物馆作为国家共同文化传承的载体，面向所有社会公众开放文化服务，并承担着文物安全保护和文化传播的使命。从构成的角度来看，博物馆包括建筑、馆藏文物、环境和其他公共服务设施等实体内容，其中蕴含着大量的数据信息以及丰富的文化。对于社会大众而言，要阅读大量并且多元化的信息无疑是十分困难的。博物馆物联化概念的引入，将在博物馆空间内的人与物、物与物之间建立起无缝联结的信息动态交互与控制网络，最终将共筑信息一体化的"大博物馆"整体概念。博物馆的物联网技术应用使博物馆由传统走向智能化、信息化，一方面有助于博物馆建立更加科学高效的管理体制，提升服务水平，另一方面可以更好地将社会大众融入文化氛围中去，从而达到加强文化传播的目的。视觉语言作为文化传播的媒介，在整体物联网体系中占据着至关重要的地位，而物联网体系的逐步建立，也推动着新视觉形式的诞生，智能化的语言已经成为新一代视觉元素。

在博物馆的展示设计中，可以说视觉要素是展示设计的主体核心部分。其中，展示最直接的目的就是通过最有效的形式向社会大众传递历史文化，加强大众的文化意识。互动设计则是目前博物馆丰富展示形式、加强展示趣味的发展方向。在针对互动设计的探索中，除了从视觉角度来考虑，仍要以用户体验为核心理念，充分考虑观众的心理需求，对视觉行为和视觉心理进行不断的研究，使之在展陈设计中发挥指导作用。视觉在展示设计中呈现出的方式是通过对多种不同的视觉元素进行重新组合排列，从而使这些视觉元素作用于大众的心理与生理层面，对观众的行为及认知形成一定的影响。展示中的视觉要素可以合并人们对视觉传达上的相似点，并自发地形成一些共性要素，最终实现视觉的系统化，更加有效地在博物馆中传播信息。从视觉设计的各种特征来看，有效的视觉要素能够更好地促进互动设计以及达到更佳的展示效果。因此，不断探索和发掘人们的视觉共性与行为习惯，将对互动视觉的传达有较大的意义。

1. 展示道具的多元化

在博物馆展陈的过程中，展示道具的采用会对观众的参观感受有不容忽视的影响。展示道具所采用的形式，要根据展出的内容、参观人群的主体、展示的主题以及展示空间环境等因素的不同做出相应的调整。随着近年来展示以及传播途径的多样化，带给观众的互动体验形式及效果也逐渐变得丰富起来。在互动展示中运用的展示道具应以提升用户的体验性为中心原则，展示道具的主体形式应多配合展示的主题，根据不同的展示内容来选择相应的展示道具形式。此外，还要充分考虑到展示空间的尺度、光源效果、观众的心理需求等，不能一味地去追求展示道具形式的多元化，在达到最宜人的展示形式的前提下尽量以最突出的展示来传递主题内容。展示道具在互动展示的整体过程中所起到的是展示媒介的作用，同时也是展示空间的基础架构。在以视觉为中心的展示道具设计中，可以运用一定比例的夸张手段，整体的尺寸与重要细节部分可进行多倍数的放大突出，来增强观众在视觉上感受到的冲击力并提高观众的关注度。具有创新意义的展示道具会增加观众在体验过程中的新鲜感，观众在整体体验过程中则会因为展示道具的多样化而变得更加积极，参与度也随之提升，使观众与馆内信息数据在视觉互动中维持更加紧密的联系。

2. 参观模式和展示模式的多维化

（1）多角度式参观模式

多角度参观模式中，使用不同的展示道具可以从不同的角度向观众展示主题内容，其中具体可以划分为一面式、双面式、多面式参观模式和仰俯式参观模式。一面式参观模式中传播的主题内容全部面向同一方向向观众展示，其特点就是展示的视觉方向相对集中，从视觉的角度来看其观看形式较为直接，展示形式通俗易懂，易于被观众理解。这种一面式的展示形式通常使用文字及图片进行展示，目前大多数博物馆中多使用展板或多媒体投影等设施。这种形式的优点在于，从布展方面来说，易于使用和更换，成本较低，因此在临展中也是最为常见的方式；其弊端就在于对观众的吸引力较小，展示形式过于传统。双面式参观模式多用于博物馆空间内的拐角处，需要有两个面的承载体来共同展示。这种展示形式也属于相对集中化的形式，可以有效凝聚观众的视线，使观众很容易融入其中并深入参与。这种形式的优势就在于能够营造出更接近现实的立体感，使观众对展示信息的记忆更加深刻。多面式的形式至少有三个面的展示方向，可以从多角度向观众展示，因此这种形式可以利用有效的空间展示更多的文化信息给观众，与此同时也提供给参观者更多的选择性。在多面式展示的互动场景中，展示形式能够传达给观众更多的信息，这就要求在这种互动形式的运用中，将展示内容的层次划分清晰，便于观众接受，否则大量的信息同时传递给参观者，会使观众产生不必要的思维混乱。

顾名思义，仰视式与俯瞰式展示方向是根据观众的视线方向来划分的。这两种传达形式需要根据展示内容的不同而有选择性地使用，通常会结合一些较为夸张的场景或是特殊主题内容。例如，仰视角度更适合用于展示需要观众抬头仰望的内容，天空、星际、宇宙中的事物可以使用这种形式来展出。由于这种方式的使用从人机关系方面考虑不适用于长时间维持，因此从时间上需要严格掌控，不宜过长。同理，俯瞰的方式通常用来展示一些微缩或是水下场景，需要观众低头俯瞰来配合。这两种形式可以穿插在整个参观过程中，缓解观众长期在同一种参观形式下观看的审美疲劳，增加观众在馆内互动的参与感。

（2）多样的展示模式

①立体环绕式展示模式。立体环绕的展示形式也是根据观众的视野方向来定义的。这种形式下的展示内容可以由中心向周围360°立体化地向观众展示，适用于馆内观众共享，尤其针对参观旺季，可以有效降低由于人群拥挤而带来的不便。立体环绕的形式中，观众无论身处于主体的哪个方向，都可以自由地与展项进行良好的互动，可以说这种形式在展示效果中是最高效的，因此目前大多博物馆中都有选用这种形式的部分，以提高展示形式的丰富性，来加强观众的自主学习与文化传播的效率。

②嵌入式展示模式。嵌入式展示模式是一种更为个性化的展示形式，其展示效果与立体环绕式相类似，但视线是反向的。嵌入式形式提供给观众一个较为私密的展示空间，使观众能够在参与互动中更加投入，不必受周边人群的影响。观众处于展示道具的全方位包围中，虚拟场景被烘托出更强烈的氛围，观众在更为真实的场景中会对展示中所表达的信息记忆犹新。由于这种形式中，观众需要同时感受到周围来自各个方向所传达出的信息，对于每一位观众来说，同时接受大量信息的能力不尽相同，所以，这种展示形式较适用于舒缓的节奏，将观众带入一个易于理解和承受的环境中，不能过度追求夸张的表现手法，因此这种形式在设计中对于节奏的掌握是最为复杂的。使用恰当的嵌入

式展示形式可以为观众带来非常强大的震撼力，它可以在有限的小空间范围中营造出独特并且完整的展示场景，其展示也可以达到最佳的效果。因此目前在博物馆的互动展示中，嵌入式展示模式多用于重点展示内容部分，成为整个参观流程的中心部分。

③移动式展示模式。移动式的展示形式主要针对馆内运动中的人群，其展示设备通常要借助一些移动工具，使展示道具紧随观众的运动而运动。这种展示形式对于观众的参观有良好的引导性，其通过展示手段有效控制观众的流动走向，顺利地将观众引向重点区域，使观众在最自然的状态下完成整个参观过程而毫无违和感。这种形式中的互动也发生在观众与展示设备的移动中，在观众最自然的状态中完成。

### （三）以观众体验感为核心的互动设计

体验设计是从体验经济中剥离出来最核心部分的设计形式，在博物馆展示设计中需要做到以体验设计为中心。为了更好地提供互动体验，使参观者充分融入互动的整体过程中，博物馆需要将展示的内容作为展示环境的一部分。在互动展示中，观众才是整个交互过程中的主体，只有这样才能以最佳的形式满足观众的需求。如今，人们的需求层次越来越高，因此在展示设计的过程中，首要的问题就是用户体验部分，这就要求设计师在设计前期做好充足的用户调研，并针对用户的各种行为习惯及心理特征来为其制定最顺畅的参观路径及体验方式。根据社会大众需求不断扩大的前提，在博物馆互动体验设计中需要遵循以下几点特征，才能有效地增强互动展示中的体验性。

#### 1. 主观能动性

互动体验中的主体是人，即观众，客体是展示内容，以体验为核心的互动设计是为人提供服务的互动设计。博物馆中的参观人群在生活习惯、思维方式、文化背景等各个方面都有差异，因此在参观过程中的体验感也随之不同。以体验为核心的互动设计中掺杂着复杂的主观能动性，同时也具有非常强烈的不确定性。对于同一个展项，不同观众会产生不同的体验。体验成为一种针对每一位观众的私人定制，每一种形式的体验在互动展示中其实对于观众来说都起到了对自身心理反应和设计之间的互动作用。即使是同一个观众个体，在不同时期去选择观看同一展品，从中理解到的内涵信息也会产生较大的差异，这就形成了不同的体验感受。这些变化在观众的整个参观过程中也会引发出不同的主观情感，随之影响其行为与感知，因此主观能动性在展示互动中占据了十分重要的地位。

### 2.参与感

参与感对于用户体验来说是最重要的部分，也是产生互动的先决条件。互动的形成需要观众亲身融入展示过程中，全身心参与到其中才能有良好的体验感。当互动展示脱离了观众的参与行为，则不可被称为互动。互动展示中，首先需要有较为创新的视觉形式来吸引观众参与到互动的过程中，当观众参与并开始享受体验时，便可领会到其中更深层次的含义。

### 3.虚拟性

真实的存在感对于观众所认知的形式来说已经没有了以往的吸引力，因此在体验感的形式中，博物馆需要引入更富有创新性的虚拟化形式，向观众展示出更加丰富的想象力与创造力，而这些体验感均来自无形的、虚拟性的空间形式。

### 4.情感化

情感化的产生也来源于互动体验"以人为本"的核心理念。传达信息虽然是展示的目的之一，但在互动体验中仍需要注重观众的行为习惯、思维方式、心理活动等，最终信息传达的效率才是判别互动展示的标准，满足人的需求才是服务的最终目的。随着时代的发展，大众的物质生活层次随之提高，在观展方面的需求层次也由原来的物质层面上升为精神层面。新时代的互动设计应当是具有创意性、趣味性的，对于大众来说，具有吸引力才是引发观众良好体验的基础。因此，互动设计应向着人性化、个性化的方向发展，打破原有的科学与艺术界限，真正做到为大众的需求而服务。

### （四）博物馆移动终端互动设计

#### 1.交互设计以塑造行为为目的

无论一个产品以何种表现形式出现在人们的生活中，其设计的核心目的都是给潜在的用户一个指定的暗示，使用户按照其预期的方向来做出操作行为，因此在博物馆文化传播的过程中，应当适当地融入一些"控制感"。我们以超市的结账区设计为例，目前大部分的设计方式都是在收银台的通道两旁摆放琳琅满目的糖果、玩具等孩子喜欢的产品，从这种设计方式上不难看出超市是利用了心理暗示的手法，仅仅是通过改变产品的摆放位置来引导家长做出为孩子购买的行为。设计的核心目的就是让用户在我们的"控制"下做出一些有利于产品的行为，并且在情感上是自主的、愉悦的、被尊重的，这也正是我们所追求的用户体验，因此设计中所塑造的行为实则是一种常见的控制错觉。由于这种控制错觉的存在，用户在产品的使用行为中就会出现高估自己对事件的控制力的错觉，往往在不经意间就完成了一些指令性的动作，并且过程愉悦。

对于博物馆行业来说，也可采纳增强控制感的方式来良好地塑造用户自主认知和传播文化的行为，增添用户对展陈信息的好感。在智能博物馆的移动终端体验上，可以在展览专题的入口增加一些刺激性的视觉展示效果，以及用具有冲击力的文案做配合，使用丰富的效果有效地引导大众自主融入展陈的氛围之中。

2. 选择适当的手势与交互动作

适当的或者说是正确的交互手势以及交互动作可以有效地避免观众在观展过程中对学习的无助性，尤其是当观众走在充满文化气息的展厅，由于四周文化氛围的深奥性和复杂性，他们会不自觉地产生抵触心理，从而放弃进入，转身远离。那么，如果在使用过程中在可能出错误的场景下，给予引导提示或者正确告知，就可以避免学习的无助性所导致的抵触心理。同样以移动终端为背景，展陈信息的交互中应当尽量多地使用用户常用的操作手势，并配合当前的使用场景及状态，以最直接的方式引导用户进行操作，这种操作往往是直觉性的，并且以用户最舒适的状态进入眼中。因此，创造隐形的交互形式来降低用户在使用过程中的学习成本也是提高文化传播效率的一种途径。

3. 多采用对话式设计语言

随着 AI 时代的到来，越来越多的自然形态语言逐步应用到产品的使用中，使产品不再是机械化、程序化的，且通过人工智能技术可以实现人与产品之间的交流与对话，即产品的人性化设计。我们通过智能化的产品可以塑造出更好的产品形象，创造出可以"自己思考"的产品来为大众提供个性化的智能服务。在博物馆展览的服务职能方面，智能化的设计可以更加准确地定位或识别用户的需求，并可及时提供相应的对话。在移动界面的设计中，最直观的对话形式就是给予用户及时的、正确的反馈，让用户了解到每一步操作行为所带来的结果，给观众最直接的感知状态。

4. 视觉要素与博物馆整体氛围相匹配

从广义上来看，智慧博物馆实则是将实体博物馆与虚拟博物馆相结合，使实体博物馆在时空上具有了延展性，展出的内容与形式不再受场地、环境、时间等条件的限制。在实现博物馆文化双向交流的过程中，交流的形式可以被看作一种动态的展现与互动体验。在用户体验的感知上，视觉设计要素必须从全方位的角度给予用户良好的感知，才能使用户得到良好的视觉体验。因此，在设计中要注重设计元素的运用、色彩的搭配与博物馆的内容主题相契合，给观众带来统一的、完整的视觉感受。设计不是单独的、特定的行为，需要配合展览的核心进行综合的考虑，如展出的环境、采光、展具的搭建、主体用户特点等，统一完整的设计风格能够带给用户更加深刻的感知印象。

5. 文案更接地气

产品的形成是将原生模型进行内容的重新诠释、信息传递以及视觉化包装展示之后呈现给用户的过程，即由产品的结构层、框架层到表现层，层层递进的设计过程。这种产品的外显过程将直接影响到用户对于整个产品的感知，因此对于产品的包装形态应是由繁化简的、易于用户理解的。其中文案的运用成为表达的主要载体，在表达之中应使用更加通俗易懂、简短高效的语言进行语言类的传播。

# 第四节　物联网技术在智慧博物馆建设中的应用

物联网技术目前已经在国内外多个领域中被广泛应用，这也为引进这项技术到博物馆中奠定了坚实的基础。博物馆在当今社会的职能始终是服务大众。从现已形成的物联网技术来看，大体能够满足消费者对于馆内各领域的基本需求，初步形成了一定的效益，且以大众需求为服务的方向，为大众提供了更加便利、更加高效的优质服务。因此，如何更好地利用好物联网这一技术，将博物馆的服务职能最大化地发挥出来，是我们在未来所要探索和努力的重点方向和宗旨。

## 一、电子门票

门票是观众想要进入博物馆的唯一有效凭据。目前，我国大多数博物馆都实行无偿向大众开放的政策，但采取的仍是人工售票的形式，参观者领取门票之后，在博物馆的入口处检票进入。随着博物馆文化的迅速传播，这种传统的方式已经不再适应现今大量参观流量的客观现实，在应用与实施上通常会存在耗时、耗力，数据统计效率低，错误率也不能完全保证等问题。随着各种信息技术的发展，云计算、智能识别技术等开始被运用，"电子门票"的概念逐渐被引入博物馆的各个领域中。所谓"电子门票"，就是通过网络形式进行提前预约（其中预约的形式包括网站、微信平台、电话以及短信），观众可以通过手机等移动设备发送短信或其他身份验证来获取与其身份相对应的唯一电子凭证。这张电子凭证以二维码的形式存在，当观众到达现场时，观众只需在博物馆的入口处进行电子门票的审核，便可以顺利进入，大大提升了观众在购票时的效率，为参观者提供诸多便利的同时，也可节省博物馆对于入馆领验票的投入。与传统门票相比，电子门票除具有更加便利这一优势外，还有诸多的优点。一方面，电子门票的形式具有更高的安全性，在信息库中对于每一个对象都有唯一的识别码来与其对应，相当于对其做了双层加密处理；另一方面，从管理的角度来看，它具有实时性和准确性，便于各种数据的统计与分析（如客流量的分布、销售量、高峰期时段等），有效提高了内部管理工作的效率与日常服务质量。

## 二、智能门禁

对于像博物馆一类的公共场所来说，为维护其良好的安全性与秩序性，智能化的门禁是必不可少的。目前，大多数展馆在展厅的入口处安装了门禁装置系统，当观众通过门禁系统时，门禁装置将直接对观众所持有的手机等移动设备、身份证件和人脸进行扫描与识别，验证通过之后观众便可直接进入。这样不仅避免了参观高峰期的排队拥挤现象，并且在整个实施过程中不产生任何废弃物，有利于环境的保护。此外，智能门禁通过对识别码的扫描，可将数据传输到大数据系统中，与其他信息一并整理分类，可实时对客流进行数据的统计。因此，智能门禁的使用更加科学化、便捷化、合理化，是目前研究用户需求并提升博物馆服务水平的最佳模式。

## 三、导览服务

传统的导览形式是人工化的服务，对于展品信息的传播，通常采用的方式是由讲解员来为观众进行知识的讲解，形式与学校教学相似。而现今智能化导览服务大多应用于展览及互动环节，便于观众进行参观和体验，引导观众去探索多样化、个性化的文化。随着时代的不断更新换代，博物馆的服务对象越来越年轻化，因此在服务年轻化人群时则须引入新的服务模式来迎合他们的心理，避免传统的、单一的展示手段，增强展示的互动性、趣味性、专业性，更进一层引领观众自主地去了解博物馆的文化。在国内，导览服务大多还停留在语音导览阶段，利用 RFID 技术来传输藏品信息，再借由手机、iPad 等移动设备来提供给观众语音或图像形式的内容，而观众在整个参观体验中需佩戴耳麦来收听导览信息。此外，二维码的使用也是新兴技术的产物，其核心就是将馆藏转变为数字化信息。我们使智能识别技术与监控技术相互结合，将藏品的信息封锁于可识别的二维码标签中，将每一个二维码标签与馆藏进行一一对应，为观众带来新的互动方式。观众可以通过扫描二维码的方式来对馆内的藏品进行了解，也可根据想要了解的内容进行定位和自由选择。此外，了解到的文化信息也可通过移动互联网技术被大众所分享，这样就活跃了整个传播链。

### 四、环境监测

对于博物馆内的展品来说，展厅的环境要求是十分重要的，展品周边的温度、湿度，甚至是光照条件都会影响到文物本身的质地，稍有不适，就会影响到文物的形态、材质、色泽，对其长时间的保存有不利的影响，同时也不利于观众参观的体验感。对于博物馆环境监测来说，尤其是当馆内流动人群在参观时，随着人流的移动和变化，展品周边的光照、温度等都会随之产生一些变化。为此，在展陈环境中，我们通过传感器设备来读取环境中的数据信息，传输到云端数据平台中进行分析并运算便可对周围的环境进行监控和调整，针对不同的状况分别采取不同的解决方案。

### 五、安防系统

博物馆的社会职能除了面向社会大众对文化起到传播的作用，另一个重要的职能就是对历史留给我们最宝贵的文化遗产的保护作用，同时保证在大量参观者参观的同时增加安全防范措施，更好地保证社会大众的体验感。博物馆内的安防系统是通过智能监控设备以及电子传感技术来进行防护的，传感设备在感知系统的监控下，将馆内的文物位移情况、文物周边的环境变化、展厅现场参观记录以及巡查情况等汇总到物联网技术下的云服务平台，在中控系统的分析中，对现场的突发状况采取相应的解决方案，更好地维持馆内参观秩序，为观众提供更适宜的参观环境。

### 六、数据管理

数据管理职能对博物馆文化起到最重要的信息支撑作用，整个物联网技术的实施与管理工作都需要建立在博物馆大数据库的基础之上。数据库中的信息主要涵盖的是文物的出入库情况、文物的修复与破损情况以及文物的位置变更情况等，馆中文物一旦出现破损将很难进行修复，因此对于博物馆来说，文物的管理工作是一项十分庞大且艰巨的任务。

# 第五节　智慧博物馆建设方案——以辽宁古生物博物馆为例

近年来，辽宁古生物博物馆一直将建设智慧博物馆作为重点发展战略，在发展规划中明确提出要逐步完善现有信息体系，完成智慧博物馆框架的搭建，从而进一步感知公众需求、拓展服务范围、提升服务水平、强化业务能力、增强管理效能、获得政府支持。目前，辽宁古生物博物馆智慧化博物馆建设方案已初步形成，以下对此详加分析。

## 一、博物馆概况

辽宁古生物博物馆是经辽宁省人民政府批准，由辽宁省自然资源厅和沈阳师范大学共建的，其是我国迄今规模最大的古生物博物馆，建筑面积1.5万平方米。博物馆集展示、收藏、科研、科普及教学等功能于一体，以科学性为主，坚持"科学面向大众、科普服务大众"，已成为我国古生物科研、科普和教学的主要中心之一，也是辽宁省古生物科研与科普的核心基地，2020年获评"国家二级博物馆"。

博物馆共设8个展厅16个展区，以展示地史时期生命起源与演化为主线，以介绍30亿年来辽宁"十大古生物群"为重点，具有鲜明的国际化特色。馆藏古生物化石标本以享有"世界级化石宝库"美誉的，以辽西地区为中心的，"燕辽生物群"和"热河生物群"产出的，保存精美、门类齐全、研究意义重大的古生物化石为主，涵盖了古无脊椎类、古鱼类、古两栖类、古爬行类、古鸟类、古哺乳类及古植物类七大类别，其中，国家重点保护古生物化石近千件。

2011年5月21日，博物馆正式免费对外开放，截至2022年2月14日，已累计接待参观群众超过300万人次，社会团体近5000个，单日最高参观量超过万人次，建立了90余所中小学"科普合作校"，招募了近2000名大学生志愿者，通过进学校、进社区、进乡村、进商圈等形式进行多渠道科普宣传，创造性开展了"少儿科普剧表演大赛""博物馆奇妙夜"及"探索微观世界"及"小小讲解员培训班"等特色品牌系列科普活动百余场，在省内外产生重要影响，为全省特别是沈阳市民科学文化素质的提升做出了积极贡献。

博物馆先后被授予中国科学技术协会、中国古生物学会、科学技术部、自然资源部、辽宁省及沈阳市等12个科普教育基地称号，还获得了"中国古生物学会科普工作先进单位""中国自然科学博物馆协会优秀集体""沈阳市服务社会贡献单位""2017年中国古生物科普十大进展奖""2018年度辽宁省优秀科普基地"以及"辽宁省第一次全国可移动文物普查先进集体"等荣誉，并被国家古生物化石专家委员会评为全国首批甲级古生物化石收藏单位。与此同时，博物馆已与美、德、英、法、俄、日、韩、朝等近20国博物馆、科研院所等开展合作与交流，多次主办国际学术会议，在国内外地学界及博物馆领域产生了广泛影响。

辽宁古生物博物馆的建立是辽宁省文化、教育事业和我国古生物学事业的一件大事，对提高辽宁省的科学普及水平，加强古生物化石的保护、研究与利用，以及促进国际交流与文化旅游事业发展等发挥了重要作用。

随着数字技术的进步和大众精神文化需求的日益提高，公众对自然类博物馆科普教育的内容和形式提出了更高的要求。现阶段，辽宁古生物博物馆旨在通过提升博物馆数字化建设水平，增强交互性展示能力，深入发掘馆藏品的知识内涵，普及科学知识，传播科学精神，最终打造更好的服务于社会大众的智慧博物馆。

## 二、建设背景

### （一）政策背景

2021年3月，《中华人民共和国国民经济和社会发展第十四个五年规划和2035年远景目标纲要》发布。"十四五"规划中，"博物馆"出现2次，"考古"出现4次，"文物"出现6次，"文化遗产"出现10次。在第三十五章"提升公共文化服务水平"中明确提出，"推进公共图书馆、文化馆、美术馆、博物馆等公共文化场馆免费开放和数字化发展"。在专栏9"数字化应用场景"的重大工程项目中，单设"智慧文旅"工程，其中再次明确提到"推动景区、博物馆等发展线上数字化体验产品，建设景区监测设施和大数据平台，发展沉浸式体验、虚拟展厅、高清直播等新型文旅服务"。在规划中，关于"数字化建设"的内容大幅增加，顺序也提到了更靠前的位置。在"十三五"规划纲要中，数字化建设的表述是"拓展网络经济空间"，位列第六篇，排在农业之后；而在"十四五"中，已经调整到第五篇，标题也调整为"加快数字化发展 建设数字中国"。此外，文物科技创新也首次被写入国家规划。

目前，文化和旅游部、国家文物局均已经将文物科技创新、数字化建设纳入未来发展计划。

### （二）社会背景

随着移动互联网技术和智能技术的发展，人类社会正快步迈入 5G 时代，在技术的驱动下，"数字 + 文化"等新场景、新应用、新业态、新模式正逐步呈现繁荣景象。

近些年，伴随着中国生产力和社会经济的高速增长，我国经济社会发展进入了新的历史阶段，我国社会的主要矛盾转化为了人民日益增长的美好生活需要和不平衡不充分的发展之间的矛盾。人民群众对于文化产品和服务的需求愈发增长，社会的发展不平衡也更需要公共文化服务来补足这种需求。

随着移动互联网和融媒体的发展，大众越来越适应于虚拟空间的文化内容与文化服务，同时线上线下文化空间的结合也成为文化产业和公共文化事业新的聚焦点。

### （三）技术背景

数字化是博物馆发展的必然趋势，也是辽宁古生物博物馆亟待解决的问题。现代化的博物馆已不再像传统博物馆那样，只是简单的藏品收藏、展示和研究机构，而应顺应时代的发展，利用新技术不断提升自身，向着更先进、更科学的大方向发展。随着计算机和信息技术的发展，博物馆数字化建设是博物馆适应时代发展的必然需求，是提高博物馆管理水平、促进其自身发展的必然选择。

## 三、建设目标

### （一）积累数字资源储备

通过对博物馆藏品、展览、文献等进行数字化采集加工，并按照国家文化大数据体系标准进行信息标注，为博物馆增加数字资源储备，从而为管理、展陈、科普工作的提升奠定数字化基础。

### （二）提升藏品科学内涵

收集整理更多馆藏古生物化石等的相关资料，深入挖掘展品背后所蕴含的科学知识和科学家精神，传播综合性的科学认知，促进观众对地球生命起源与演化知识的整体、深入了解，增强科学知识传播的效果。

### （三）完善藏品管理机制

针对馆内藏品的信息管理尚缺乏标准自动化系统的问题，博物馆需建立新的藏品管理系统，支持以标准格式导入、导出数据，将馆藏化石、标本等藏品的出入库、修复、研究等各个业务流程纳入统一的自动化管理体系之中。

### （四）补充学术研究工具

为了更好地利用馆内藏品，结合第一手资料和业内学术资源，需要增加线上学术研究工具。充分利用学术数据库的数据资源，极大地丰富研究可用的文献资料；利用学术研究工具的数据分析功能，发现学界重点、热点，提高学术成果产出和效益。

### （五）丰富互动展示形式

运用交互性、沉浸式的展示技术，通过调动观众的多种感官，使观众积极参加到展览中来，从更多维度展示藏品的形态和内涵，在更好地传播科学知识的同时，也将科学精神和理念传达给观众，有效提高观众接收信息的效率，增强展览效果。

### （六）拓展知识传播渠道

博物馆拥有一支高水平的古生物专业人才队伍和丰富的学术研究成果，通过建设线上线下共享互通的知识渠道，推动科研成果更加快速、准确地科普化，将科普化后的知识资源数字化，分享给社会公众，更好地发挥博物馆文化传播的功能。

### （七）构建线上教育空间

通过网站、移动应用等多方平台，打造博物馆线上科普教育空间，利用互联网技术和新媒体渠道，加强科普教育工作，拓展博物馆社会影响力，打破物理空间对文化传播的限制，同时探索形成辽宁古生物博物馆基于科普教育和古生物文化的特色文化品牌。

### （八）提升主题活动效益

为了更好地发挥博物馆服务社会的职能，举办面向学生群体和社会公众的、线上线下联动的科普主题活动，使观众在活动中学习知识、感悟文化。通过数字化资源的积累，增加数字形式的知识储备，方便知识以数字化形式进行分享和传播；通过数字化服务，方便公众及时获得活动信息，报名参加活动；通过线上平台的建设，实现线上线下联动的活动新形式，方便活动的开展和组织。从多个方面提升科普主题活动的效益。

## 四、建设内容

### （一）总体设计架构

辽宁古生物博物馆智慧博物馆建设注重以需求为驱动，提供"物、人、数据"三者之间的双向多元信息交互通道，借助物联网、云计算、大数据，建立以人为中心的信息传递模式，从而实现博物馆服务、管理和保护的智能化自适应控制与优化。其中，智慧服务以公众服务需求为核心，用多维展示互动形式实现公众与博物馆藏品的高度交互；智慧管理以智能控制技术为支撑，优化博物馆管理模式和工作机制，为博物馆决策提供支持；智慧保护在智能感知技术和无损检测技术的基础上，对博物馆藏品的健康状况和影响因素进行定量监控分析，实现藏品的预防性保护，并形成一套完整的"监测—评估—预警—调控"预防性保护流程。智慧博物馆总体设计框架图如图6-2所示。

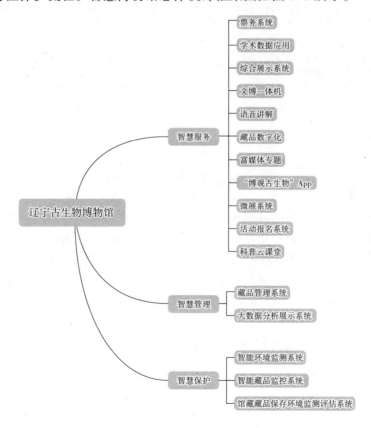

图6-2 智慧博物馆总体设计框架图

## （二）总体平台技术

总体平台基于微服务思想，充分运用云技术构建博物馆全场景业务的综合管理平台。博物馆技术人员可以根据业务需求，建设相对应的独立系统功能，并且在应用中心自由挑选组装微应用模块，打造个性化应用集群，满足个性化需求，对内提高管理效率，对外提升公共服务效能。微服务技术平台架构图如图6-3所示。

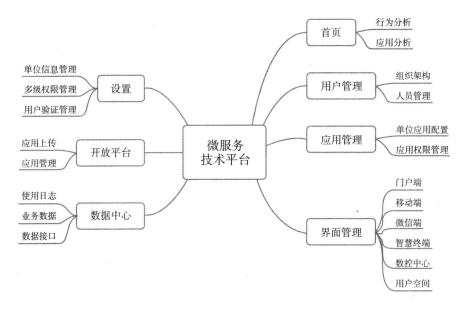

图6-3  微服务技术平台架构图

总体平台技术有以下几点优势：（1）自主。博物馆掌握平台管理权限，自主进行建设与管理。博物馆可根据实际情况，自由配置应用权限及流程，配置页面和数据管理，掌握建设主动权。（2）开放。微服务应用建设遵循开放管理、统一标准的原则，在此基础上，支持博物馆对接第三方应用以及自定义上传应用，保障博物馆在信息化建设中的主体地位。（3）可生长。基于微服务思想，将原有的系统解耦。博物馆可以根据实际情况自由组合微应用集群，同时也支持博物馆自行编辑应用，后续智慧化建设的新系统可自主添加。

## （三）智慧服务

### 1.票务系统

博物馆票务系统是支持多种票务类型的门票生成系统，支持门票官网预约、门票微信预约、门票自助设备预约、窗口人工预约的多应用预约系统，支持闸机验票、手机验票等多种方式的验票系统，支持预约数据统计、验检票数据统计、人流量数据统计、客源地数据统计的多种可视化统计分析系统。

（1）建设原则。根据软件开发规范和辽宁古生物博物馆实际，在系统设计、构建与实施过程中始终遵循易用、兼容、安全、高效、稳定与开放原则。

①易用原则。易用原则即在进行系统开发时，要充分考虑系统使用者的需求和习惯，以易用为导向，以顺利完成业务流程为目标。博物馆须对系统使用者进行较深入的调查和研究，充分尊重用户的需求和使用习惯，在功能实现的基础上，尽可能简化用户操作步骤，避免出现复杂系统界面。

②兼容原则。兼容原则主要包括软件兼容和系统兼容两个方面。软件兼容要求在开发过程中对应用软件进行严格的兼容性测试；系统兼容主要解决不同系统间的数据共享问题，各个系统间应尽量采用统一的操作系统、数据库和应用软件。

③安全原则。安全原则主要包括物理安全、网络安全、信息安全等。开发过程中应始终将系统安全性放在第一要位，当其他需求与之冲突时，优先考虑安全。由于该应用系统与其他业务系统有所不同，涉及观众身份、电话等隐私信息，若不能保证数据安全，发生信息泄露，则在使用过程中会产生诸多不必要的麻烦，甚至可能触犯法律导致系统被禁用。

④高效原则。高效原则应体现在实施效率和系统运行速率两个方面。实施效率指及时解决系统建设和使用过程中出现的问题；系统运行速率保障要求系统搭建时，在充分考虑性价比、系统应用环境和软硬件兼容配套的前提下，争取使用当下主流硬件，坚决弃用落后技术，在软件底层应用中优先保证系统运行的高效性。

⑤稳定原则。在安全、高效的基础上实现系统稳定运行是系统建设的基本目标。

⑥开放原则。资源安全与共享是信息管理系统平台建设的重要内容。信息共享需要做到开放性与标准化，须对信息及信息服务、应用功能等提供标准化开放接口，支持系统上线后的持续开发扩展工作。

（2）系统结构。票务系统采用分层设计，系统客户端的销售预约和配置使用授权开通方式，只有授权客户端才可以访问系统和进行配置、销售。将销售相关功能进行独立设计，能降低系统相关查询量，提高系统使用效率；对API接口进行分类设计，配置API接口优先顺序，能保证接口的工作效率。数据层中销售数据和查询数据实时同步，以尽可能减小查询对销售的影响，始终保证销售优先。

①后台管理模块。后台管理模块基于 .NET 框架，采用 B/S 模式进行设计与实现。系统组织架构设置：博物馆组织机构建立、部门建立、用户账号建立。场馆设置：设置门票所属场馆、验检票场馆。门票票类设置：支持成人票、儿童票、单人票、团体票、电子二维码门票、纸质二维码门票、身份证门票、人脸识别门票等票类的设立，支持按日期购票、按时段购票、按数量限制购票。订单管理：支持官网订单管理、微信订单管理、自助设备订单管理、窗口预约订单管理，支持修改订单，支持退票。

②检票管理模块。检票管理模块基于 .NET 框架，采用 C/S 模式进行设计与实现。检票管理模块包括桌面检票功能和设备嵌入式软件检票功能两部分。支持电子二维码、纸质二维码、会员卡、身份证、人脸识别等多类型识别，且支持一张门票包含多人团队票、二次入馆等业务功能。在现场断网情况下支持闸机离线验票，待闸机恢复网络后数据自助上传至验票服务器。

③数据统计管理模块。观众预约信息统计：实时进行官网预约信息统计、微信预约信息统计、自助设备预约信息统计、人工窗口预约信息统计。领导查询管理：可通过 PC 湍和移动客户端进行相关数据查看，所查看数据可进行定制。数据可视化：预约数据可视化、验检票数据可视化。实时画面传输：验票口验票影像实时传输至管理平台。门票分类统计：成人票、儿童票、单人票、团体票、电子二维码门票、纸质二维码门票、身份证门票、人脸识别门票等票类分类统计。入场数据统计：根据时间段进行入场数据统计，根据验票口进行数据统计，根据日期进行数据统计。入场数据分析：根据票类、预约渠道、预约时间、验票时段、验检口等多重组合进行分析。

④微信后台管理模块。微信公众号配置：微信公众号域名授权配置、菜单配置、预约界面配置。微信可预约基础配置：编辑票类，对微信预约票类进行后台管理。微信会员管理：预约会员后台管理，添加、更改会员数据。销售政策管理：针对不同的票类设置不同的预约政策。扫码自助预约：可通过微信扫一扫指定二维码进行门票预约。

⑤微信预约模块。通过微信公众号指定菜单进行门票预约，填写相应预约信息进行预约订单提交；支持按时段进行门票预约，支持实名预约并对身份证进行有效验证；微信在线办理会员，可通过指定界面提交会员信息并进行人脸拍照上传会员面部识别信息。

⑥微信端数据统计模块。对微信预约订单、预约观众信息查询进行统计。

⑦官网数据对接模块。与官网进行数据对接，通过官网实时显示已预约

数据，包括入场总人数及当前场内人数等。

⑧自助预约系统模块。预约取票：现场可采取刷身份证或取票二维码、输入取票码等方式进行门票打印。现场预约：通过自助取票设备选择门票票类，刷身份证预约登记出票。

⑨服务器管理系统。支持本地即时数据备份，确保数据同时存储在本地服务器及云端。热备数量可设定 2～10 份。支持负载均衡，系统可自动迁移数据至新的存储服务器以确保各个服务器访问使用量均衡。当有服务器故障时，系统自动请求将数据导至其他异地或云端服务器。同时有多台服务器故障时，系统仍可继续工作。远程数据备份，仅需主中心与备援中心远程备份服务器协同完成，无需应用程序主机端软件辅助。

⑩性能及数据安全。系统采用三层架构设计，支持 5000 人以上同时在线、500 人以上并发访问；支持数据缓存技术，将非即时数据进行内存缓存，实现数据快速访问；支持 CA 证书数据加密，保证数据安全；支持 SSL 数据访问，保证通信链路安全性；实现数据自动异地备份；支持自动及手动切换异地备份服务器；异地备份数据仅支持选择与还原操作。安全方面严格按照等级保护三级的要求进行部署。系统设计架构结合当前博物馆实际，符合稳定性、先进性、可扩展性等各方面要求，通过后期的持续建设和扩展，能够保证其作为博物馆智慧化建设重要组成部分的先进、成熟、实用和可持续发展。

2. 互动展示和知识内容构建

充分挖掘藏品内涵，以藏品为依托，延伸知识内容，丰富藏品内涵；运用交互性的展示技术，丰富博物馆展示藏品和知识内容的形式，增加观众的参与感，提升观众的主动性，激发观众对于科学知识的兴趣。通过数字化采集工作，形成辽宁古生物博物馆的基本数字资源，建设数字资源数据库，为数字化展陈、数字化管理、数字化文化传播、数字化科普教育奠定资源基础。

（1）学术数据应用系统。基于十亿数量级元数据，建设汇集海量文博行业研究成果的博物馆数据应用平台，并运用大数据分析技术，帮助博物馆及相关人员深度挖掘藏品信息，产出相关内容研究成果。

①功能定位

a. 博物馆数据应用平台。将海量、多源、异构的文博领域数据，包括藏品本体、环境、历史文献、学术资料、研究成果、网络数据等，通过自然语言处理、大数据分析、文献计量学、软件科学等组织起来，实现藏品信息资源的有效梳理和直观表达，疏通博物馆之间的有形界限，让资源无限共享，打造从文博领域关联整个自然历史文化长河的全新博物馆数据应用平台。

b.专业学术研究工具。在大数据环境下，纷繁复杂的信息资源充斥着公众的日常生活，信息庞杂，获取方式多样，使信息的有效筛选变得异常困难。为了让研究人员、文博爱好者能够更便捷地获取所需信息，系统可以对文博相关方向的信息进行梳理和归纳，在海量数据的基础上，形成专门针对文博方向的数据导航体系和检索体系，让用户在最短的时间里快速找到目标资源。

c.数据分析汇集中心。互联网技术的发展为博物馆数据采集和信息整合应用提供了全新的技术路径。大数据技术对所汇集的海量元数据进行专业化分析，并以图表形式显现当前学术趋势、权威动向、行业热点，帮助博物馆更快速、直接、准确地了解行业内的讯息及导向。

②实现功能

a.信息检索。在首页检索框输入相关关键词即可进行信息检索，查找相应的文献及著作等信息。点击"文博研究"按钮可按既定栏目进行浏览，通过专业分类的推荐，确定关键词，进行信息检索。

b.信息关联。检索结果通过知识图谱实现信息关联。

第一，在知识关联图谱中，以信息间的相关性为标准，各信息球进行有序排列，相关性体现在关联球的颜色和与中心球的距离上；第二，点击某个关联球时，即可生成以该球为中心球的新一轮信息图谱，依次类推，目标内容得以无限延伸和深度挖掘；第三，目标内容的数字资源同步呈现在图谱右侧，方便获取，点击"MORE"，可以获得更多资源。

c.数据分析。数据分析是通过搜索主题的相关数字资料，将多个连续的相同指标进行对比，得出它们的增减变动方向、变化趋势的一种分析方法。

学术趋势：通过学术趋势分析，判断专业研究方向。社会热点：分析社会关注热点，把握公众需求方向。权威分析：统计研究成果数据，锁定权威机构专家。

d.结果选择。检索结果页中，资源类型包括图书、期刊、报纸及论文等多种形式，根据公众需求，可以实现在任意单向选择或组合选择主题、学科、时间、作者、机构等不同维度下的精准复选。

（2）综合展示系统。综合展示系统以藏品为核心，通过复合式设计、响应式开发，支持自由选取、组合、编辑多形态的藏品数据及知识内容，自适应于各种类型的展示终端，满足各种场景中不同程度的藏品表达需要，丰富藏品展出形式，提升藏品展示水平，是"互联网+"的新时代背景下让藏品"活"起来的重要创新技术方式。同时，它还改革了以往的简单式交互设计，创新性地运用"盲盒式"交互设计，给予使用者更多的新奇体验。结合富有中国美学思想的 UI 界面设计，更多体现自然之美的意蕴，使之在创新性、趣味性和审美性上融合的达到了业界前所未有的高度。

①运行流程。综合展示系统遵循便捷原则，不需要单独设置插件，支持多形态的藏品资源展示和应用，通过后台管理流程配置各类不同的呈现方式，支持各类平台、终端的同步展示。

②系统特点。该系统有如下几个特点。

a. 充满自然美学的 UI 界面设计。结合自然美学设计，运用地质历史时期动植物等自然元素，为观者营造亲近自然的意境。同时，为前端界面的动植物元素增加动态效果，提升观众的临场体验感和互动感。其突出的审美性和古生物特色使展示系统与博物馆主题融为一体，使其本身就可以成为展馆中的一件藏品和一处风景，更好地传播古生物文化。

b. 创新的盲盒式交互形式。触屏后随机显示藏品图像，给参观者带来更多惊喜的感觉，增添趣味性。同时，支持多点触控和多人同屏使用。

c. 海量知识延伸。每件藏品都关联其相应的知识介绍，并通过超链接进一步关联解释相关词汇。海量的数字资源为藏品内涵价值提供有效的知识延伸阅读，并支持自动生成二维码，可以使用移动端扫码随地阅读观看。

③后台功能。博物馆数字资源的多态存储，可以通过藏品综合展示系统的后台进行统一化、整合性的有效管理。系统后台采用云端统一管理的开发思想，支持内容替换、分类调整和实时更新，操作简单，最大限度降低使用者的学习成本。

a. 藏品管理。藏品管理是综合展示系统后台的核心模块，藏品内容详情和关联数据都在该模块存储，配合前端展示，后台调整结果即见即得，同时该模块也提供藏品信息的基本管理。

b. 三维属性。三维模型作为化石藏品交互的主要数据，在藏品综合展示系统后台进行了有序整理，根据藏品的实际展示效果，还可以通过修改属性数值，以达到期待的展现效果。

c. 商标管理。可以根据自身实际需要，对相应的商标做出更改和调整。整个操作流程采用友好的使用方式，清晰明了地指明更替使用按键，从而满足系统的说明需要。

d. 栏目管理。综合展示系统的栏目管理模块采用自主式编辑手段，支持大类别、小类别两个层级的自定义，可以根据博物馆实际情况，对藏品展示需要做针对性布置。

e. 知识管理。用户可以根据馆藏品设置相应的知识库，与对应的藏品介绍做知识关联，链接到不同的知识库来进行知识延伸，从而为用户提供海量的知识阅读。

f.屏幕管理。可以通过屏幕管理对多个展示屏进行设置，对不同的硬件设备分配场馆，设置名称、屏保等。

（3）文博一体机

文博一体机是共享思维下的现场智能触控设备，运用信息富媒体技术，通过模块化的轻应用组合，一体化集成博物馆的陈列展示、社会教育宣传等业务功能，便捷实现对公众的全天候自助服务。文博一体机里所载的资源内容，通过移动端平台，在公众的使用中，可以实现在移动互联网中的有效流转。在博物馆内不同区域放置智慧展示终端，可拓展博物馆的展示空间，使广大观众在博物馆内的不同角落也可以自主地去欣赏古生物藏品、学习相关知识。文博一体机资源流转如图6-4所示。

**图6-4 文博一体机资源流转示意图**

文博一体机可实现以下功能。

①资源展示。展示模块，通过图文、音视频、二维模型等形式展示数字化藏品资源，普及古生物及相关科学知识。

②信息发布。发布博物馆内新闻资讯、展览信息、活动预告等信息，方便受众快速了解馆内信息。

③自助服务。提供场景导览，并可通过观众自主操作选择进入藏品语音导览、参观预约、活动报名等页面，进行相关自助服务，同时提供二维码扫码功能，观众使用手机扫码即可进入移动端系统进行自助服务。

④知识学习。观众可点选查看相关的图书期刊、视频讲座、慕课等学习资源，实现自主学习，下载相应App即可使用移动端进行在线学习。

⑤内容运营。博物馆定期对一体机终端内容进行更新，不定期策划博物馆主题相关的优质、高度传播性的内容和线上活动，通过文博一体机向观众精准推送消息以提高其参与度，进而提高知名度和社会影响力。

⑥文创空间。加入文创空间模块，不定期更新馆内文创产品动态，以文创

产品推介的形式，普及古生物知识，凸显博物馆特色，深化博物馆品牌建设。

（4）语音讲解系统。语音讲解系统是藏品数字互联趋势背景下的重要产物，通过云技术与手持终端的协同应用，将藏品与知识相关联，为公众提供具有普及型、可及时响应的全场景讲解服务，将地球生命起源与演化相关知识快速、便捷地带给公众。

①应用界面。该界面包含以下具体内容。

a.系统首页。系统首页以列表式呈现为主，分为搜索模块、Banner模块和博物馆模块，采用总分模式，把相关层级的文博单位整合在一个总系统里面，实现博物馆的集群化服务。

b.主页宣传。Banner模块位于主页顶部，可针对各馆内的优质内容进行聚焦式的发布和宣传。

c.分页展览。分页包含三个层级：分页首页、展览页和藏品页。栏目分为常设展览和临时展览，博物馆可根据展览性质，在不同栏目下添设展览讲解内容，以单位化、章节性的形式，制作讲解专题。

d.藏品讲解。根据实际需要，藏品讲解界面可以综合呈现藏品的图片、文字、语音等内容。

e.讲解分享。为了方便藏品知识传播，公众可以通过该页面进行点赞、收藏、分享等操作，或者生成精美大图与好友共享。

f.个人中心。语音讲解系统设有个人中心，用户可在个人中心处查看自己的浏览足迹、藏品收藏和分享记录等。

②后台管理。语音讲解系统的后台，可以支持博物馆根据实际需要，自由添加、删减或调整展览、藏品讲解内容。

a.藏品管理。藏品管理页面有查询、增加藏品信息的功能。通过输入藏品名称、编号、栏目等信息，实现藏品查询功能；点击"新增"，可添加新的藏品信息条。同时，藏品信息支持修改和删除。

b.藏品详情。藏品详情的后台设置包括藏品的名称、所属栏目、藏品简介、藏品图片、专题链接和语音介绍等内容。

第一，藏品简介。进入藏品信息编辑页面，填写藏品信息。选择藏品所属的栏目，输入藏品名称，在"藏品简介"处添加展示藏品的文字介绍。

第二，语音介绍。在"语音介绍"处选取本地音频文件，点击"上传至服务器"，可在线编辑语音讲解内容。音频上传后，系统对语音时长进行自动识别，显示音频时间。

第三，图片上传。选择缩略图和导览图片，点击"上传至服务器"。上传图片分别显示在展览介绍页的藏品缩略图和藏品详情页中的实例图处。

c. 展览管理。该管理有如下内容。

第一，添加展览。展览管理页面有查询、增加展览信息的功能。通过输入展览名称，实现展览查询功能；点击"添加"，可添加新的展览信息条。展览信息支持修改和删除。

第二，展览编辑。在展览信息条中点击"编辑"，可对展览信息进行实时更新。其中包括设置展览编码、展览名称、展览地点、展览类型、开始时间、结束时间、展览文字介绍和展览图片。

第三，添加藏品。在展览信息条中点击"添加藏品"，将已上传的藏品信息添加至相对应的展览中，完成展览设置。

③自动讲解机。配备藏品自动讲解机，可实现人工讲解和自动讲解。

（5）藏品数字化。借助技术手段，采集藏品图像资料和形态数据；将古生物化石、模型等实物藏品进行数字化处理，整合数据元，建立相应的藏品数据库。藏品的数字化采集加工，为数据库建设和博物馆藏品的数字化管理提供了数据基础，同时在数字化加工的基础上，也为藏品数字化展示提供了更多维度，更好地展示和传播了馆藏品所蕴含的自然之美和科学内涵。

①三维藏品。采集珍贵馆藏化石的各项图像数据，通过专门的数据处理技术，以数字模型的形式还原藏品的三维影像，使藏品可以脱离展陈空间的限制，让公众在虚拟空间中即可直观地观赏藏品的全貌。

a. 数据采集。包含博物馆藏品的高精度二维影像拍摄及精品展品的三维数据采集，应用全画幅数码单反相机等对藏品进行高清图片拍摄，获取藏品的高清数码照片，照片格式为 RAW+JPEG。通过分块拍摄正射影像，后期拼接支持亿像素图片的拍摄。

采集标准：第一，采集设备：2000 万有效像素以上的单反相机。第二，采集要求：平行光环境下的正交拍摄。第三，色彩要求：固定光环境（标准色温 4500K），使用色标。第四，图片尺寸：不低于 2000 万像素。

b. 三维数字化藏品制作。数字化藏品制作是在制作博物馆基本陈列和精品藏品数字化采集的基础上，制作三维虚拟藏品。

应用数字高清近景摄影测量和三维激光扫描技术对古生物化石、岩矿标本、复原模型等馆藏品进行数字化采集，运用的设备主要有全画幅数码单反相机、扫描精度为高精度的三维扫描仪、节点云台、小型手动转台，分别采用 360°的多图像拍摄和三维激光扫描来完成。基于多图像的三维重建计算是根据近景摄影测量拍摄的照片计算出完整的三维数字化模型，生成具有纹理的点云数据，然后根据点云数据构成三角网格模型；三维激光扫描仪按照采集流程，将馆藏品的几何数据进行扫描，得到馆藏品的几何数据以及带有灰度的纹理数据，并将几何数据的灰度信息和拍摄的纹理数据进行高精度的配准，形成配准后的三维数字化模型。

采集标准：第一，三维数据的文件格式：OBJ或者3DS。第二，三维数据的文件精度：馆内展藏品几何精度到毫米级。第三，三维数据的文件大小：单个藏品的数据大小在3MB～10MB，在保存藏品的重要细节的同时压缩数据，数据用于在互联网上的展示。

②文献数字化加工。纸质文献是记录研究过程和科学历史的重要物质载体，通过文献数字化加工，将纸质文献加工为可阅读的数字化形式，在保护文献的同时，最大限度地利于文献所承载的信息的传播，使其中的知识内容再次焕发生机。

a.主要工作环节：调用文献交接、文献前处理、文献扫描、图像处理、图像存储、条目著录、后期整理装订、质量自检、文献归还等，加工过程中需要确保文献及其文献信息的安全保密。

b.文献数字化资源管理架构：在标准元数据的基础上，按照科学文献的特点建立文献资源管理及应用系统，掌握数字化文献浏览相关数据，实现文献数字资源的有效管理，更好地发挥其保存研究资料、传播科学内涵的作用。

（6）展览数字化。随着虚拟现实技术走进大众的生活，博物馆以往通过图片、文字等传统形式的展示已经不能满足观众的浏览需求。为了更好地展示博物馆的物理空间及提供知识文化服务，720°VR全景展览应运而生，为古生物类博物馆开展远程沉浸式体验提供了难得的契机。

①基本介绍。VR全景展览是一种运用720°全景设备对现有展览场景进行多角度环视拍摄之后，再利用计算机进行后期处理制作而成。用户可以自主控制观察的角度，调整远近大小，仿佛置身真实的环境之中，获得全新的观赏感受。结合最新的虚拟现实技术，用户通过手机、电脑等终端，足不出户就能全方位了解博物馆内真实物理场景，浏览所有展区的相关信息。VR全景展览不仅拓展了博物馆的展示空间，扩大了博物馆的受众范围，丰富了公众参观学习的途径，还借助互联网空间，增强了博物馆的影响力，拓展了科学文化和知识传播的空间和形式。

②具体功能。具体包括如下几点。

a.空间展示。馆内外各场景拍摄、播放经过特殊透视处理，立体感、沉浸感强烈，能给人以三维立体的空间感觉，使观者身临其境。720°环视效果全面展示了博物馆 720° 球形范围内的所有景致。

此外，还需对场景进行同区域归类，突出博物馆的建筑结构性，方便浏览查找。同时设置导览图实现快速跳转，即可通过平面图快速到达指定区域的全景。

b.路线规划。设置导航图标，规划安排观众的参观路线图。根据方向指引箭头，从一个场景进入下一个场景，可在终端拖动界面，观看场景的各个方向。加入小地图和场景切换功能，在预设的观览路线之外给观众提供一定的观展自由度。

c.临场观看效果。最大限度地保留场景的真实性，使游客可通过终端操纵，拖动界面，从任意一个角度互动性地观察场景，犹如身临其境，最真实地感受博物馆展览场景。同时，根据场景主题添加背景音乐，进一步增强游客的体验感。

d.内容延伸展示。内容延伸展示指馆内功能性内容以及资源性内容的展示和挂接。将博物馆展示区内的所有信息资源挂接到对应场景中。观众在参观的过程中直接点击屏幕中设置的"点"，便能清晰地查看展示区内每个"点"所对应的展示信息的详细内容。通过图片、文字、视频、网站链接等丰富多样的资源，更加立体全面地展示博物馆风采和馆藏信息。

根据已规划好的路线，引导观众参观和了解馆内的各个场景内容，观众在线上就能够直观、清晰地浏览展区内所有展示的内容，文字、图片、视频皆可超清显示。支持内部资源链接，观赏者不仅可以看到博物馆的实景影像，同时还能阅读相关资料和讯息，实现知识的有效延伸。

（7）富媒体专题。著者从建设思路和功能特点两方面进行简述。

①建设思路。通过富媒体文本格式将高度主题性的知识资源进行整合，将科普知识内容以专题形式打包成一个个"知识胶囊"，促进知识的学习和传播，帮助博物馆高效地发挥教育职能。利用富媒体专题，打造涵盖知识重构、知识分享、知识社区功能的辽宁古生物博物馆知识学习空间，将馆内承载的科学知识更加便捷地呈现出来。

②功能特点。a.富媒体文本支持：图文、音频、视频等不同的表现形式均可集成于同一专题之内。b.目录导航：鲜明易懂，观众既可整体了解，也可碎片化获取知识点。c.提供相关资源链接：利用优质知识资源库，完善内容维度，使专题内容更加丰富立体，实现资源拓展，满足多样需求。d.社交属性：具备转评赞和跨平台分享的特性，促进知识的高效扩散。

3.教育空间和科学文化传播

辽宁古生物博物馆的数字化建设的根本落脚点是科学文化知识的传播。

制作专题慕课，将馆内丰富的知识资源积累和专业的教学研究资源转化为公众方便接收和学习的形式；利用互联网渠道，构建数字博物馆，推动古生物知识的普及，加强辽宁古生物博物馆的网络空间影响力；完善博物馆数字化服务，推出更多内容丰富、形式多样的科普社会教育活动，发挥好博物馆作为第二课堂的作用。

（1）"博观古生物"移动端 App。推出手机移动端 App，拓展博物馆的传播渠道，从而更好地传播科学文化、普及古生物知识，使公众享受到数字化的博物馆服务。以辽宁古生物博物馆的优质资源内容为基础，运用富媒体信息技术，通过丰富的交互工具和功能模块，打造多领域互通的线上知识学习平台，构建了人人皆学、处处能学、时时可学的未来社教空间。博观古生物 App 平台架构如图 6-5 所示。

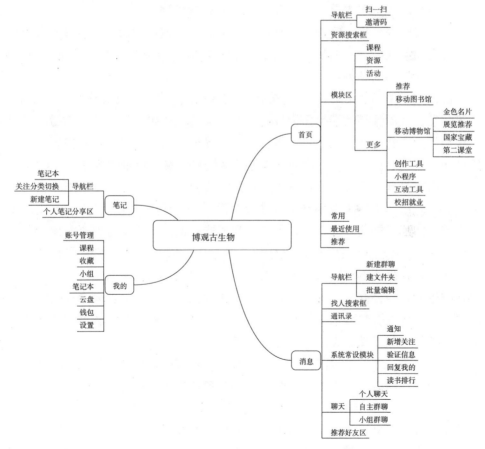

图 6-5　博观古生物 App 平台架构图

（2）微展系统。微展系统是精致型的线上展示系统，通过富媒体技术轻量化应用，将古生物博物馆内藏品、展览或相关活动的内容，以主题的形式，配置打包成符合现代公众信息接收习惯的"数字胶囊"形态，打造主题突出、传播便捷的线上展览，从而满足"高频、快捷、精美"的现代公共文化服务要求，特别是在专题性藏品展览、区域性联动活动中体现出重要价值。

①建设目标。a.打造精品展览，建设特色文化品牌；b.微展持续保存，打破时间空间限制；c.打通多端平台，便捷知识传播扩散；d.自主编辑布展，高效利用数字资源；e.互联网＋富媒体，推动公众积极共享。

②前台设计。微展系统根据博物馆具体的展览展出和社会教育活动要求，设计符合个性化主题风格的美术界面，支持相应主题在版式、风格及应用组合上的定制和配属。

③后台管理。可着重从以下几方面入手进行管理。

a.栏目管理。栏目管理页面有查询、增加栏目信息的功能。通过输入栏目名称，进而实现栏目查询功能；点击"新增"，可添加新的栏目信息条。同时，栏目信息支持修改和删除。

b.新增栏目。点击"新增"按钮，输入栏目标题、栏目类别、栏目缩略图等信息，并配置移动端封面模板；可通过设置"所属栏目"选择新增一级或二级栏目。主题单元一级栏目下包含多个二级栏目，可自定义栏目内容，添加轮播图、视频、展览介绍、全景VR等二级栏目，展示丰富的藏品单元内容。

c.内容管理。内容管理模块可以对文本内容进行修改、增添和删除，同时可对文章外链、文章关键字等字节进行设置；可进行多媒体附件上传，支持添加文字、图片、链接、表格、视频及音频形式资源，实现全方面资源展示。

（3）活动报名系统。博物馆是社会的第二课堂，通过馆校合作和主题教育活动，将古生物的奇妙带到人们的眼前。通过建设活动报名系统，可以方便学校师生和社会公众便捷地参与到博物馆主题活动中来，促使公众长期、稳定地在线上关注社会教育活动的举办。公众只需上网查看，各式各样的社会教育活动详情就一目了然，在线上即可报名参加。

（4）科普云课堂。通过科普云课堂，开设古生物主题课程，人们可以打破时空限制，随时随地学习科学知识并感受自然之美。

依托博物馆积累的丰富学术资源，还可请博物馆科研或科普教师针对性地录制课程，更好地去发掘和展示馆内所积累的知识资源，促进古生物知识的传播，实现博物馆的教育职能。观众可以在科普云课堂内方便地学习古生物知识，观看相关的图文、视频资源。

①资源内容。购置和拍摄古生物相关科普知识慕课，并可根据博物馆教育工作的需要，持续进行课程设计和建设。根据课程内容添加与之相关的图片、文档、音频、视频、网页等相关资源，为受众提供全方面、多维度的学习资源。

②学习空间。学习空间可以为每个用户打造个性化的主页，记录学习历程。同时，为了创设一种良好的学习氛围，学习空间融入 SNS 的概念，公众可以看到其他用户的学习内容，可以相互激励。

③后台管理。博物馆的管理平台主要包括管理平台中所有的课程、资源、监控、统计与学习活动的相关数据等。另外，博物馆可对公众学习数据信息集中管理，包括增加、删除、账号锁定等功能。

④数据分析。博物馆能够统计、分析、监控所有的学习活动，进一步方便管理学习活动。所有的统计数据均支持列表化与图表化，同时支持原始数据导出，方便博物馆做个性化的统计分析。

⑤移动学习。支持移动学习功能，与线上知识学习平台相互对接，使科普学习借助移动互联突破时空限制，社会公众可以随时随地获取知识。

### （四）智慧管理

1.藏品管理

通过藏品管理信息系统，加强藏品信息化管理水平，实现藏品信息和相关业务流程管理的规范化和数字化。

（1）藏品管理系统。藏品管理信息系统是博物馆日常所需的业务系统，其遵循国家标准数据规范，以大数据技术为基础，在可视化环境中，建设立体、完整且深度关联的数字档案；在具体业务场景中，实现对藏品的全流程信息化管理。同时，为响应国家相关政策，促进藏品资源的开放共享，促进科学知识的普及和传播，系统打造实时在线的藏品公开库，可针对性地选择同步后台数据。

①系统功能

a.藏品信息统计包含藏品数量、馆藏情况、完残程度、保护级别统计等多维统计形式，通过柱状图和饼形图的方式进行展示，充分挖潜馆内藏品资源内容，同时可以根据用户需求提供定制化的统计。

b.藏品信息管理包括藏品信息登记、藏品信息编辑、影像信息上传、保管信息登记、藏品信息筛选。

c.出入库记录包括入库记录、出库记录。

d.藏品库存管理包括入库审批、出库审批、藏品注销、藏品移库、藏品盘点。

e.陈列展览管理包括展陈信息、临展管理、展出信息。

f.台账管理包括出库入库记录、藏品损坏记录、藏品修复记录、鉴定定级记录、藏品信息著录、野外发掘信息、流转经历。其中，记录藏品入馆前的流转经历信息，能直观展示藏品来源，其内容包括藏品的收藏机构、收藏人、起止时间等。

g.表单管理。在藏品信息管理页面下载 Excel 模板，登记藏品信息，可实现对全部藏品基本信息的一键导入，同时也支持对馆内所有藏品基础性数据的批量性导出和在线打印。

②拓展功能

a.藏品公开库。第一，藏品公开库的界面，采用列表分类和相册展示的形式，对馆藏品进行整体展示；第二，藏品分类满足化石、岩矿标本等分类类型，通过分类查询，满足对某个或多个藏品的直接搜索；第三，藏品详情页采用独屏式的设计风格，将古生物化石等藏品的关联内容铺陈式地呈现，提供直观的内容获取选择，涉及藏品名称、编号、产地、层位等图文信息；第四，系统提供在线检索功能，支持在藏品公开库内对藏品进行直接查询，通过名称字段便可精准定位到藏品。

b.知识延伸。藏品管理信息系统可以关联相应的数据资源库，实现藏品相关知识的延伸，有效地辅助馆内科研工作的开展。关联数据后，点击藏品链接即可跳转至数据检索平台，自动检索藏品相关的文献内容。

2.大数据分析展示系统

借助先进科技手段，建设大数据大屏展示平台，整合多个系统数据信息，将博物馆工作及服务成果通过数据呈现在观众面前，将日常工作可视化，接受公众的监督。博物馆利用输出的平台数据，还可以快速整理出博物馆的工作轨迹，辅助博物馆相关人员进行工作分析和经验总结，对未来规划和制定相关决策提供更加有效且实际的依据。

（1）建设目标

①将日常工作可视化，接受公众的监督；②快速整理出博物馆的工作轨迹，辅助博物馆相关人员进行工作分析和经验总结，对未来规划和制定相关决策提供量化依据；③展示辽宁古生物博物馆相关信息，构建馆内信息发布平台；④联结多个数字监控系统，进行数据汇总，统一进行博物馆及藏品安全情况监控。

（2）实现功能

①门户访问数量。实时同步统计辽宁古生物博物馆官网访问量，并展示这一数据，不仅能够让公众最直观地了解到博物馆在网络上进行文化传播工作的成果，也鼓励观众访问官网获得线上的文化体验，更是辅助博物馆了解自己完善日常工作和提升公共服务能力的重要依据。

②到馆人数统计。博物馆到馆人数，由博物馆门禁系统或者客流量统计系统进行统计，然后将数据整理发布，展现在博物馆大数据平台系统中，能够直观地看到到馆人数、在馆人数、本周到馆人数以及历史到馆人数等，也能展现博物馆的文化传播能力和服务能力。

③科普读物排行。在博物馆愈发成为综合体的今天，在公众休闲区的文化渗透程度是衡量博物馆公众服务能力的标准之一。科普读物的排行展示，将博物馆最近一段时间内所提供的优秀读物展示在数据平台上，用以给用户做学习参考。同时，排行榜在一定程度上能够反映出社会趋势和人们的爱好、取向等，能更好地为博物馆制定布展策略、传播策略提供指导。

④今日推荐。随着时代的发展，在文化资源泛滥的今天，如何选择精品资源进行获取已成为一个难题。博物馆作为资源提供者，凭借其专业性可为公众提供和推荐相关精品资源，引导公众接收有效信息。

本模块支持管理员手动更改推荐资源，每次管理员更改推荐的资源都会记录在后台，方便管理员进行查询。所有专题都会附有二维码，观众直接扫描大屏幕二维码即可获取。

⑤近期活动。展示博物馆近期活动资讯，提示观众活动类型和报名渠道，并可放置二维码链接活动报名系统，供观众快速进行报名。

⑥通知公告。作为博物馆的窗口展示平台，能随时将博物馆的活动、通知内容传达给用户；支持管理员后台发布博物馆通知公告，将博物馆信息即时、有效地传递给观众用户；后台将保存管理员发布数据，以便日后取用。

⑦藏品信息统计。藏品信息统计与藏品管理系统对接，对馆内藏品及现行展出展品进行分类统计展示，直观展示博物馆内藏品资源储备和收藏展陈工作数据。

⑧环境监控统计。环境监控统计与智能环境监测系统进行数据对接，汇集统计环境监控信息，从而整合统计博物馆环境数据变化，快速识别环境异常状态。

⑨藏品监控统计。藏品监控统计与智能藏品监控系统进行数据对接，统一查看馆内藏品现状，展示藏品安全情况，及时发现藏品安全隐患。

（五）智慧保护

1. 智能环境监测系统

（1）系统概述。通过使用物联网监测设备、云计算等新技术手段，建立消防火灾报警、温度湿度环境监控、消防水系统监测、可燃气体监测、设备运行监测等一系列环境安全监测系统，完善环境监测体系；进行环境信息的采集、汇集、分析、预警、运用，实现运用新科技技术防范手段加强对藏品的安全保护。

（2）可视化概览。该系统能够显示监测点的详细基础信息和附加信息，如建筑名称、建设年代、建筑层数、建筑功能、建筑总面积、监控指标等，能够显示建筑物的整体监控情况和各楼层、各房间的具体的分类告警情况。

通过地图导航、定位监测建筑，导航建筑对应的基本信息、分类监控指标、预警门限等展示项。建筑分项告警数据分析展示主要包含告警总数、同类建筑告警平均数、详细告警数据分析展示等功能。

（3）异常告警。当系统监测到环境状态发生异常变化时产生报警。监控平台界面可以根据事项的级别显示不同的颜色，对一些比较重要的事项使用醒目的颜色显示，以方便查看。

该系统支持多种报警显示窗口，包括实时报警窗口、历史报警窗口和查询窗口。实时报警窗口显示最新的报警信息，报警信息被确认或恢复后，报警信息随之消失；历史报警窗口显示历史报警事件，包括以往的历史报警信息、报警确认信息和恢复信息，报警事件的来源是报警缓存区；查询窗口能够查询报警库中的报警事件，报警事件的来源是报警库。此外，还支持多种报警查询条件，对报警信息的查询，可以按报警时间、报警类型、记录类型等查询。

（4）监控统计。实现监控信息统计分析，对每日关键时间节点环境数据以及告警数据进行记录和统计，总结环境状态情况，对告警情况进行分析，从而针对性地对环境安全工作进行改善。

2. 智能藏品监控系统

（1）系统概述。运用科学手段对藏品原生载体进行长期监测，通过科学分析得出科学保护数据，为藏品保护打好基础。

（2）指标管理。实现"数据源—模型—指标"三级数据管理模式，将分布式、多元化数据源进行集约式、归一化管理和监控，大大减少底层数据维护成本。

①分布式数据源支撑。支持分布式数据访问，实现跨数据库、多数据源监控运维，为多项目、多资源、分布式设备监控提供便捷的体验。

②标准化模型管理。从部分数据源中，抽取数据模型，针对不同厂商数据字段的差异，实现归一化处理，实现标准统一的通用型数据模型管理，为物联网应用提供便利。

③个性化指标定制。平台支持对数据模型字段进行二次加工、运算和处理进而生成新的指标项目，更加灵活地适应复杂多样的设备监控运维需求。

（3）规则管理。丰富、灵活的规则管理机制和指标、时间、空间的多维度监控管理，适应多样的设备监控管理需求。

①灵活的监控规则设置。通过线上功能，自定义指标监控规则表达式及执行时间，过滤符合规则条件的数据，支持多指标、多种类联合运算模式；为适应不同监控延时需求，可通过系统配置进行选择；支持监控规则线上校验与测试，极大地提升多种类、海量设备的监控运维效率。

②多种方式告警提醒。根据监控规则，提供线上告警数据监控呈现功能，具备表单、邮件、短信等多种方式的告警提醒，确保问题及时、有效地传达到运维人员手中。

（4）表单管理。告警问题处理的整个过程"可追溯、可分析"；处理的每个环节其执行情况都"可视"；关键处理环节须人工确认，问题处理"可控"。

①全过程集中管理。面向分布式、海量物联网设备，建立集中化设备运维管理体系，提供设备监控运维流程化、标准化、自动化管理；以流程全面贯穿设备运维工作各个环节，实现设备运维各方面工作的可视、可管、可控。

②智慧化管理。遵循发现问题、分析问题、解决问题、闭环评估的工作规律，支持嵌入智慧化行业应用，结合自动化 IT 能力支撑，提供智能高效的支撑手段，实现设备问题的自动发现、智能分析、流程管控，实现日常设备运维工作流程密切配合、高效协作，提升集中化、自动化设备运维分析效率。

（5）日志管理。提供标准化、全覆盖的日志记录和管理体系，实时记录使用情况，为设备精细化运维管理提供数据基础。

整合平台、设备等使用情况，形成标准化日志，记录使用人员、使用时长、使用结果，提供过程监控和追溯依据。

3. 馆藏藏品保存环境监测评估系统

（1）馆藏藏品保存环境监测评估系统概述。馆藏品与资料保存环境监测评估工作，是掌握环境质量、了解变化规律、及时采取调控改善措施的必要手段。随着技术的日益进步，各种无线传感监测仪、便携式或在线监测仪、微型采样器及极限测定方法等相继问世，为博物馆环境的在线或离线监测提供了多种技术手段。

建立辽宁古生物博物馆藏品保存环境监测评估系统，即针对辽宁古生物博物馆陈列展厅和藏品库房，形成比较完备的馆藏品与资料保存环境监测评估手段，实现环境数据实时采集和定时检测，数据传输、记录、储存、分析、管理、查询、交流以及扩展应用于环境质量评估、调控决策、研究环境因素劣化作用机理等需求。

辽宁古生物博物馆藏品保存环境监测评估系统主要包括两个方面：一是藏品保存环境监测系统监测终端、数据网关设备等配置；二是藏品保存环境监测系统网络系统硬件及平台软件。

（2）无线传感实时监控系统。无线传感实时监测系统，是针对可移动藏品保存环境的特殊需求，采用成熟的博物馆环境因素监测技术、先进的无线传感技术、精准的调控技术和互联网技术所构成的环境基本指标和质量评估成套自组网系统。该系统组成结构包括数据采集监测终端、无线数据网关、数据储存设备以及监测平台软件等，如图6-6所示。

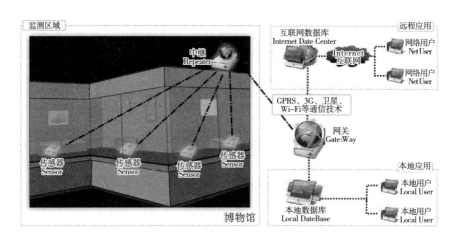

图6-6 典型无线传感网络示意图

无线传感环境监测终端是一种集环境指标传感器模块、数据处理模块、无线传输模块、电源模块于一体的智能化环境监测仪。该智能化环境监测仪要满足博物馆环境指标检测量程范围和测量精度合格、数据传输稳定、体量小、功耗低、式样美观、制作材料在使用中不会散发污染物的要求。

监测终端及系统组件应使用国家无线电管理委员会的核准频段，使用无线信号覆盖所要监测的区域后，打开设备电源开关即可自动运行。

①监测终端系统设备的组网方式应满足以下要求：具有自组织网络的能

力，能自行搜索网络，加入网络；具有记录和上报路由信息的能力，发出的心跳包到达网关的路径能够被上位机解析，供其描绘网络拓扑关系图；具有链路质量侦测能力，在信号微弱或不稳定的情况下，能够自行判别并搜索和优选更优质的网络传输路径。

②监测终端系统设备的数据传输方式应满足以下要求：具有掉电非易失存贮功能；具有数据校验的能力，数据包中携带 CRC 校验信息，在数据被网关收到后能验证数据的正确性；数据包具有可扩展性，为可变字长，能适应不同的传感器要求，携带不定字长的数据；具有数据重发机制，当数据发送失败后，具有回避及重发机制，如果数据发送多次不成功，能够优选传输路径，并重新发送；数据包携带时间戳；发射功率 ≤ 10 dBm，支持双向无线通信网络协议标准。

（3）无线传感环境监测终端布置。辽宁古生物博物馆公设有 8 个展厅、16 个展区、4 个按保护级别划分的藏品库房。针对博物馆展厅内的珍贵藏品，以及库房内藏品的保存环境进行实时监测及调控，从而为藏品营造一个稳定、安全的保存环境。

环境无线传感监测系统布设区域，直接面向辽宁古生物博物馆的珍贵展品及藏品库房。无线传感环境监测系统拟按如下原则布设。

①无线网络全覆盖。无线信号覆盖展厅和库房全部区域，保障无线传感监测终端在其中的任何位置均能良好采集和传输数据信号。在上述无线网络信号覆盖范围内，监测终端布放位置可以根据现场情况进行调整。

②以珍贵藏品为重点的布局策略。无线传感监测终端配置以藏品自身特点为依据选择所需类型，布设数量以优先满足环境敏感藏品和珍贵藏品展览和库藏区域的监测需求为原则，保障重要监测区域内的科学布设和示范作用。项目实施中须不断积累经验，优化监测终端的布设位置。

③微环境、小环境同步对比。在监测微环境参数的同时，在展厅与库房等小环境内同步布设监测终端，通过对比，为珍贵藏品微环境的调控提供参考依据。

（4）馆藏藏品保存环境监测评估系统。馆藏藏品保存环境监测评估系统具有数据查询、报警、报表、报告、风险分析与决策的功能。

①藏品保存环境监测评估系统功能要求如下：

a. 数据采集与存储。系统留有丰富的数据接口，可直接接收数据采集终端采集的现场数据，也可通过物联网网络接收其他系统采集共享的现场数据，或通过数据导入方式将离线数据采集终端采集的数据导入该系统。

b.数据通信和存储的安全。系统建立数据库，对采集的数据进行分类归档存储，并对存储数据进行加密，以保证数据安全；系统建立完善安全秘钥体系，对系统管理者进行权限分配，系统进行登录身份认证，并记录风险操作。

c.环境信息即时查看分析。系统建立良好的人机交互界面，让管理者更直观有效地使用数据。其主要功能有查询藏品当前所处环境状态，查询藏品历史一段时间内所处环境状态，以图形显示藏品所处环境的变化过程，可以报警、报表、报告等形式提供给管理者。

d.支持多设备、多用户的接入，可以支撑大数据处理。系统由于在硬件配置和软件架构上的先进性，可以满足设备集中的数据传输和处理的性能需求。系统可以使用集群系统和负载均衡技术，在更大的程度上提高性能。系统接入达到支持50000个节点，能扩展兼容，支持微环境调控装备控制。

e.支持远程系统的各参数的灵活配置。管理员角色可以对系统中的各参数指标、用户管理等进行配置，可灵活加入和移除终端设备，对终端设备的运行进行远程配置、启用和停止。

②藏品保存环境监测评估系统性能指标要求如下：

a.系统支持多样的数据采集形式和软件接口，将不同系统的数据纳入数据库。系统可接入的设备类型有各种传感器、小型净化调湿机、大中型净化调湿机和空调等，几乎所有可探测设备都可接入系统。系统也可通过软件服务接口和数据库等方法，直接调用其他第三方系统的数据和公共资源数据。

b.系统直接采集的数据具备查询、分析2年以上数据记录的能力，并支持数据的导出另存和数据存储扩展。用户可即时查询指定设备的当前历史数据记录情况，分析环境数据的纵向历史趋势，为环境的评估提供依据。数据的展现形式分为列表、各种图表（柱状图、饼状图等）和导出到可编辑的文本文档。

c.系统人机界面的多窗口，功能多样，系统检索数据库速度快，系统反应快捷。其采用的是B/S的结构，只要网络允许，可随时通过电脑、手机等终端，使用浏览器访问系统。这种方式省去了用户安装和配置客户端的问题，提升了访问效率。

d.系统支持多用户登录，并具备远程数据共享和远程管理功能。系统在设计上支持多用户并发登录访问，用户之间在操作上互不干扰，有各自独立的访问域。系统分为前台和后台，前台供用户查看分析数据，用户也可在被授予权限后进入后台对系统进行管理配置。

e.系统具有很强的适应性，不仅支持Windows系列的服务部署，还支持Linux等系列。在终端访问上支持其他任何带有浏览器的终端设备访问。

# 参考文献

[1] 单霁翔.博物馆的观众服务[M].天津：天津大学出版社，2017.

[2] 单霁翔.博物馆的藏品保护[M].天津：天津大学出版社，2017.

[3] 宋娴，胡芳，刘哲，等.新媒体与博物馆发展[M].上海：上海科技教育出版社，2014.

[4] 北京数字科普协会.数字博物馆发展新趋势[M].北京：中国传媒大学出版社，2014.

[5] 单霁翔.博物馆的多样化发展[M].天津：天津大学出版社，2017.

[6] 浙江省博物馆学会，中国江南水乡文化博物馆.博物馆传承与创新[M].北京：中国文史出版社，2014.

[7] 王宏钧.中国博物馆学基础[M].上海：上海古籍出版社，2001.

[8] 张基温，张展赫.新媒体导论[M].北京：清华大学出版社，2017.

[9] 杜庆杰.博客初探[M].合肥：安徽教育出版社，2008.

[10] 蒂莫西·阿姆布罗斯，克里斯平·佩恩.博物馆基础[M].郭卉，译.南京：译林出版社，2016.

[11] 赵君香.中华文化传承与国际传播研究[M].济南：山东大学出版社，2018.

[12] 陈根.虚拟现实：科技新浪潮[M].北京：化学工业出版社，2017.

[13] 叶浩生.具身认知的原理与应用[M].北京：商务印书馆，2017.

[14] 金江波.当代新媒体艺术特征[M].北京：清华大学出版社，2016.

[15] 诺曼.设计心理学[M].小柯，译.北京：中信出版社，2015.

[16] 张可吉.浅析新媒体时代的博物馆发展[J].新闻传播，2021（2）：111-112.

[17] 董海洲.新媒体时代博物馆发展探究[J].经济与社会发展研究，2020（6）：246.

[18] 李悦.浅析新媒体时代的博物馆发展[J].文物鉴定与鉴赏，2019（14）：128-129.

[19] 祁庆国.基于博物馆的新媒体应用——博物馆现状考察与趋势分析随想录之一

[J]. 博物院, 2021 (2): 11-14.

[20] 吴雨纱. 浅谈博物馆的新媒体运用以及相关问题——以四川自贡恐龙博物馆为例 [J]. 中国传媒科技, 2021 (5): 108-110.

[21] 王丽双. 浅析博物馆工作中新媒体的应用 [J]. 卷宗, 2021 (12): 97.

[22] 姜静. 新媒体时代博物馆创新宣教形式的实践探索 [J]. 文物鉴定与鉴赏, 2021 (4): 147-149.

[23] 梁红. 关于新媒体在博物馆社会教育工作的运用 [J]. 探索科学, 2021 (1): 176-177.

[24] 冼丽君. 博物馆新媒体游戏的传播特征 [J]. 北方传媒研究, 2018 (5): 26-29.

[25] 赵化锋. 浅谈新媒体在博物馆宣传工作中的应用——以湖南省博物馆为例 [J]. 湖南省博物馆馆刊, 2020 (1): 670-673.

[26] 陈蕊. 新媒体: 博物馆的文化传播新出路——评《博物馆评论》[J]. 中国教育学刊, 2021 (3): 147.

[27] 郑钦予. 试论博物馆的新媒体运营策略 [J]. 文物鉴定与鉴赏, 2019 (11): 117-119.

[28] 徐来. 新媒体在博物馆展览宣传中的应用 [J]. 品牌与标准化, 2020 (4): 85-88.

[29] 洪艳. 新时期博物馆社会宣教中的新媒体运用 [J]. 文物鉴定与鉴赏, 2020 (15): 140-141.

[30] 赵阳. 新媒体技术在博物馆展示传播中的应用 [J]. 记者观察, 2020 (6): 124.

[31] 李一冰. 新媒体环境下博物馆的线上传播探析 [J]. 新媒体研究, 2020, 6(14): 30-32.

[32] 马晓玲. 新媒体视角下博物馆的社会教育职能研究 [J]. 文物鉴定与鉴赏, 2021 (8): 121-123.

[33] 魏燕齐. 《新媒体环境中的博物馆: 跨媒体、参与及伦理》——作为媒体和媒介的博物馆 [J]. 科学教育与博物馆, 2019, 5 (3): 249-250.

[34] 王钰. 新媒体在博物馆工作中的运用分析 [J]. 文物鉴定与鉴赏, 2019 (13): 136-137.

[35] 王蕾. 新媒体语境下的博物馆信息传播途径 [J]. 首都博物馆论丛, 2019 (1): 169-174.

[36] 安霞.新媒体时代的博物馆数字化服务建设[J].新媒体研究，2019, 5（9）：110-111.

[37] 徐媛.新媒体在博物馆宣传中的应用研究[J].文物鉴定与鉴赏，2019（16）：127-129.

[38] 王琦.浅析新媒体在博物馆公众服务中的作用[J].文物鉴定与鉴赏，2019（8）：102-103.

[39] 庄萍萍.新媒体背景下博物馆文化创意产品探究[J].文物鉴定与鉴赏，2019（14）：122-123.

[40] 马宇敏.新媒体在地方特色博物馆传播中的应用[J].文物鉴定与鉴赏，2019（10）：118-119.

[41] 孙建平.新媒体在博物馆展示中的应用[J].文化产业，2019（15）：29-30.

[42] 王小清.探讨新媒体在博物馆工作中的运用[J].遗产与保护研究，2019, 4（9）：81-83.

[43] 宋天宁.基于新媒体视域下的博物馆传播路径改变[J].文物鉴定与鉴赏，2019（24）：126-127.

[44] 赵静.论博物馆的新媒体文化传播功能[J].新闻研究导刊，2019, 10（12）：164-165.

[45] 徐利兰，肖月.新媒体助力下的博物馆传播：内容与渠道分析[J].四川省社会主义学院学报，2020（1）：83-89.

[46] 付光旭.浅析新媒体时代的博物馆发展[J].知识文库，2020（11）：182-183.

[47] 张玲，贾曼，刘颖.博物馆媒体建设探析[J].理论与现代化，2020（6）：93-98.

[48] 杨瑾.新媒体视角下博物馆关系传播体系建设策略[J].博物院，2021（2）：19-30.

[49] 郑佳.关于新媒体环境下博物馆开展社会教育的思考[J].文物鉴定与鉴赏，2021（5）：136-138.

[50] 刘端.新媒体时代博物馆趣味性互动体验研究——以柳州工业博物馆为例[J].文物鉴定与鉴赏，2019（15）：118-119.

[51] 韩晓.浅谈新媒体对博物馆文化传播的作用——以首都博物馆为例[J].首都博物馆论丛，2018（1）：127-132.

[52] 邱新生.浅析博物馆工作中新媒体的应用[J].文物鉴定与鉴赏，2018（10）：86-87.

[53] 白珩瑶.新媒体环境下博物馆信息传播路径的转变[J].新媒体研究，2018，4（11）：12-13.

[54] 陈仕桦.论新媒体在博物馆展示、传播中的应用[J].数字通信世界，2018（7）：166，250.

[55] 连红.新媒体时代博物馆的文化传播研究[J].传播力研究，2018（27）：27-28.

[56] 闵超娴.新媒体时代博物馆的角色和功能定位[J].文教资料，2018（30）：74-75.

[57] 周文劲.浅谈新媒体时代的博物馆对外宣传[J].今传媒，2017，25（12）：94-96.

[58] 吴婷婷.论在新媒体时代下博物馆的运营宣传[J].信息化建设，2016（1）：60.

[59] 高红.新媒体环境下博物馆信息传播模式创新[J].文物世界，2019（2）：66-68.

[60] 杨洁.新媒体视域下博物馆的传播路径转变[J].新闻传播，2016（23）：40-41.

[61] 王丽霞.浅谈新媒体在博物馆数字展示中的应用[J].引文版（工程技术），2016（1）：37.

[62] 陆玉珠.浅谈新媒体时代博物馆宣传教育工作[J].文物鉴定与鉴赏，2019（16）：133.

[63] 王勇，肖增超，韦骑峰.新媒体技术在博物馆中的应用研究[J].中国管理信息化，2016，19（12）：164-165.

[64] 王楠.浅析智慧博物馆[J].文物鉴定与鉴赏，2019（24）：116-117.

[65] 顾毓琇.抗战以来我国教育文化之损失[J].时事月报，1938，19（5）：34-39.

[66] 卫潇洋.简析当代博物馆教育及发展[J].科教文汇（中旬刊），2018（10）：165-167.

[67] 崔秋霞.网络直播的模式分析及未来发展趋势[J].新媒体研究，2016，2（17）：7-8.

[68] 卫东风，曾莉.改造与整顿时期中国博物馆展览活动案例分析[J].中国博物馆，2008（4）：91-97.

[69] 单霁翔.从重"物"到"人""物"并重——博物馆社会服务理念的提升[J].上海文博论丛，2013（3）：27-35.

[70] 陈凌云."互联网+"时代博物馆发展对策研究[J].江南论坛，2016（1）：33-35.

[71] 马自树.关于博物馆社会服务问题[J].中国博物馆，2006（2）：42-47.

[72] 刘芳.博物馆教育与学校教育的整合与利用问题研究[J].科教导刊（下旬），2018（2）：178-185.

[73] 毛毅静.学校教育与博物馆教育融通交互的可能与追求[J].福建教育，2019（21）：10-11.

[74] 马玉静.试谈博物馆陈列展览中的数字媒体技术[J].中国博物馆，2015（4）：89-95.

[75] 向静.视觉文化下的广告创意表现形式及特征探析[J].东南传播，2009（6）：126-128.

[76] 曹砚黛.试论"艺术终结"之后的美学与艺术走向[J].华中学术，2019（3）：39-45.

[77] 张晓楠，王颖.现代文化旅游产业的突破与趋势[J].经济导刊，2011（1）：94-96.

[78] 金青梅，张鑫.博物馆文创产品开发研究[J].西安建筑科技大学学报（社会科学版）.2016，35（6）：42-46.

[79] 许捷，胡凯云，毛若寒，等.激活博物馆藏品——从博物馆工作流的视角[J].博物院，2018（2）：76-86.

[80] 江小凤.基于地域文化的博物馆系统文创产品设计研究[D].合肥：合肥工业大学，2017.

# 结　语

　　新媒体是伴随科技高速发展而产生的新的传播媒介，被广泛应用在社会的各个领域。在全球疫情常态化防控形势下，人群隔离效应加强了媒介技术与日常生活之间的关联，"无接触式"传播逐渐普遍，深刻改变了博物馆对数字世界的认知，并催生了新的变革，博物馆对新媒体的使用已成为主流趋势，并成为博物馆提升服务质量和水平的重要手段。其强化了博物馆的信息传播能力，拓展了人们与博物馆的"交往"方式，使博物馆成为数字世界最具吸引力的文化景观。

　　作为实体展览的替代解决方案，观众可以通过微信、微博、抖音、快手等新媒介云游博物馆、参观展览、参与活动、收听专家讲座，增强与博物馆的互动与关联，而博物馆也在这些新媒介的助力下，逐渐摆脱了传统媒介时效低、速度慢、周期长等缺点，以即时性、开放性、个性化、融合性等特征被大众特别是青年群体所接纳。

　　新媒体的出现为传统博物馆注入了新鲜血液，促进了博物馆的发展和传统文化的复兴。然而，作为公益性文化机构，任何一次创新都不能改变博物馆的核心价值和基本功能。无论何种情况，新媒体等数字技术只能是一种媒介手段而非目的，博物馆的最终使命则是通过实现自身的进步来为社会发展做出贡献。

　　因此，如何依据自身的资源优势，借助新媒体力量，将传统展教方式与新媒介传播手段相结合，不断创新和完善博物馆发展模式，提升文化多样性与内涵，以期在新的时代背景下更显生机与活力，是未来媒介化生存时代博物馆发展的核心，也是博物馆的使命。